AF279520

Gesa Schwarz

Das verlorene Paradies unserer Kinder

Und wie wir es wiederfinden können

Ein Erfahrungsbericht

ISBN: 978-3-7597-6630-4

Verlag: BoD • Books on Demand GmbH,
In de Tarpen 42, 22848 Norderstedt
Druck: Libri Plureos GmbH, Friedensallee 273,
22763 Hamburg

Inhaltsverzeichnis

I

Vorwort

Das Jahr 2017 stellte einen Wendepunkt in meinem Leben dar.

Bis zu diesem Zeitpunkt war ich über 30 Jahre als Erzieherin tätig und konnte mir damals nicht vorstellen, diesen Beruf freiwillig zu verlassen. Was ist also passiert, dass ich von heute auf morgen die Reißleine zog und mich von diesem vormals wunderschönen Beruf für immer verabschiedete?

Das, liebe Leser, möchte ich auf den folgenden Seiten näher beschreiben und Sie auf eine kleine Zeitreise mitnehmen, denn als ich 1985 meine Ausbildung begann, fand ich eine pulsierende, aber dennoch entspannte Welt vor, die von Respekt, Engagement, gegenseitiger Hilfsbereitschaft und Rücksichtnahme geprägt war. Arbeiten empfand ich als etwas Wundervolles und ich fühlte mich in der Gemeinschaft geschützt und gut aufgehoben. In diesem Klima arbeitete ich viele Jahre.

Allerdings stellten sich nach und nach Veränderungen ein, die die ganze Erziehungslandschaft grundlegend veränderten, die ich jedoch nur bedingt als solche wahrnahm, da ich noch mitten in meinem Arbeitsprozess steckte.

Dann aber erlebte ich Dinge, die ich wohl mein ganzes Leben nicht vergessen werde, die mich tief erschütterten und mein Leben auf den Kopf stellten, so dass ich nur einen Schlussstrich ziehen konnte.

Relativ zeitnah begann ich meine Erlebnisse aufzuschreiben und bemerkte erst dann, was sich alles in mir angestaut hatte, das ich erst noch verarbeiten musste. So musste ich das Buch mehrmals überarbeiten, bis am Ende ein „Mut-mach-Buch" entstanden ist. Und diesen wiedergefundenen Mut möchte ich an alle weitergeben.

Mein Ziel und mein Wunsch ist es, meine Erfahrungen vor allem an junge Eltern, aber auch Berufskollegen weiterzugeben und diese anzuregen, noch einen anderen Blick auf „unsere" Kinder zu bekommen.

Ich wünsche mir eine Debatte anstoßen zu können, die vor allem die frühe Fremdbetreuung kritisch in Augenschein nimmt und am Ende möchte ich der Frage nachgehen, welche anderen Wege und Möglichkeiten es noch gibt, Kindern ein Umfeld zu gestalten, in dem sie wieder glücklich heranwachsen können.

Betonen möchte ich noch, dass dies keine wissenschaftliche Arbeit ist, sondern ausschließlich auf meinen eigenen Erfahrungen beruht.

Im September 2024
Gesa Schwarz

I. Teil

Meine Geschichte

Ich selbst habe meine Kindheit auf einem idyllischen kleinen Bauernhof verbracht, auf dem ich zusammen mit meinen drei Geschwistern, in großer Freiheit und in einer natürlichen Umgebung, relativ ungestört aufwachsen konnte.

Das Leben damals war vielfältig. Wir waren eingebunden in den jahreszeitlichen Ablauf eines natürlichen Lebens. Alle halfen mit. Man fütterte die Tiere, versorgte den Garten und ging mit auf das Feld. Täglich erlebten wir den ursprünglichen Lauf des Lebens in allem, was getan werden musste. Es gab kein Wochenende und keinen Urlaub oder ein Leben nach der Uhr, aber das empfand ich nie als Belastung.

Ich liebte es, eine Aufgabe zu haben und Teil eines großen Ganzen zu sein. Abends fielen wir müde ins Bett, schliefen fest durch und am Morgen standen wir mit neuer Kraft auf.

Natürlich war die Arbeit manchmal hart und schwer und oft hatte ich auch keine Lust und wollte lieber spielen, doch entwickelte ich mit der Zeit ein Bewusstsein dafür, dass bestimmte Aufgaben getan werden mussten und stellte daher meine eigenen Bedürfnisse zurück.

Undenkbar, dass die Tiere kein Futter bekommen hätten oder die Milch nicht gemolken worden wäre. Das ging auch nicht, wenn man krank war. Ich kann mich nicht erinnern, dass mein Vater ein einziges Mal morgens nicht aufgestanden wäre. Arbeit wurde nicht als Belastung empfunden, wir erlebten sie als eine Notwendigkeit, die in die Natur und die Jahreszeiten eingebunden war.

Wir Kinder verbrachten selten unsere Zeit im Haus, wie es heute üblich ist, sondern waren draußen an der frischen Luft, auf dem Feld oder auf der Wiese. Futter musste von Frühling bis Herbst täglich geholt werden: Im Sommer war es frisches Gras, im Winter mussten die Rüben gesäubert und zerkleinert werden.

Mein Opa besaß ein altes abgenutztes Messer, das er immer zwischen zwei Sandsteinen im Mauerwerk der Scheune stecken hatte und mit diesem Messer „putzte" er die Rüben in liebevoller Kleinarbeit und wir halfen ihm dabei. Es roch nach Heu und nach Stroh. Die Tiere strömten eine wohlige Wärme aus. Wir Kinder verweilten gerne auf dem Heustall und spielten dort mit den zahlreichen Katzen.

Einmal passierte dabei ein Unfall, wobei mein Bruder ein kleines Kätzchen aus dem Heu locken wollte, dabei immer mehr zurückkroch und in die Tiefe stürzte. Wie durch ein Wunder blieb er vollkommen unverletzt aber meine Mutter hatte einen Schrecken bekommen, von dem sie sich nicht so schnell erholte.

Neben dem Füttern der Tiere mussten auch Kartoffeln für die Schweine gekocht werden und im Winter musste oft erst die Wasserleitung aufgetaut werden, damit das Wasser wieder lief. Es wurde den ganzen Tag gearbeitet. Was bei all der Arbeit gut tat war, dass man selbstbestimmt in seinem eigenen Tempo die Dinge erledigen konnte. Unser Tagesablauf war in seiner Grundstruktur vorgegeben und sah wie folgt aus:

Kurz nach fünf Uhr standen meine Eltern auf und versorgten zuallererst das Vieh. Der Stall wurde sauber gemacht, danach wurde gefüttert und dann gemolken und die Milch weggebracht. Erst als alles erledigt war, traf man sich in der Küche zum Kaffee trinken.

Das war die erste richtige Pause und es ging dabei ruhig und gemütlich zu. Es gab immer frisches Brot, Frischkäse und selbstgemachte Marmelade. Wir Kinder aßen morgens unsere Haferflocken mit warmer Milch und Honig und tranken heißen Kakao dazu. Papa las die Zeitung und danach ging jeder wieder an seine Arbeit.

Als wir dann zur Schule gingen, frühstückten wir am vorbereiteten Tisch in der Küche. Mama fütterte zuvor immer die Kälbchen und brachte danach die frisch gemolkene Milch in die Küche, die sie auf dem Herd abkochte, wo Oma bereits um sechs Uhr Feuer angezündet hatte. Wir richteten selbst unser Pausenbrot und fuhren allein mit dem Fahrrad in die Schule. Mama machte uns keinen Stress, was die Schule anging, sondern unterstützte uns bei den Hausaufgaben. Leistungsdruck habe ich als Kind nicht empfunden.

Überhaupt spielte die Uhr keine große Rolle, denn die Arbeit teilte man sich selbst ein. Nach dem Frühstück ging Papa auf das Feld, Oma fütterte die Hühner, Gänse und Enten und fuhr dann mit dem Fahrrad ins Dorf, um frisches Brot einzukaufen. Butter, Quark und Milchprodukte wurde vom Milchhäuschen mit nach Hause gebracht. Das ein oder andere wurde eingekauft. Aber viel brauchten wir nicht, denn das Wichtigste hatten wir als Selbstversorger ja zu Hause.

Konsumgüter hatten damals für uns noch keinen eigentlichen Stellenwert. Und ich erinnere mich noch an die Zufriedenheit, die in dieser Anspruchslosigkeit steckte.

Da meine Mutter in die täglichen Arbeiten des Hofes eingebunden war und darüber noch die Hausarbeit verrichten und das Essen kochen musste, konnte sie sich nicht dezidiert und ständig um uns Kinder kümmern, weswegen wir schon früh die Möglichkeit erhielten Selbstständigkeit einzuüben. Und eigentlich waren wir auch froh, wenn unsere Eltern nicht ständig um uns herum waren, denn dann konnten wir ungestört spielen. Wir lernten dadurch uns gegenseitig zu unterstützen und rücksichtsvoll miteinander umzugehen, auf die Natur, die Tiere und die unmittelbare Umwelt zu achten und ihr eine gewisse Ehrfurcht und Wertschätzung entgegenzubringen.

Es war auch nicht alles nur gut. Oft hatten meine Mutter und meine Oma Meinungsverschiedenheiten, unter denen wir Kinder auch oft litten. Beide mussten sich eine Küche teilen. Oma kochte nicht gerne und war auch gewohnt alleine alles zu entscheiden. Oft brannte Oma das Essen an, da sie sich nicht wirklich Zeit dafür nahm und letztlich übernahm dann Mama die Küche und Oma ging ihrer Arbeit draußen nach oder kümmerte sich um ihren Garten.

Am meisten ist mir das intensive Spielen, das wir in größtmöglicher Freiheit und Selbstbestimmung in der freien Natur bei Wind und Wetter erleben durften, in Erinnerung geblieben. Auch erinnere ich mich an die Ruhe, die über allem lag. Trotz der vielen Arbeit waren meine Eltern jederzeit ansprechbar und erreichbar. Papa nahm mich oft mit aufs Feld, wenn er im Herbst die Äcker umpflügte. Den Geruch der frisch aufgebrochenen Erde, das Kreischen der Raben, die kleinen Mäuse, die erschreckt forthuschten und das zufriedene Gesicht meines Vaters, der seine Arbeit verrichtete, so wie viele Generationen vor ihm es auch schon getan hatten, prägte sich mir besonders ein.

Am liebsten ging ich mit meiner Oma in den Garten, für den sie sich meistens in den Abendstunden Zeit nahm. Leider hatten wir nur einen kargen Sandboden, sodass die Erträge nie sehr hoch waren, aber Oma pflegte diesen Garten trotzdem mit aller Hingabe. Sie freute sich über die Blumen und mochte es, wenn alles schön ordentlich aussah. Ich durfte ihr bei allem helfen und sie erklärte mir alles, was ich wissen wollte. „Eine Zwiebel will ihren Nachbarn sehen" sagte sie beim Zwiebel stecken und wenn sie die Beete eingesät hatte, holte sie den großen Holzrechen und drückte schöne Muster in die Erde. Die Beete waren mit Immergrün eingefasst, das die meiste Zeit mit dem Unkraut um seinen Platz kämpfte. In der Mitte wuchsen gelbe sonnenblumenähnliche Blumen, die mit einem alten eisernen Wagenrad eingefasst waren und dahinter stand die alte blau lackierte Butterschüssel in der immer bunte Stiefmütterchen blühten. Der Garten war mein kleines Paradies!

Hinter dem Garten erstreckte sich eine kleine Obstwiese, auf der ein zierlicher hellblau angestrichener Gänsestall und eine Hütte, in der Brennholz gelagert wurde, standen. Ein großer Ahornbaum und eine Trauerweide ließen ihre langen Äste über die Hütte streichen und spendeten im Sommer kühlen Schatten. Auf dieser Wiese hielten meine Geschwister und ich uns am liebsten auf. Im Sommer, wenn die Früchte reif waren, kletterten wir auf die Bäume und aßen uns satt. Auch stand dort eine Birke, auf die ich oft bis in den Wipfel hochkletterte und von dort über das ganze Dorf schauen konnte. Die Kirchturmspitzen schimmerten grün im Sonnenlicht, die Vögel zwitscherten und unter mir rauschten die Blätter einer Zitterpappel.

Unserem Hof gegenüber stand in exponierter Lage die unter Denkmalschutz stehende Mühle, an deren weißverputzter Fassade mit ihren hohen halbrunden Fenstern und ihrem wunderschönen Baustil ich mich nie genug sattsehen konnte.

Diese Wiese mit ihrem vielseitigen Baumbestand war mein zweites kleines Paradies!

Als ich etwa zehn Jahre alt war, plante mein Papa einen neuen Stall zu bauen. Er war voller Vorfreude und steckte uns mit seinen Ideen und Plänen an. Im Frühjahr sollte begonnen werden und ich weiß noch, wie ich es kaum erwarten konnte.

Die Stelle, wo das Gebäude hinkommen sollte, war jedem bekannt. Aber an dem Tag, als Papa die Motorsäge holte und damit sämtliche Obstbäume, darunter, Mirabellen, Renekloden und Zwetschgen, als auch den stolzen Ahornbaum und die majestätische Trauerweide fällte, wurde mir bewusst, was hier unwiederbringlich verloren gegangen war. Einzig meine Birke blieb stehen und die herrliche Obstweide wich einem nüchternen grauen Gebäude.

Als ich sechzehn war starb meine Oma und der Garten verwilderte. Aber geblieben sind mir die Erinnerungen an eine Welt, deren Bilder sich tief in mir eingegraben hatten und die ich mir bewahren wollte. Diese Erinnerungen, an eine in ihren Grundfesten noch unzerstörte und stabile Zeit, haben mich letztlich dazu bewogen, meinen Beruf auszusuchen.

Was ich erlebt hatte, wollte ich an andere Menschen weitergeben, es sozusagen wiederbeleben. Mein Beruf bot sich geradewegs dazu an, gerade kleine Kinder mit diesen elementaren Erfahrungen in Berührung kommen zu lassen und aus dem ganzen Erfahrungsschatz meiner frühen Kindheit nach allen Seiten hin zu schöpfen und diese, in meinen Augen noch heile Welt, neu erstehen zu lassen.

Ich wollte so gerne für die Kinder diese von mir empfundene Schönheit wieder zum Leben erwecken und ihnen einen Rahmen bieten, in dem sie in Freiheit und Selbstbestimmung zu glücklichen und vollwertigen Menschen heranwachsen konnten.

Was ich letztlich auf meiner Arbeit erlebt habe, war allerdings das, was mir auch in meinem Zuhause widerfahren ist: Die Zerstörung meines Paradieses! Letzten Endes ist mein eigener innerer Garten in die Brüche gegangen, wie auch später der Versuch, dies für die Kinder wiederherstellen zu wollen, nach und nach scheiterte.

Meine Erfahrungen und die dabei erlebte Wut, die Trauer und die Ohnmacht, haben mich letztlich dazu bewogen, das alles niederzuschreiben und an Menschen weiterzugeben, die diese Dinge auch so oder in ähnlicher Weise erlebt oder empfunden haben.

Die 80er

Als ich Mitte der 80er Jahre meine Ausbildung begann, war die Welt eine völlig andere, als die, in der wir heute leben.

Es ging überall aufwärts, auch auf dem Arbeitsmarkt. Wir glaubten noch an Arbeitnehmergerechtigkeit und forderten selbstbewusst mehr Gehalt und kürzere Arbeitszeiten. Heiraten trat damals bereits mehr und mehr in den Hintergrund, die ersten Kinder wurden nicht mehr getauft und die Kirche verlor an Bedeutung. Kredite waren günstig, Baumärkte schossen wie Pilze aus dem Boden. Grundstücke waren erschwinglich, ebenso der Bau eines eigenen Hauses.

Meine Bekannten fuhren damals bereits schon jedes Jahr in Urlaub, was allerdings in meiner Familie nicht der Fall war. Griechenland, Italien, Jugoslawien, Mallorca und die Malediven lagen im Trend. Man konnte genießen und war unabhängig.

Die 80er waren die Zeit der Parties, des Unbekümmert Seins. Es ging auf Festivals, Konzerte, Rock am Ring. Wir hörten Herbert Grönemeyer, Marius Müller Westernhagen, Nena, Alphaville. Forever young - das war es! Wir wollten für immer jung bleiben. Locker, cool, modern, ungebunden und frei. So stellten wir uns auch unsere Zukunft vor.

Dieses Lebensgefühl kam, meines Erachtens aber, Ende der 80er an seine Grenzen. Ausgerechnet in dem Moment, als die äußeren Grenzen sich öffneten, nur wussten und merkten wir das damals noch nicht.

Ich weiß noch, welche Freude ich bei der Wiedervereinigung empfunden habe und ich kannte niemanden, dem das gleichgültig gewesen wäre. Die großartigen Bilder, wo Menschen aus Ost und West gemeinsam auf der Mauer standen oder sich fremde Menschen weinend in den Armen lagen, werden mir im Gedächtnis bleiben.

Wie sehr dieses Ereignis sich auf mein zukünftiges Leben auswirken würde, ahnte ich damals noch nicht.

Für mich war dies ein besonderes Jahr. Ich erinnere mich noch an den sehr schönen langen Sommer, in dem ich gerade meine erste feste Stelle bekommen hatte. Durch das schöne Wetter war ich oft im

Schwimmbad und traf mich dort mit meinen Freunden. An den Wochenenden fuhren wir zusammen von Kerwe zu Kerwe. So nannte man bei uns die Kirchweihe. Wir waren oft beim Zelten und lebten ungezwungen.

Es war ein Hochgefühl, wie man es wahrscheinlich nur einmal im Leben hat. Und jeder dachte, es würde für immer so weitergehen.

Die erste gravierende Veränderung, die mich persönlich betraf, war der Zuzug der Aussiedler aus der ehemaligen Sowjetunion, hauptsächlich aus Kasachstan, was meines Erachtens einen markanten Wendepunkt unserer damaligen Welt darstellte. Davon war ich besonders betroffen, da zahlreiche Kinder der deutschstämmigen evangelischen Pfingstgemeinde in unserer Einrichtung einen Kindergartenplatz benötigten. Der Zustrom war so hoch, dass durch die sehr kinderreichen Familien - manche hatten bis zu 15 Kinder - im Kindergarten eine neue Gruppe eröffnet werden musste. Meine Stelle war geteilt, wobei ein Teil speziell an die Eingliederung der Kinder der Aussiedler gekoppelt war.

Die Menschen brachten fremde Sitten und althergebrachte Lebensformen und Bräuche mit. Die Kinder trugen noch Kleider, selbstgestrickte Mützchen und Jäckchen, wie auf Bildern direkt nach dem Krieg. Die Frauen sahen noch aus wie Mütter, die wir von früher kannten: In langen einfachen Kleidern, mit Schürze und Kopftuch. Die Familien waren sehr gläubig und bauten auch schon bald ihr eigenes Kirchengebäude.

Im Kindergarten, in dem ich arbeitete, musste zuerst eine Gruppe ausgelagert werden, um dann mit einem Neu- und Umbau des alten Gebäudes beginnen zu können. Dazu musste eine Wohnung angemietet werden, die dann provisorisch eingerichtet wurde. Zusammen mit einer Kollegin führte ich die dort untergebrachte Gruppe. Wir hatten sechs Aussiedlerkinder in unserer Gruppe und ich bekam das erste Mal einen Eindruck, aus welch anderer Welt diese Kinder kamen. Es war, als wenn die Zeit stehen geblieben wäre und wir stellten fest, wie verschüchtert und zurückhaltend gerade die Mädchen waren. Allerdings schauten sie ganz selbstverständlich nach ihren jüngeren Geschwistern und passten auf sie auf. Die Jungen waren wesentlich wilder und temperamentvoller. Große Aufregung gab es, wenn sie ein nacktes Kind auf der Toilette sahen. Manche versteckten sich oder schlichen den Kindern nach, um sie dann dort auszulachen. Von manchen Familien hatten wir in jedem Jahrgang ein Kind. Viele waren verwandt und verschwägert und somit tauchten immer wieder die gleichen Namen auf. Wie bereits erwähnt, waren die Familien sehr gläubig, was wohl einen großen Anteil daran gehabt hatte, dass sie die

Zeit in der ehemaligen Sowjetunion überstehen hatten können. Und genauso, wie sie dort zwangsläufig gewohnt waren, zurückgezogen und vorsichtig zu leben, so machten sie es anfangs auch hier.

Damit auch wir als Fachpersonal die Kinder besser verstehen lernten und meine Stelle, wie gesagt, an die Eingliederung dieser Kinder gebunden war, durfte ich eine einwöchige Fortbildung besuchen, die die Lebenswirklichkeit dieser Kinder und deren Familien beleuchtete. So konnte das befremdliche Verhalten besser eingeordnet werden, da wir dort erfuhren, welch harten Bedingungen diese Menschen bisher ausgesetzt waren. Und so wurden die anfänglichen Schwierigkeiten nach und nach behoben.

Im Zuge dieser Zuwanderung kam ich das erste Mal mit Familien in Kontakt, die viele Probleme mit sich brachten und bei denen das Jugendamt eingeschaltet werden musste.

Ich erinnere mich an zwei Jungen, die Zwillinge waren. Einer von ihnen kam jeden Morgen und setzte sich zuallererst in unser Zwischenzimmer, wo zu dieser Zeit noch niemand war. Dort blieb er sitzen und starrte wie ein einsamer Wolf vor sich hin, der von einer Welt in eine völlig andere gebracht worden war. Auch gab es einen Vorfall, bei dem einer von ihnen in einem unbeobachteten Moment die Streichhölzer aus unserem Holzschrank, die wir für die Geburtstagsfeier benutzten, entwendet hatte und damit versuchte einem Kind die Haare anzuzünden. Zum Glück wurde es gleich bemerkt und nach diesem Vorfall durfte der Junge nur noch unter Aufsicht spielen.

Innerhalb von nur fünf Jahren hatten wir bereits ein Drittel Aussiedleranteil in unserem Kindergarten und meine bisher befristete Stelle ging in einen Festvertrag über. Unser Kindergarten wurde von zwei Gruppen und fünf Mitarbeitern auf nun drei Gruppen, mit am Ende zwölf Mitarbeitern, darunter viele Halbtagesstellen, aufgestockt. Die ersten schwierigen Kinder traten in den Vordergrund. Zeitlich gesehen ging dies mit der einsetzenden Berufstätigkeit der Mütter einher und brachte die ersten Verhaltensauffälligkeiten mit sich. Konnte man bisher das Verhalten einzelner Kinder mit einfachen Methoden kompensieren, so war das mit zunehmendem Maße auf Dauer nicht mehr möglich.

Mir ist unsere erste Förderfachkraft noch in guter Erinnerung, was allerdings mit weiteren Problemen und Spannungen einherging. Auf einmal mussten wir uns mit Fragen beschäftigen, wie: „Für wen ist sie zuständig und darf sie sich auch um andere Kinder kümmern? Arbeitet sie auch, wenn das betreffende Kind krank ist? Wie verteilt sie ihre Arbeitszeit und wann werden die schwierigen Kinder wie betreut?" Nach einem halben Jahr war die erste Fachkraft wieder weg und es folgte eine einschneidende Veränderung nach der anderen.

Ausbildung

Als ich Ende der 80er Jahre meine Erzieher-Ausbildung absolvierte, war die Struktur noch ganz klar gegliedert: Ein Jahr Vorpraktikum, zwei Jahre Fachschule, im ersten Jahr zweimal ein sechswöchiges Praktikum, einmal bei Kindern unter sechs Jahren und einmal bei Kindern über sechs Jahren. Danach kam das Anerkennungsjahr und mit bestandener Prüfung war man staatlich anerkannte Erzieherin.

Während dieser ganzen Zeit wurde keine Vergütung gezahlt. Es gab weder Personalüberschuss, noch Personalmangel. Zugangsvoraussetzung war die mittlere Reife, ein Führungszeugnis und eine persönliche Referenz, die von einer Amtsperson auszustellen war.

Während der schulischen Ausbildung wurden folgende Fächer unterrichtet: Deutsch, Pädagogik, Psychologie, Didaktik, Recht, Kunst-, Spiel-, Werk-, Bewegungs- und Musikerziehung. Weiterhin Sonder- und Religionspädagogik sowie Gesundheitslehre. Ich persönlich fand die Ausbildung damals schon nicht besonders gut und war in manchen Fächern über die Lerninhalte enttäuscht, vor allem in Psychologie, an der ich großes Interesse hatte. Das Fach „Spielerziehung" ist mir heute noch suspekt, da ich nach wie vor der Meinung bin, dass „spielen" grundsätzlich angeboren ist und man hier nichts „erziehen" kann.

Im Gedächtnis geblieben ist mir das Fach Musikerziehung, in dem uns eine Nonne (ich machte meine Ausbildung auf einer katholischen Fachschule der Franziskanerinnen) innerhalb eines halben Jahres gerade mal drei(!) Akkorde während des Gitarrenunterrichts beigebracht hatte. Eine Schülerin beschwerte sich bei ihr und brachte ihre Argumente ganz sachlich und ruhig vor, aber am Ende war es vergeblich und ich glaube, dass keiner von uns nach Ablauf des Jahres auch nur ein einziges Lied spielen konnte.

Ganz fremd geblieben ist mir das Fach „Religionspädagogik", bei dem ich tatsächlich nur für die Klassenarbeiten den Lernstoff stur auswendig lernte und danach nichts mehr von alledem behalten habe. Ich habe gemerkt, dass es weniger an dem Lernstoff an sich lag, als an der Persönlichkeit der einzelnen Lehrer. Vor allem hinterließ unsere Pädagogiklehrerin damals einen großen Eindruck bei mir, da sie uns als Schüler mit großem Respekt begegnete. Sie war die Erste, die uns „siezte" und uns unterstützte, um uns auf unsere spätere Rolle als Erwachsene vorbereiten zu können. Auch die Deutschlehrerin, eine Nonne, begeisterte mich durch ihre forsche, direkte und offene, aber bestimmte Art.

Wir Schüler waren nach bestandener Prüfung den Anforderungen des Berufes vollends gewachsen, wodurch wir eine gute fachliche Arbeit leisten konnten.

Heute gibt es diese Fächer nicht mehr. Der heutige Unterricht findet in Modulen statt, der in sogenannte „Lernfelder" themenbezogen zusammengefasst ist. Die Ausbildung dauert fünf Jahre und die meiste Zeit davon verbringen die Schüler in der Schule. Der angegebene Praxisanteil wurde stark auseinandergerissen und auf viele kleinere Sequenzen verteilt. Schaut man sich die Ausbildungsinhalte an, so bekommt man allerdings einen ganz anderen Eindruck.

Heute ist die Erzieherausbildung in einen wissenschaftlich fundierten theoretischen Teil und einen praktischen Teil unterteilt, bei dem Gelerntes sofort umgesetzt werden soll. Deshalb gibt es auch keine klassischen Schulfächer mehr, sondern Lernfelder. Diese fassen theoretische und praktische Inhalte zusammen.

Ich führe hier eine Auswahl dieser Lernfelder an, die vom Bildungsministerium erstellt worden sind und die sich für den Außenstehenden, sowie für Schüler und Lehrer fachlich fundiert anhören:

- ➢ Berufliche Identität und professionelle Perspektiven entwickeln
- ➢ Bildungs- und Entwicklungsprozesse anregen
- ➢ Bildungs- und Erziehungspartnerschaften initiieren und mitgestalten
- ➢ Kulturelle Ausdrucksmöglichkeiten und Kreativität weiterentwickeln
- ➢ Im Team zusammenarbeiten, Qualität sichern und weiterentwickeln sowie im Berufsfeld kooperieren
- ➢ Die Lebenswelten von Jugendlichen und jungen Erwachsenen analysieren, strukturieren und mitgestalten

Wenn man dies auf sich wirken lässt, kann man nur zu dem Schluss kommen, dass das Bildungsministerium sich hier wirklich Gedanken gemacht und gute Ausbildungsgrundlagen erarbeitet hat. Selbst mich beeindrucken diese Zeilen und ich hätte, wenn ich Berufsanfänger wäre, keine Bedenken mir diese Ausbildung auszusuchen.

Leider ist auch hier die Theorie von der Praxis meilenweit entfernt. Das Wort „Lernfeld" klingt zwar gut, ist aber in Wirklichkeit ein sehr verwässerter und unbestimmter Begriff, bei dem vieles, aber nichts Konkretes unterrichtet wird. Der Lernstoff ist zu hoch, zu abgehoben, zu kategorisiert und besteht oftmals nur aus überflüssigem, theoretischem Wissen, welches oft nicht mit der eigenen Lebenswirklichkeit übereinstimmt und zu dem kein wirklicher Bezug hergestellt werden kann. Mir kommt das alles sehr fremd vor und ich begreife nicht, wie die Lernfelder zur Ausbildung passen. Die Schüler sind am Ende ihrer Ausbildung mit den Inhalten so überfrachtet und verkopft und können all das Gelernte in der Praxis oftmals nicht umsetzen, dass man tatsächlich behaupten kann, dass das Niveau des Erzieherberufes seit dieser Zeit kontinuierlich gesunken ist.

Als ich mein Vorpraktikum absolvierte, war ich ein ganzes Jahr ohne Unterbrechung in einer Kindergartengruppe und wurde dort von meiner Anleiterin liebevoll und engagiert begleitet. In dieser Zeit konnte ich voll und ganz in den Kindergartenalltag und in die Welt der Kinder und auch der Eltern eintauchen und meine übrigen Kolleginnen als Vorbilder auf mich wirken lassen. In diesem einen Jahr, in dem ich geschützt und ungestört lernen und arbeiten konnte, habe ich wahrlich mehr gelernt und persönlich mitgenommen, als in den zwei Jahren Schule und dem anschließenden Anerkennungsjahr.

Heute kommen die Schüler erst gar nicht mehr richtig ins Berufsleben hinein, weil die Grenzen zwischen Schule und Arbeit vollkommen verwischt sind und somit immer weniger die Gelegenheit haben, sich selbst zu spüren und wirklich eigene Erfahrungen zu machen. Auch der Frage nachzugehen, ob der Beruf einem überhaupt liegt oder ob es doch ganz anders ist, als man es sich vorgestellt hat, ist kaum möglich.

Das neue Modell lässt den Schülern, meinem Verständnis nach, keine Freiheit und auch keine Zeit mehr, sich wirklich darauf einzulassen und eine Sinnhaftigkeit darin zu erspüren. Die eigene Wahrnehmung wird unterdrückt und kommt zu kurz. Auch gibt es heute eine Vielzahl von Ausbildungsmodellen und Zugangsvoraussetzungen.

Allein bei den Aufnahmevoraussetzungen gibt es eine Fülle von Ausnahmen, so dass am Ende eigentlich jeder irgendwie die geforderten Voraussetzungen erfüllt.

Da durch den Ausbau von Einrichtungen für Kinder unter drei Jahren natürlich händeringend neues Personal gesucht und gebraucht wird, die Vergütung aber an der untersten Einkommensgrenze liegt und die Belastungen für die Mitarbeiter enorm gestiegen sind, werden viele davon abgehalten, sich für diesen Beruf zu entscheiden. Hinzu kommt noch, dass die Ausbildung – mit mittlerweile fünf Jahren – sehr lang ist und man in dieser Zeit fast schon ein abgeschlossenes Studium absolvieren könnte. Zudem ist die Ausbildung in jedem Bundesland unterschiedlich geregelt und jede Schule hat zusätzlich nochmals ihr eigenes Konzept.

All diese neuen Modelle scheinen darauf abzuzielen, den chronischen Personalmangel zu beseitigen und daher werden die Zugangsvoraussetzungen immer mehr herabgesetzt.

So verwundert es nicht, dass das Niveau der Ausbildung kontinuierlich gesunken ist.

Auf der einen Seite ist es gut, dass die Zugangsvoraussetzungen es auch „leistungsschwächeren" Schülern ermöglichen diese Ausbildung absolvieren zu können, da diese oftmals eine ungezwungenere Art auf Kinder zuzugehen mitbringen.

Andererseits wäre es aber an der Zeit, die Ausbildung endlich auf Hochschulniveau zu heben, was schon lange gefordert wird und in den meisten europäischen Staaten bereits der Fall ist. Aber unser Staat wird auch hier sicherlich nach Mitteln und Wegen suchen, dies zu umgehen, denn dann müsste auch das Gehalt der Erzieher deutlich angehoben werden, wozu in unserem Land aber leider zu wenig in das Erziehungs- und Schulwesen investiert wird.

Die zahlreichen Erneuerungen, die in die Ausbildung hineingeflossen sind, haben, meiner Meinung nach, leider keine grundlegenden Verbesserungen gebracht. Die Anhebung des Berufes auf Hochschulniveau ist in weite Ferne gerückt.

Ebenfalls haben die neuen Ausbildungsinhalte dazu geführt, dass deren Umsetzung in den Einrichtungen viele Probleme mit ich brachten, da die ständigen

Erneuerungen und Veränderungen, statt Klarheit und verlässliche Strukturen, eher zu Verwirrung und Verunsicherung geführt haben.

So ist bei vielen die Motivation, diesen Beruf längere Zeit auszuüben und sich mit Engagement einzusetzen, längst nicht mehr vorhanden. Das erkennt man an der überdurchschnittlich hohen Fluktuation in den Einrichtungen, an dem drohenden Personalnotstand und dem Krankenstand, der zu einem Dauerzustand geworden ist. Somit trägt die heutige „neue" Ausbildung meiner Meinung nach auch zu einem Herabsinken des Entwicklungsniveaus einer ganzen Generation von Kindern bei, was sich später dann in den Grundschulen und in den Ausbildungsberufen bemerkbar machen und fortsetzen wird.

Stellenwert des Berufes der Kindergärtnerin

War in den 80ern Kindergärtnerin ein angesehener und geachteter Beruf, so ist das heute leider nicht mehr der Fall.

Damals wurde einer Kindergartenleitung noch viel Respekt entgegengebracht und es bedeutete mir viel, mich für einen, in meinen Augen, renommierten Beruf entschieden zu haben. Auch die Aufnahmevoraussetzungen unterschieden sich sehr von den heutigen:

Ich machte mein Vorpraktikum in einem viergruppigen evangelischen Kindergarten. Um diesen Platz zu bekommen brauchte ich, wie bereits erwähnt, eine persönliche Referenz, die den Bewerbungsunterlagen beizulegen war. Die stellte mir mein damaliger Pfarrer aus, der mich schon in der Grundschule unterrichtet und konfirmiert hatte und der dann mein neuer Chef als Träger des Kindergartens wurde. In der Referenz ging es noch um einen „unbescholtenen Leumund". Das heißt, dass auf die persönliche Lebensweise einer Mitarbeiterin Wert gelegt wurde.

Die damalige Leiterin war eine sehr moderne und attraktive Frau. Immer gut gelaunt, positiv eingestellt und voller neuer Ideen. Es wehte mir das erste Mal ein frischer Wind um die Ohren. Ich lernte intelligente, unabhängige Frauen kennen, die auch untereinander sehr respektvoll miteinander umgingen. So auch meine Anleiterin, die mich vom ersten Tag an unter ihre Fittiche genommen und sich für mich eingesetzt hat. Sie war es auch, die mich persönlich in der Fachschule vorgestellt und mich mit meiner zukünftigen Pädagogiklehrerin bekannt gemacht hat, bei der sie damals einen Literaturkurs besuchte.

Der Umgang mit den Kindern war harmonisch. An Weihnachten und Ostern und zum Abschied gab es von vielen Eltern kleinere Geschenke als Zeichen der Anerkennung. Das Jahr war schnell vorbei und es war eine sehr gute und schöne Vorbereitung für mein späteres Berufsleben.

Natürlich gab es auch hier Vorfälle, die das schöne Licht trübten.

In Erinnerung geblieben ist mir, dass eine damalige Kollegin, die ein Verhältnis mit einem im Dorf sehr bekannten Mann hatte, bei der Leitung vorsprechen und sich verantworten musste. Heute gibt es etwas Derartiges zum Glück nicht mehr, da unser Leben in vieler Hinsicht wertfreier und unkomplizierter geworden ist. Was ich aber vermisse, ist die abhanden gekommene Achtung für den Beruf als solchen, sowie einen respektvollen Umgang der einzelnen Mitarbeiter untereinander.

Früher wurden wir zudem für unsere Arbeit geschätzt. Die Eltern betrachteten uns mit Wohlwollen, vertrauten uns und suchten unseren Rat in schwierigen Situationen. Die Arbeit verlief in einer von Respekt getragenen Atmosphäre und das Gleiche galt für den Arbeitgeber. Auch dort hatte ich das Gefühl, dass der Träger, in dem Fall unsere Pfarrerin, hinter ihren Mitarbeiterinnen stand und sich für sie einsetzte. Meine damalige Arbeitgeberin z. B. bot für jede Kollegin, die Probleme hatte, eine Sprechstunde an, in der sie versuchte die angesprochene Problematik mit der Leitung zu bereinigen. In vielen Fällen glückte dieses auch ohne eine kostspielige Supervision.

Diese Zeiten sind vorbei. Ich habe das Gefühl, dass wir heute leider oftmals nur noch als potentielle Hilfspersonen betrachtet werden, die die Kinder mehr oder weniger versorgen und „aufbewahren". Auch der Träger setzt sich kaum mehr für seine Mitarbeiter ein, da heute meistens nur noch Zahlen, Vorschriften und neue Verordnungen eine Rolle spielen, die unbedingt durchzusetzen sind. Dies betrifft besonders die Situation der Leitung, auf deren Rücken alles abgeladen wird und die überdurchschnittliche Leistungen erbringen muss, dies aber keinesfalls finanziell honoriert bekommt. Diese Misere habe ich persönlich erlebt und habe nach einigen Jahren die Leitungsfunktion wieder abgegeben, da ich nirgendwo Unterstützung und Rückendeckung erhalten habe und die Aufgaben, die immer mehr wurden, am Ende kaum noch bewältigen konnte.

Ein Artikel beschreibt das sehr treffend:[1]

„Generell erfahren wir Erzieher zu wenig Wertschätzung. Wenn ich privat über meinen Beruf spreche, dann sagen andere oft: „Den Job könnte ich nicht machen!" Meistens klingt das aber nicht nach

---

[1] Spiegel Artikel vom 24.03.2022 „Erzieherstreik"

Anerkennung meines Berufs, sondern nach Mitleid. Was helfen könnte, den Beruf aufzuwerten, wäre ein besseres Gehalt. Fast noch wichtiger wäre aber, dass es mehr Personal gibt.

Corona hat das alles nicht leichter gemacht und war nur der Tropfen, der das Fass zum Überlaufen brachte."

Und es ist genau diese mangelnde Wertschätzung, die mir und vielen anderen Mitarbeitern die Kraft und die Freude an der Arbeit mehr und mehr nahm.

Natürlich spielen die Bedingungen - wie zu wenig Personal, zu große Gruppen und die ständige Ausweitung der Öffnungszeiten, aufgrund derer Mitarbeiter wegen Überbelastung krank werden, eine entscheidende Rolle, aber aus eigener Erfahrung weiß ich, dass man viele belastende und anstrengende Arbeiten durchaus, ohne Schaden zu nehmen, über einen längeren Zeitraum durchführen kann, wenn diese Leistung honoriert und anerkannt wird.

Da ich diese Anerkennung heute leider weder von Seiten des Trägers, noch von den Eltern sehe, schlägt sich das Ganze auf die Gemütsverfassung derjenigen Mitarbeiter nieder, die immer ihr bestes gegeben haben und denen ihre Motivation, sich für andere einzusetzen und Mehrarbeit in Kauf zu nehmen, immer mehr genommen wird.

Kindergartenalltag – gestern und heute

Um zu sehen, was sich alles verändert hat, müssen wir uns darüber klar werden, welche Bedingungen heute anders sind. Es ist mir daher ein Anliegen, den Leser mit auf eine Reise zu nehmen und die Arbeit von früher und heute gegenüberzustellen. Ich möchte darstellen, wie ich selbst diese, meiner Meinung nach, noch „unbeschwerte Zeit" im Umgang mit den Kindern, als auch mit allen anderen Beteiligten, erlebt habe.

Dazu müssen wir uns zurück in die späten 80er Jahre begeben. Damals gab es noch keine modernen Arbeitszeitmodelle und für alle Kinder galten die gleichen Öffnungszeiten.

Die Kinder kamen morgens zu einer bestimmten Uhrzeit (meistens um 8.00 Uhr), mehr oder weniger gleichzeitig an. Bis 8.30 Uhr waren spätestens alle da. Sie wurden zumeist von ihren Mamas gebracht oder von Oma und Opa und an der Tür an uns übergeben. Das geschah in den allermeisten Fällen reibungslos und ohne, dass ein Kind länger anhaltend geweint hätte. Die neuen Kinder wurden alle gemeinsam zum neuen Kindergartenjahr aufgenommen. Eingewöhnungen gab es noch nicht. Die Kinder mussten in der Lage sein, allein zur Toilette zu gehen und das Eintrittsalter lag damals in der Regel bei vier Jahren, da für dreijährige oft noch kein Platz frei war.

Nachdem die Kinder bei uns angekommen waren, suchte sich jedes Kind eine Aktivität aus oder widmete sich einem Spiel. Durch das gleichzeitige Ankommen hatte jedes Kind die gleiche Anfangssituation, was zu einer entspannten Atmosphäre beitrug. Zwischendurch holten die Kinder ihr Frühstück und aßen in aller Ruhe am Frühstückstisch, was bis 10.00 Uhr beendet sein sollte. Dann wurde geklingelt - das Zeichen zum Aufräumen. Die Kinder zogen sich an (was sie schon alleine konnten) und gingen mit uns raus auf den Hof, wo jeden Morgen ungefähr eine Stunde gespielt wurde. Im Sommer gingen wir sogar gleich in den Garten oder nutzten die Zeit und das schöne Wetter für Spaziergänge. Es gab feste Regeln und die Kinder gewöhnten sich so Schritt für Schritt an den Straßenverkehr.

Danach ging es um 11.00 Uhr wieder ins Zimmer zum Morgenkreis. Es wurde viel gesungen und meistens Singspiele oder lustige Bewegungsspiele angeboten. Die Kinder bekamen so die gesamte Bandbreite des damaligen Liedgutes mit. Außerdem wurden jahreszeitliche oder themenbezogene Angebote gemacht.

Die Kinder waren diszipliniert, hörten zu und machten begeistert mit. Störungen kamen selten vor, und wenn, dann war es eine Ausnahme. Solch eine Ausnahme kam ein einziges Mal während meines Vorpraktikums vor, wobei ein Junge an einem Morgen derart die Kinder drangsalierte, dass meine Anleiterin ihn kurzerhand auf einen der niedrigen Materialschränke setzte. Die anderen Kinder schauten ganz verwundert und manche lachten sogar, so dass ihm das Ganze sichtlich peinlich war. Nach zehn Minuten hatte er sich wieder beruhigt und durfte wieder mit den Kindern weiterspielen. Es klingt so banal und ist beinahe nebensächlich, aber ich bringe dieses Beispiel gerade deshalb, weil man sich über solche kleinen Vorkommnisse damals noch aufgeregt hat.

Am Ende des Kindergartentages machte man die Tür auf und draußen warteten bereits die Eltern oder Großeltern. Alle Kinder wurden zur gleichen Zeit wieder abgeholt. Dann kehrte Ruhe ein. Alle Mitarbeiter hatten zur gleichen Zeit Pause. Danach konnten wir uns in aller Ruhe unserer Vorbereitungszeit widmen. Gemeinsam wurden alle wichtigen Dinge vorbereitet, die zuvor in einer der wöchentlichen Teamsitzungen, die auch in der Mittagszeit stattfand, festgelegt und besprochen worden waren.

Man brauchte kein Protokoll zu führen und keine Arbeitszeitliste, denn es waren ja immer alle anwesend und arbeiteten Hand in Hand. Die Zeit, in der keine Kinder da waren, wirkte auf uns alle entspannend und beruhigend. Nachmittags um 14.00 Uhr kamen die Kinder dann wieder und der Ablauf war ähnlich wie am Morgen. Allerdings waren es nachmittags weniger Kinder.

Obwohl hauptsächlich morgens immer alle 25 Kinder da waren und der Personalschlüssel bei 1,5 Mitarbeitern pro Gruppe lag, empfand ich die Zeit bei weitem nicht so anstrengend und belastend, als es heute der Fall ist. Die Kinder waren wesentlich ruhiger, konnten sich lange konzentrieren und waren im Stuhlkreis sehr aufmerksam. Die Kinder freuten sich, wenn sie abgeholt wurden und genauso, wenn sie morgens wieder kamen. Man konnte vieles spontan entscheiden und war immer mit den gleichen Leuten zusammen, was auch zu einem Zusammenhalt untereinander führte, da fast alle zur gleichen Zeit anwesend waren. Dadurch, dass die Kinder in der Mittagszeit zu Hause waren, konnten auch sie um- bzw. abschalten und den Kopf frei bekommen. So war der Nachmittag für sie nicht mehr so lange, da es eine Unterbrechung gab.

Wenn ich abends um halb fünf nach Hause ging, hatte ich das Gefühl, gute Arbeit geleistet zu haben. Dass dies so war, konnte man an den Fortschritten der Kinder und an ihren glücklichen Gesichtern erkennen.

Die Vorschüler wurden speziell gefördert, was übrigens das einzige „Programm" war, das es damals in Kindergärten gab. Für jedes Kind wurde eine Vor-

schulmappe bestellt, die die Eltern bezahlen mussten. Einmal die Woche wurde an einem zuvor festgelegten Nachmittag, an dem sowieso nicht so viele
Kinder anwesend waren, eine Vorschulstunde angeboten. Dies fand ohne viel Aufheben innerhalb der
Gruppe statt. Die Kinder bekamen ihr Arbeitsblatt
von uns, das wir mit ihnen besprachen, und führten
ihren Auftrag aus. Ab und zu brauchte jemand eine
kleine Hilfestellung. In der Regel wurden diese Arbeiten jedoch meist selbständig und sorgfältig ausge-
führt. Es war kein externer Raum nötig, da die Kinder in der Lage waren, sich auch bei
weitergeführtem Spielbetrieb zu konzentrieren und
es war bei weitem nicht so laut in den Gruppen, als
es heute der Fall ist.

Zum Ende des Kindergartenjahres durften die Kinder zum Abschied in ihrer Einrichtung übernachten.
Das war der Höhepunkt für jedes Vorschulkind und
auch für uns Mitarbeiter. Wir zogen mit dem Bol-
lerwagen durchs Dorf, grillten an einer Hütte im
Wald unsere Würstchen und am Ende bekam jedes
Kind noch ein kleines Eis. Am nächsten Morgen
wurde gemeinsam gefrühstückt und die Vorschulkinder feierlich von uns verabschiedet. Das Ganze
lief Hand in Hand mit den Eltern. Schultüten wurden noch nicht im Kindergarten gebastelt. Das war
noch jedem selbst überlassen.

Überstunden der Mitarbeiter fielen so gut wie nicht an und wenn doch, hatte man höchstens mal einen halben Tag im Jahr zusätzlich frei. Der Urlaub war vorher festgelegt und wurde in den Ferienzeiten genommen. Keiner beschwerte sich wegen zu langer Schließzeiten. Die Eltern waren froh, wenn ihr Kind mit vier Jahren einen Platz bekam und waren für unsere geleistete Arbeit sehr dankbar und wertschätzend. Viele Kinder besuchten uns noch, nachdem sie bereits in der Schule waren.

Es war noch eine heile Welt. Die Kinder fühlten sich gefordert, nicht über- und nicht unterfordert. Ich konnte noch jederzeit ausgelassenes Kinderlachen hören und wir konnten in zufriedene strahlende Kindergesichter schauen. Das Glück, das wir dabei empfanden, beflügelte mich und sicherlich auch alle anderen und brachte einen Motivationsschub für die weitere Arbeit mit sich.

Diese Arbeit allerdings hat sich in nur wenigen Jahren grundlegend geändert.

Was es genau war, wurde mir erst richtig beim Niederschreiben bewusst. Und es ist mir erst nach dieser Analyse klar geworden, dass dies nicht von heute auf morgen kam, sondern ganz allmählich, wobei eine Veränderung die andere nach sich zog.

Kindergartenalltag heute

Das Modell der offenen Arbeit und ihre Folgen

Heute hat sich die Kindergartenlandschaft grundlegend verändert. Der Kindergarten ist eine Wirtschaftseinrichtung geworden, bei der es um Geld, um Zahlen und um Rentabilität geht und die Eltern sind heute unsere „Kunden". Da in der Regel beide Elternteile berufstätig sind, wird die Verweildauer der Kinder in den Einrichtungen immer länger. Diese einschneidende Veränderung hat dann in Folge zu vielfältigen Schwierigkeiten in den Einrichtungen und bei vielen Kindern zu Verhaltensänderungen oder gar zu ernstzunehmenden Auffälligkeiten geführt, die heute eher die Regel, als die Ausnahmen sind.

Ein erster gravierender Einschnitt war aus meiner Sicht die Einführung der sogenannten „offenen Arbeit".

Dieses neue Modell wurde Mitte der 90er Jahre in unserem Kindergarten eingeführt und auch zeitgleich in vielen anderen Einrichtungen. Überall wurden Fortbildungen angeboten. Auf einmal war es „in", offen zu arbeiten.

Wir hatten zu dieser Zeit einen Referenten, der uns damals schon prophezeite: „Ich sage Ihnen, das offene Konzept wird wie eine Welle über Deutschland rollen!"

Ich glaubte es ihm damals noch nicht und eine Kollegin, die schon seit über 20 Jahren in unserem Kindergarten gearbeitet hatte, brachte es auf den Punkt, indem sie fragte „Ja ist oder war denn dann alles falsch, was wir bisher gemacht haben?"

Ihr Einwand war berechtigt, doch er wurde von dem Referenten übergangen. Er pries die offene Arbeit als eine „Weiterentwicklung" an, in der das Kind in viel größerem Rahmen selbstbestimmt „arbeiten" und sich entfalten könnte. Man sprach also nicht mehr von „Spielen".

Es ist mir damals schon aufgefallen, dass in Folge das Wort „arbeiten" immer mehr den Begriff des „Spielens" verdrängte. Es scheint zwar nur ein kleines Detail zu sein, aber meines Erachtens, ein sehr wichtiges.

Mich begeisterte vor allem das Stichwort „Selbstbestimmung", denn mir war es schon als Kind wichtig gewesen, weitgehend eigenständig mein Leben führen zu können. Und somit habe ich anfangs ebenfalls dieses neue Modell unterstützt und mitgetragen.

Wie ist die Definition der Offenen Arbeit von offizieller Seite?

In der Offenen Arbeit wird das Kind mit seinen Bedürfnissen in den Mittelpunkt gestellt und als Akteur seiner eigenen Entwicklung betrachtet, was heißt, dass dem Kind zahlreiche Möglichkeiten zur Entfaltung seines Entwicklungspotentials zur Verfügung gestellt werden sollen. Die Stammgruppen werden aufgelöst. Sämtliche Räumlichkeiten werden geöffnet und stehen nun allen Kindern zur Verfügung, wobei jeder Raum eine eigene Funktion bekommt, wie beispielsweise „Die Kreativwerkstadt", „Der Rollenspielraum" oder „Die Bewegungsbaustelle. Je nach Interesse haben die Kinder die Möglichkeit, sich in einzelnen Spielgruppen zusammenzufinden und selbstbestimmt ihre Tätigkeiten zu wählen, ohne dass hierbei die Erwachsenen eingreifen sollen. Die pädagogischen Fachkräfte verstehen sich als „Begleiter des sich selbst bildenden Kindes", als „Lernpartner" und als „Unterstützer"[2].

In diesem Konzept wird Bildung direkt mit der Eigentätigkeit und Selbstbestimmung des Kindes gleichgesetzt. Es wird darauf verwiesen, dass gerade die *„Offene Arbeit"* den entwicklungspsychologischen Grundlagen des Kindes entgegenkommt. Auch wird betont, dass Kinder aufgrund der offenen Arbeit sich zufriedener, glücklicher und vor allem selbständiger zeigen, die Konzentration und die Aufmerksamkeit gesteigert wird und Aggression

---

[2] Neue Begriffe, die im Rahmen der offenen Arbeit eingeführt und über trägerinterne Fortbildungen an die Mitarbeiter weitergegeben wurden

und Langeweile merklich zurückgehen. Weiterhin wird das „sich selbst bildende Kind" vor allem in seiner sozialen, kreativen und sprachlichen Kompetenz gefördert. Auch die Gesundheit der Kinder wird durch den offenen Ansatz unterstützt, da die „Bildungs- und Funktionsräume" nicht so stark frequentiert sind, was vor allem weniger Stress, verminderte Konflikte und einen niedrigeren Lärmpegel bedeutet.

Das waren für mich alles vollkommen richtige und logische Betrachtungen und nach dieser Fortbildung waren wir alle wie elektrisiert. Das Ergebnis ließ nicht lange auf sich warten. Wie nach einer Gehirnwäsche dachten wir, das Althergebrachte so schnell wie möglich hinter uns lassen zu müssen und wunderten uns selbst darüber, dass wir so lange nach alten Mustern hatten arbeiten können.

Ohne die Eltern vorher zu informieren, um was es sich bei der offenen Arbeit überhaupt handelte, legten wir Mitarbeiter gleich los und krempelten den gesamten Kindergarten um.

Waren vorher in jeder Gruppe Möglichkeiten zum Malen, Bauen, Konstruieren, Frühstücken usw. vorhanden gewesen, so gab es ab jetzt spezielle Themenräume. Es gab ein Bauzimmer, ein Rollenspielzimmer, eine Kreativwerkstatt, eine Bewegungsbaustelle. Allein die letzten beiden Begriffe lassen ahnen, welch neue Welt die ahnungslosen Kinder nun erwartete.

Als die Kinder am anderen Morgen kamen, gab es keine vertrauten Gruppenräume mehr. In einem Zimmer befand sich nun das gesamte Baumaterial von allen drei Gruppen, im anderen Gruppenzimmer war das ganze Mal- und Bastelmaterial untergebracht und das letzte Zimmer quoll über von Puppenmöbel und Verkleidungsutensilien. Im großen Turnraum waren nun Rollbretter, Bälle, Matten und Decken vorhanden, die ab jetzt den Kindern frei zugänglich zur Verfügung standen.

Die Kinder waren irritiert und das Personal wurde von der anfänglichen Euphorie mit der Realität konfrontiert, denn nun tauchten neue Fragen auf:

Gibt es in Zukunft noch eine gemeinsame Gruppe, wo sich die einzelnen Kinder zugehörig fühlen? Welche Mitarbeiterin übernimmt welches Zimmer und für wie lange? Was passiert mit unserem täglichen Stuhlkreis? Wie behalten wir die Übersicht über die Kinder? Welches Kind ist in welchem Zimmer und bei welcher Erzieherin? Wer ist die Bezugsperson des Kindes oder braucht das Kind keine mehr?

Es wurde ständig nach neuen Lösungen gesucht, ausprobiert und wieder neu geplant und es entstand ein riesiges Durcheinander.

Auch die Eltern beschwerten sich und sie sagten, dass man sie zumindest vorher einmal hätte informieren können. Aber wir waren von dem neuen Konzept so begeistert, dass diese Fragen, wenn auch berechtigt, keine große Rolle spielten. Die noch nicht ausgereifte und erprobte Theorie wurde einfach in die Praxis umgesetzt.

In der Anfangszeit, war ich ein halbes Jahr im Bauzimmer tätig gewesen, was sehr unbefriedigend war, da wir alle gewohnt waren, mit den Kindern in Interaktion zu treten. Unsere Rolle wurde aber nun von der aktiven Begleiterin zur Beobachterin im Hintergrund umfunktioniert. Alle wollten deswegen in die Kreativwerkstatt, denn dort konnte man wenigstens den Kindern gezielte Angebote anbieten.

Obwohl die Kinder nach dem neuen Konzept frei entscheiden sollten oder durften, wo sie sich wie lange aufhielten, brachte dies für sie eine enorme Verunsicherung und Desorientierung mit sich und wir machten die Erfahrung, dass Kinder in diesem Alter schlichtweg noch überfordert sind mit so viel Selbständigkeit und Freiheit umzugehen.

Wenn ich früher als kleines Kind meine Mutter ärgerte und nicht machte, was sie sagte, schimpfte sie oft mit mir und sagte: „Du Selbstgezogenes (Kind)!", aber heute hat man aus der Selbstbezogenheit ein landesweites Konzept gemacht und geht davon aus, dass sich Kinder nur gut entwickeln, wenn sie „bedürfnisorientiert" handeln können, ohne von außen viele Vorgaben gemacht zu bekommen.

Den gewohnten Gruppenraum gab es nun also nicht nur für die Kinder, sondern auch für mich und meine Kolleginnen nicht mehr. Der geschützte Raum der Kinder war jetzt allen zugänglich. Ihre vertraute Bezugsperson war auf einmal weg. Alle Türen standen offen. Wo aber sollten die Kinder nun ihr Frühstück einnehmen? Wer wusste, wann welches Kind ankam oder überhaupt da war? So viele ungeklärte Fragen, über die wir uns vorher noch keine Gedanken machen mussten. Dieser geschützte und begrenzte Raum war zwar nicht ganz weg, stand aber auf einmal allen anderen Kindern auch zur Verfügung. Ich denke oft, wie es wäre, wenn bei uns zu Hause ständig fremde Menschen ein und ausgehen würden, wie es ihnen gerade gefällt, denn so erging es den Kindern, die „ihre" Gruppe jetzt mit allen teilen mussten.

Daraufhin wurde ein „Kindercafé" eingerichtet. Da ja alle Zimmer belegt waren, blieb nur der Flur dafür übrig. In der Folge merkten wir, dass die Kinder damit nicht zurechtkamen und eine Mitarbeiterin musste eigens für den Flur abgestellt werden, die das Frühstück beaufsichtigte. In dieser Zeit ging viel Geschirr zu Bruch, das wir bei der Einweihung des neu umgebauten Kindergartens von einer ortsansässigen Firma bekommen hatten. Durfte vorher jedes Kind sein eigenes Geschirr selbst abspülen, so stand nun für das benutzte Geschirr ein Teewagen bereit.

Es wurde vieles ausprobiert und wieder verworfen. Wir einigten uns auf eine sechswöchige Verweildauer der Mitarbeiter in den einzelnen Zimmern und dann wurde gewechselt. In den Dienstbesprechungen wurde die meiste Zeit damit verbracht, zu planen, wer in welchen Bereichen wie lange arbeitete. Und dann fiel eine Mitarbeiterin aus und der ganze Plan war hinfällig.

Die ersten zwei Jahre waren sehr anstrengend. Das Maß an Absprache hatte sich auf ein Vielfaches erhöht. Der Lärmpegel änderte sich und eine ständige Unruhe machte sich breit.

Weiterhin fiel uns auf, dass manche Kinder bestimmte Bereiche mieden, die Jungen wollten nur in ihre Bauecke und von dort nicht weg. Auch dafür dass wir am Ende des Morgens oft nicht wirklich wussten, wer von den Kindern überhaupt anwesend war, mussten neue Lösungen gefunden werden. Es wurde eine „Empfangsdame" geschaffen, die morgens die Kinder in Empfang nahm und sie in die Anwesenheitsliste eintrug. Bei dem Wort „Empfangsdame" denke ich an alles, nur nicht an einen Kindergarten.

Für bestimmte Kinder gab es nun Bezugserzieherinnen. Die Vorschulkinder wurden separat in einem ausgelagerten Zimmer im ersten Stock gesammelt und gefördert.

Hatte man vorher seine 25 Kinder, für die man verantwortlich war, so war man jetzt für alle zuständig und verlor somit manche von ihnen aus den Augen. In den Gruppen war ein ständiges Kommen und Gehen. Die Vertrautheit und Sicherheit der Zimmer ging verloren. Es war vor allem sehr laut und wenn ich mittags nach Hause ging, war ich nicht nur fix und fertig, sondern auch froh, dem ständigen Gewusel entkommen zu ein.

Es kam vor, dass manche Kinder sich ein ganzes Jahr durchmogelten, so dass keiner von uns Mitarbeiterinnen so recht wusste, wie diese den Morgen verbracht hatten. Es ist mir eindeutig klar geworden, dass genau in dieser Zeit erste Verhaltensauffälligkeiten auftraten. Immer mehr Kinder konnten nicht mehr richtig stillsitzen und zuhören und nach zwei Jahren kamen bereits die ersten Beschwerden von Grundschullehrerinnen, die uns mitteilten, die Kinder hätten in ihrer Leistung nachgelassen und fragten, woher das käme.

Obwohl es offen auf der Hand lag, dass dieses Konzept der Entwicklung der Kinder zuwiderlief, wurde es nicht in Frage gestellt. Die ersten Stimmen, und da gehörte auch ich dazu, meinten, geschlossene Gruppen würden den Kindern mehr Orientierung und Sicherheit bringen, als die komplett „entfesselte" Freiheit, ständig selbst wählen zu können bzw. zu müssen. Es wäre doch besser zu den bewährten

Ordnungsstrukturen zurückzukehren, die wir vor der Einführung des neuen Konzeptes gewohnt waren und welche all diese Probleme erst gar nicht erst aufkommen ließen.

Aber zurück wollten die meisten Mitarbeiter auch nicht mehr. Es wurden zahlreiche Fortbildungen hinsichtlich dieser Situation angeboten, die diese Probleme aufgriffen und in denen vermittelt wurde, wie wir die einzelnen Unstimmigkeiten in den Griff bekommen konnten. Also schien es diese Problematik auch in anderen Einrichtungen zu geben?!

In den Weiterbildungen wurde immer wieder betont, dass das „Konzept der offenen Arbeit" für die Entwicklung der Kinder am Sinnvollsten wäre und wir nur an den Feinheiten arbeiten müssten, um wieder alles ins Lot zu bringen.

Der nächste gravierende Einschnitt war ein neues Gesetz, das besagte, das jedem dreijährigen Kind ein Betreuungsplatz zur Verfügung gestellt werden müsse.

Davon waren vorwiegend die Gemeinden und Kommunen betroffen. Sie standen nun in der Pflicht neue Plätze zu schaffen. Mich selbst betraf dies nur am Rande, da ich in einer kirchlichen Einrichtung arbeitete.

Neue Kindergärten schossen wie Pilze aus dem Boden. Erstmals gab es einen Mangel an Betreuungskräften. In den Schulen wurde im Schnellverfahren ausgebildet. Umschulungen wurden bewilligt. Plötzlich arbeitete ich mit Mitarbeitern zusammen, die sich mit Kindererziehung noch nicht befasst hatten. Das Niveau des Erziehungsberufes sackte gravierend ab. Es wundert mich auch im Nachhinein nicht, weil jede und jeder genommen wurde. Sogenannte Ein-Euro-Kräfte wurden eingestellt, um hauswirtschaftliche Tätigkeiten zu übernehmen, auch Kinderkrankenschwestern konnten nun in einer Kindertageseinrichtung arbeiten.

Nach einem halben Jahr waren die Ein-Euro-Kräfte wieder weg und mussten anderen Platz machen, da dies gesetzlich so geregelt war. Durch das neue Gesetz verschuldeten sich viele Gemeinden. Erstens durch die neuen Einrichtungen, die gebaut werden mussten und zweitens durch das zusätzliche Personal, das eingestellt werden musste. Zur Folge hatte dies, dass jetzt an allen Ecken und Enden eingespart wurde, da kein Geld mehr da war, was wir dann zu spüren bekamen, als von der Gemeinde ein nagelneues Kinderhaus gebaut wurde.

Denn nachdem nun jedes dreijährige Kind einen Platz hatte, brachen die Geburten ein und es wurde nunmehr um jedes Kind gekämpft.

Die Einrichtungen standen unter enormen Druck und gerieten in eine unweigerliche Konkurrenz, so dass einige von uns in Gefahr standen, ihre Arbeitsstelle zu verlieren. Waren gerade eben Erzieherinnen noch Mangelware, so musste man auf einmal Angst um seinen Arbeitsplatz haben. Gruppen drohten wegen zu geringer Belegung geschlossen zu werden und unsere Anmeldezahlen gingen drastisch zurück. Waren Eltern vorher froh überhaupt einen Platz bekommen zu haben, so konnten sie sich nun fast jeden Betreuungsplatz aussuchen. Aus diesem Grund greifen bis heute auch immer mehr Eltern zu einer Ganztagesbetreuung für ihre Kinder und der Krippenalltag, damals noch als „gesellschaftliches Übel der Ostblocks" abgewertet, ist heute bereits Normalität.

Die heutigen Eltern sind auf diese Einrichtungen aber angewiesen, da sie ansonsten ihren Lebensstandard nicht aufrechterhalten können und den gesellschaftlichen Anschluss verlieren.

Da die Politik und die Bildungswissenschaft pausenlos erklären, wie wichtig bereits die Frühbetreuung für ein Kind ist, vertrauen die Eltern diesen Angaben und verlieren so die eigentliche Bindung zu ihrem Kind und bringen sich somit selbst um eine wichtige zwischenmenschliche Erfahrung.

Erzieherinnen werden zu „Fachfrauen"

Aufgrund des Gedankens: „Nur was man gerne tut, das tut man auch gut. Nur was man gut kann, das kann man auch gut weitergeben", wurden dann zusätzlich zur offenen Arbeit auch bei uns die interessegebundenen „Fachfrauen" eingeführt.

Es gab Fachfrauen für Sport, für Bilderbücher, für Märchen, für Spracherziehung, für Kunst, für Gestaltung usw. und jeder konnte das wählen, was einem am meisten zusagte.

Ich wurde zur Fachfrau für Märchen und Geschichten, da ich mich schon immer für diese Themen interessiert hatte und konnte somit nun meine Lieblingsbeschäftigung auf der Arbeit einbringen.

Allerdings mussten wir nun unsere fachspezifischen Angebote gleich einer Schulstunde genau einplanen. Minutiös wurden nun bei jeder Teamsitzung die Termine ausgehandelt, wer wann, wo, wie lange und mit wem welche Angebote anbot. Aber so schön sich das anfangs angehört hatte, in der Praxis funktionierte es nicht wirklich. Wir benötigten Unmengen an Zeit, um jede Mitarbeiterin in ihrem Fachgebiet einzuplanen, wobei man bedenken musste, dass in jedem Zimmer ja bereits eine Mitarbeiterin alleine war. Führte diese Person ihr Angebot durch, musste das Zimmer geschlossen werden, alle Kinder aufgeteilt und aus ihrem Spiel herausgerissen werden, damit die Kinder „fachspezifisch weitergebildet" werden konnten.

Da das Einsetzen der Fachfrauen zu immer neuen Problemen führte und sich mit dem offenen Modell nicht vereinbaren ließ, entschlossen wir uns leider, diese Idee wieder fallen zu lassen. Im Grunde genommen war dieser Ansatz eine gute Methode den Kindern ein ansprechendes Bildungsangebot bereitzustellen und zudem denke ich, dass dies bei dem herkömmlichen Gruppengefüge mit festen Stammgruppen sicherlich funktioniert hätte, aber die unstrukturierte Arbeitsweise der offenen Arbeit ließ ein fachspezifisches Arbeiten der Mitarbeiter leider nicht in dem Umfang zu, wie es nötig gewesen wäre.

Neben diesen Neuerungen, die auf freiwilliger Basis verliefen, gab es allerdings zahlreiche Veränderungen, die wir uns nicht aussuchen konnten und die das Fortleben unserer Einrichtung beeinflussten.

Strukturelle Veränderungen

Arbeiten im Schichtdienst

Als ich in meinem Beruf zu arbeiten begann, kamen, wie bereits erwähnt, die Kinder fast zur gleichen Zeit im Kindergarten an. Die Verweildauer war bei allen in etwa gleich, sodass auch wir Mitarbeiterinnen miteinander beginnen und miteinander wieder gehen konnten.

In der Regel gab es Ganztages- oder Halbtagesstellen, was natürlich auch durch den Stellenschlüssel von 1,5 Kräften pro Gruppe bedingt war. So hatte jeder einen klaren Überblick, wer wann da und für wen zuständig war. Das bedeutete Beständigkeit, während heute der ständige Wechsel der Bezugsperson ein großes Problem darstellt. Wenn ich daran denke, wie schlimm es für mich als Kind gewesen ist, als meine Mutter einmal drei Wochen im Krankenhaus war und in dieser Zeit eine Familienhelferin die Familie versorgen musste, kann ich mir denken, was es für Kinder bedeutet, nicht zu wissen, von wem sie in dem betreffenden Zeitraum betreut werden. Durch gleichbleibende Bezugspersonen und eine vertraute Umgebung bekommen Kinder Sicherheit vermittelt, die einen großen Anteil daran hat, zu sich selbst und zur Ruhe zu kommen und sich auf andere einlassen zu können.

Durch die Anpassung der Öffnungszeiten veränderte sich diese Grundstruktur ebenfalls und zusätzlich mussten wir die neuen Zeiten mit dem gleichen Personalschlüssel abdecken.

Zuerst war es morgens 7.30 Uhr, dann bereits 7.00 Uhr, als jetzt der Kindergarten öffnete und die Lücke zwischen morgens und nachmittags wurde ebenfalls geschlossen. Als dann nach einiger Zeit das Mittagessen eingeführt wurde, musste sich eine Mitarbeiterin um die Essenskinder kümmern, eine andere Mitarbeiterin diejenigen Kinder, die „flexibel" abgeholt wurden, beaufsichtigen. Und dann kamen schon wieder die Nachmittagskinder um 14.00 Uhr.

Wo und wann aber konnten wir uns nun vorbereiten? Überhaupt war das Thema der „Vorbereitungszeit" ein wunder Punkt. Diese Zeit, in der ich mich in der Mittagszeit mit meinen Kolleginnen (und zwar ohne Kinder) zusammensetzen und ganz in Ruhe alles vorbereiten und besprechen konnte, war sehr wichtig. Dabei tauschten wir uns über die jeweiligen Kinder aus und einer inspirierte den anderen. Dies war eine sehr produktive Zeit, da wir ungestört arbeiten konnten und nach dem lauten Morgen endlich Stille eintrat.

Aber nun musste ein komplett neuer Arbeitsplan erstellt werden, die gemeinsame Vorbereitungszeit entfiel ganz und am Ende blieb uns nichts anderes übrig, als die Zeiten auf die Minute genau festzulegen, wer wie lange Vor- und Nachbereitungszeit machen musste. Das ging aber ab jetzt nur noch alleine und der Aufwand durch Absprachen erhöhte sich.

Dann wurde endlich der Stellenschlüssel erhöht – von 1,5 auf gerade mal 1,75 Kräfte pro Gruppe. Es wurden Stellen mit einem Umfang von 50, 60, 75 und 100 % geschaffen und ehe wir uns versahen, hatte die Schichtarbeit uns schon ganz im Griff und war unmerklich in unsere Einrichtung eingekehrt. Im weiteren Verlauf kamen - wie wir noch sehen werden - immer neue Anforderungen auf uns Mitarbeiter zu. Die Verweildauer der Kinder in der Einrichtung wurde immer mehr ausgeweitet, was eine ständige Anpassung unserer Arbeitszeiten notwendig machte und zu weiteren Problemen und Belastungen führte.

Durch die nun eingeführten neuen Arbeitszeiten blickte nun keiner mehr richtig durch, da wir nun viele unterschiedliche Arbeitszeitmodelle hatten und die Stunden während der Woche unterschiedlich verteilt waren.

Es traten neue Fragen auf: Was ist, wenn eine Mitarbeiterin donnerstags ihren freien Tag hat und ein Feiertag darauf fällt? Müssen alle Mitarbeiter bei einem Fest anwesend sein? Was passiert mit den Überzeiten, die ja irgendwie wieder abgebaut werden mussten?

Letzten Endes blieb uns nichts anderes übrig, als alles ganz genau zu notieren. Daher wurden in der Folge für jeden von uns spezielle Listen angefertigt, in die jeder seine Arbeitszeit genau eintragen musste.

Gab es in der Vergangenheit ein kleines Heftchen, in dem die angefallenen Überzeiten notiert wurden, reichte dieses irgendwann nicht mehr aus, denn dadurch, dass nun wesentlich mehr Mitarbeiterinnen (von fünf auf zwölf) in der Einrichtung waren und jede andere Arbeitszeiten hatte, blickte irgendwann keiner mehr durch. Überstunden kamen bislang nur durch Elternabende, die Übernachtung und das Kirchenfest zustande. Gottesdienste zählten damals noch nicht als Arbeitszeit. Ansonsten fielen keine zusätzlichen Stunden an. Auch keine Vertretungsstunden, denn bei uns war sehr selten jemand krank. Ich weiß noch, dass dieses Heftchen von einer meiner Kolleginnen immer sehr genau und akkurat geführt wurde. Für das Aufschreiben der Überzeiten fiel keine zusätzliche Arbeitszeit an, denn es wurde gleich am nächsten Morgen umgehend und unkompliziert eingetragen.

Auch waren nun nicht mehr alle Mitarbeiterinnen bei allen Veranstaltungen dabei. Und so teilten wir uns auf, um Überzeiten einzusparen. Das hatte natürlich auch viel mit dem hohen Anteil an Teilzeitkräften zu tun, die mittlerweile bevorzugt eingestellt wurden.

Irgendwann kam eine Kollegin und sagte: „So geht das nicht weiter! Überall werden mittlerweile Arbeitszeitlisten geführt, in denen genau aufgeführt wird, wer wann da ist!". Nun bekam jeder ein Formular, in das die Arbeitszeiten täglich eingetragen werden mussten. Auch fielen für das Ausfüllen der Listen zusätzliche Zeiten an, die ebenfalls notiert wurden.

Allerdings fingen wir ab jetzt an, alles genau aufzulisten. Jede Minute wurde aufgeschrieben. Die Zei-

60

ten, die wir zu spät waren, ebenso, wie die Zeiten, die wir länger blieben.

Allerdings merkte niemand, welche Veränderungen in uns Mitarbeitern vonstattengingen und welchen Einfluss diese neue Regelung auf unser Selbstverständnis und die Einstellung zu unserer Arbeit hervorrief.

Kamen wir bisher etwas früher, um den Morgen mit einem netten Gespräch oder auch in besonderer Ruhe zu beginnen, so waren wir nun auf die Minute genau - nicht zu früh oder zu spät. Blieb man früher über Mittag in seiner Mittagspause einfach da, nutzte die Zeit für die Vorbereitung, so unterließ man das nun, denn jedem stand ja seine Pause zu.

Gingen wir auch mal vor Ende der Arbeitszeit nach Hause, so sahen wir jetzt auf die Uhr. Genauso fiel auch der lockere Abschluss des Tages weg.

Nun wurde alles aufgeschrieben und ich ertappte mich dabei, wie ich schon in den „Einheiten der Listen" zu denken begann. Ich entwickelte einen Hang, Überstunden anzusammeln, was ich vorher nicht kannte. Bei meinen Kollegen war es ähnlich.

All dies hatte eine große Auswirkung auf unser Arbeitsverständnis. Es erinnerte vielmehr an das fabrikmäßige Arbeiten in Betrieben, in denen gemeinschafts- und beziehungsfördernde Strukturen fehlen. Wohlgemerkt, veränderte sich das nicht von heute auf morgen und es heißt auch nicht, dass heute nur selbstbezogen und zusammenhanglos gearbeitet wird, aber die Wertigkeit der Arbeit und die Freiwilligkeit, mit der vieles selbstverständlich erledigt wurde, hatte sich verändert.

Heute herrscht zudem die Einstellung: „Dafür bin ich nicht zuständig." Oder: „Meine Arbeitszeit ist jetzt um!"

Hatte ich früher Arbeit als Erfüllung und Bereicherung empfunden, so wirkten sich die neuen Vorschriften und Vereinheitlichungen nun ungut auf meine Arbeitshaltung aus. Mit meiner Gelassenheit war es vorbei, denn spätestens jetzt merkte ich und auch die anderen, wie alles zwar „gerecht" zuging, aber da nun alles genauestens kontrolliert wurde, uns das jeden Anflug von Spontanität nahm.

Durch die allseits eingeführte Planung unserer Arbeit waren wir meist so verplant, dass auch unsere Kreativität nicht mehr zum Zuge kommen konnte. Und so arbeitete jeder selbstbezogen und war mit sich beschäftigt und der Blick für Andere oder der berühmte „Blick über den Tellerrand" gingen verloren.

Gerade die Verschiebung der Arbeitszeiten und der Wegfall der gemeinsamen Vorbereitungszeit hat meiner Meinung nach ein großes Loch in die Gemeinschaft von uns Kolleginnen geschlagen, da nach und nach sich so etwas wie Gleichgültigkeit in vielerlei Hinsicht breit zu machen begann.

Mit den so „gerechten" Arbeitszeitlisten hat eine berechnende Haltung in unser soziales Gefüge Einzug gehalten, die wir bis dahin kaum kannten und ein Denken angestoßen, was durch und durch formalistisch war.

Durch die genannten Faktoren, wie Arbeiten im Schichtdienst, Ausweitung der Öffnungszeiten, Wegfall der gemeinsamen Vorbereitungszeit, ist es für mich auch nicht verwunderlich, dass das einzelne Kind oftmals zu kurz kam und wir den Überblick langsam darüber verloren, welche Kinder welche Kenntnisse oder Defizite hatten und welche unserer Unterstützung bedurften, was bis dahin kein Thema gewesen war.

„Beobachtung und Dokumentation"

Wie im vorherigen Kapitel dargelegt, nahmen wir nun häufiger an themenbezogenen Fortbildungen teil. Dort erfuhren wir nun die genauen Beweggründe, die zu diesem neuen Konzept geführt hatten: Die Ursache läge in der kurz davor veröffentlichten PISA-Studie, die in Deutschland wie eine Bombe eingeschlagen hätte. Deutschland stehe unter Schock, da unsere Schüler im Vergleich zu den übrigen Ländern europaweit lediglich den 8. Platz erreicht hatten.

Wir erfuhren, dass das Bildungsministerium, nachdem die Ergebnisse der PISA-Studie veröffentlicht und ausgewertet waren, händeringend nach Möglichkeiten suche, diese Misere zu beenden oder zumindest zu verbessern. In diesem Zusammenhang kam man dann zu dem Schluss, dass zukünftig die einzelnen Kinder genauer unter die Lupe zu nehmen seien, damit eventuelle Defizite schneller erkannt und ausgeglichen werden könnten. Man einigte sich darauf, in allen Einrichtungen das Programm der „Beobachtung und Dokumentation" einzuführen. Es galt die Devise, dass nur wenn das Kind richtig beobachtet werden würde, man auch feststellen könne, wo es Defizite habe. Dabei wurde aber ganz vergessen, dass früher auch beobachtet wurde und zwar in einem überschaubaren Rahmen.

In der Praxis zeigte sich dann aber, dass dieses neue Programm sehr viel Zeit in Anspruch nahm und auch wenn uns das am Anfang nicht auffiel, wir fortan nur noch mit Fotografieren und Dokumentieren beschäftigt waren und den Fotoapparat ab jetzt überall dabei hatten. In unserer Einrichtung beobachtete jeder, in anderen Einrichtungen wiederum gab es spezielle „Fachfrauen", die sich auf diesem Gebiet spezialisiert hatten.

Aus diesem Programm entwickelten sich dann die sogenannten Lerngeschichten, die heute bereits zum festen Bestandteil des Erziehungsalltags gehören und damit wir einen Überblick behielten, wurden spezielle Portfolio-Mappen erstellt. Am Anfang fiel es gar nicht auf, dass wir auf einmal Dinge aufschrieben, die früher gar nicht der Rede wert gewesen waren.

Alles wurde aufgeschrieben und selbst die kleinsten Details wurden ans Licht geholt, die dann zusammen mit den Kolleginnen genauestens besprochen und ausgewertet wurden.

Zum festen Repertoire der Beobachtung gehörten:

➢ Erster Tag im Kindergarten

➢ Eingewöhnung

➢ Jeder einzelne Geburtstag

➢ Feste, Feiern, Spaziergänge

➢ Aktivitäten aller Art

➢ Jeder einzelne Entwicklungsschritt

➢ Freunde, Vorlieben

➢ Vorschulzeit

Die Kinder waren mit ihren Portfolio-Mappen vertraut und schauten sie zusammen mit uns im Laufe des Kindergartenjahres immer wieder an und viele konnten es nicht erwarten die Mappe endlich mit nach Hause nehmen zu dürfen.

Daneben stand jedem Kind jährlich ein Entwicklungsgespräch zu, das man vorbereiten, mit den Kolleginnen durchsprechen, abstimmen und natürlich schriftlich formulieren und verfassen musste. Dazu standen sogenannte Entwicklungsbögen zur

Verfügung, die von Einrichtung zu Einrichtung variierten und bei denen man viele Fragen nur mit ja oder nein beantworten konnte. Für solch ein einzelnes Gespräch benötigte man allein für die Vorbereitung drei Stunden und für die Durchführung dann nochmal eine ganze Stunde.

Das war ein halber Tag für ein Gespräch und bei 25 Kindern 25 halbe Tage, ohne die Zeit, die für die Beobachtung, das Fotografieren, das Auswählen und das Abholen der Fotos und das Führen der Mappen anfiel. Ich fragte mich häufig nach dem Nutzen und Sinn des Ganzen.

Eine wirklich skurrile Lerngeschichte ist mir dabei in Erinnerung geblieben, in der selbst der Toilettengang eines Kindes akribisch und detailreich mit zahlreichen Fotos dokumentiert wurde.

Nachdem dieses Kind in die Schule gewechselt war und somit den Ordner mit nach Hause bekam, geschah folgendes: Als die Geschwister den Ordner gefunden und angeschaut hatten, machten sie sich derart über diese Toiletten-Lerngeschichte lustig, dass dieses Kind in der Folge von dem Ordner nichts mehr wissen wollte.

Durch diese Begebenheit wurde mir bewusst, wie viel Zeit dieses neue Programm eigentlich verschlang, welche dann den Kindern nicht mehr zur Verfügung stand.

Von all diesen schriftlich festgehaltenen Dokumentationen hat das Kind, aus meiner Sicht, rein gar nichts. Auch wir Erzieherinnen, die durch diese Methode eigentlich verstärkt die Entwicklung des Kindes beurteilen sollten, wurden durch die ganzen Fragebögen, in denen die einzelnen Entwicklungsschritte ganz genau nach Monaten eingeteilt waren, vom eigentlichen Charakter des Kindes abgelenkt und sahen das jeweilige Kind nicht mehr als Ganzes, sondern nur noch fragmentiert und nach den Gesichtspunkten seines Könnens und seiner Defizite.

In der Folgezeit wirkte sich dies alles dann auf das ungezwungene und unbeschwerte Spielen mit dem Kind aus.

Zurück blieben Aktenberge von Dokumentationsmaterial und auch die Mappen, die das Kind am Ende seiner Kindergartenzeit mit nach Hause bekam, gerieten dort sehr schnell in Vergessenheit, wie uns etliche Eltern später mitteilten.

Hinzu kam noch, dass Kinder sicherlich keinen Gewinn daran hatten, wenn sämtliche Bilder mit fremden Kommentaren versehen waren, die vielleicht gar nicht ihrer Wirklichkeit entsprachen. Da Kinder dieses Alters sich nicht gleichbleibend, sondern in Schüben entwickeln und jedes sein eigenes Entwicklungstempo hat, verunsichert man die Eltern, weil sie denken, dass ihr Kind sich nicht der Norm entsprechend verhält oder entwickelt. So verlieren viele gerade durch diese Gespräche das Vertrauen in das Potential ihres Kindes, und sind am Ende mehr verwirrt, als ihnen geholfen wurde.

Meiner Meinung nach sind die Rahmenbedingungen in den Einrichtungen mittlerweile so unbefriedigend, dass sich eine gesunde Entwicklung, egal ob mit oder ohne Beobachtung, schon lange nicht mehr vollziehen kann. Und es ist für mich ganz offensichtlich, dass das Programm der „Dokumentation der kindlichen Entwicklung" seine Ziele in keinster Weise erfüllt. Es trägt eher zur Mehrbelastung der Mitarbeiter bei und stört letztlich die Beziehung zum Kind.

Die Kindergartenlandschaft verändert sich

Einführung von Kinderkrippen, Wegfall der Horte

Als ich damals mit meiner Ausbildung begonnen habe, gehörten Horte noch zu den Kinderbetreuungseinrichtungen, die jede Stadt zu bieten hatte. Kinderkrippen gab es noch nicht, zumindest nicht in unserer Umgebung.

Daher verloren diese Horte ihre Existenzgrundlage, als die Ganztagesbetreuung in den Grundschulen eingeführt wurde und weichte somit die klare Trennung zwischen Schule und Kinderbetreuung auf. Um auf die Berufstätigkeit beider Eltern zu reagieren und die Betreuung und Beaufsichtigung der Kinder so einfach und kostengünstig wie möglich zu machen, wurden daher Ganztagesschulen ins Leben gerufen und in den Grundschulen wurde die Frühbetreuung eingeführt.

Für die Ganztagesbetreuung sprach, dass die Kinder am gleichen Ort verblieben und so die umständlichen Wege in andere Einrichtungen wegfielen. Zudem konnten die Kinder nun ihre Hausaufgaben vor Ort und unter pädagogischer Aufsicht, was Hilfestellung und Begleitung beinhalten sollte, erledigen. Ebenso hatten sie die Möglichkeit direkt nach Schulschluss ihr Mittagessen dort einzunehmen und es gab auch spezielle Freizeitangebote, wie Sport, Musik, freies Gestalten, etc.

Unsere jüngste Tochter zum Beispiel war in ihrer Grundschulzeit ebenfalls in der Frühbetreuung, weil die Schule auf dem Arbeitsweg meines Mannes lag und sie daher mit dem Auto gefahren werden konnte. Die Betreuerin spielte mit den Kindern zumeist Karten und das gefiel ihr so gut, dass sie selbst in die Betreuung wollte, wenn mein Mann frei hatte und so musste er extra früh aufstehen, um sie dorthin zu fahren. Und wenn ich sie nachmittags fragte, was das Schönste am Morgen gewesen war, so erzählte sie davon, wie schön es für sie war, wie die Betreuerin morgens mit ihr Karten gespielt hatte.

Das Ganze entlastete den Arbeitsalltag der Eltern natürlich enorm, denn wenn die Kinder am späten Nachmittag nach Hause kamen, war alles erledigt.

Das Land stellte zur Abdeckung dieser Nachmittagszeiten sogenannte „Freie Mitarbeiter" ein, die über keine pädagogische Ausbildung verfügen mussten. Für Quereinsteiger oder Frauen, die mit einem Minijob Vorlieb nahmen, war dieses Angebot natürlich ideal. Auch ich begrüßte diese Einrichtung und habe selbst ein Jahr an einer solchen Grundschule gearbeitet.

In jener Grundschule gab es insgesamt acht Klassen, wobei jede Klassenstufe in der Nachmittagsbetreuung zusammengefasst wurde. Die Kinder, die ich betreute, hatten somit Hausaufgaben von zwei verschiedenen Lehrkräften. Der Auftrag der Klassenlehrer war es, den Mitarbeitern der Hausaufgabenbetreuung die jeweiligen Aufgaben mitzuteilen und wenn nötig, wie z. B. im Fach Mathematik, ebenfalls die einzelnen Rechenschritte zu erörtern.

In der Praxis sah es dann so aus, dass keine persönliche Übergabe oder Absprache mit den jeweiligen Lehrern stattfand. Dadurch musste ich über die Schüler erfragen, welche Aufgaben sie aufbekommen hatten und in welcher Weise diese zu erledigen waren.

Auch konnten viele Kinder sich nicht richtig konzentrieren, da die Pause, die sie hinter sich hatten, viel zu kurz gewesen war und da mein Dienst auch die Aufsicht des Mittagessens beinhaltete, bemerkte ich zudem, wie laut es während des Essens war und von Entspannung kaum die Rede sein konnte.

Nach dem Essen hatten die Kinder noch eine kurze Pause von ca. 20-30 Minuten, je nachdem wie schnell sie gegessen hatten. Bis zur Hausaufgabenbetreuung hatte keiner auch nur eine Minute für sich gehabt, in der er sich hätte zurückziehen oder wirklich abschalten können. Das tat mir in der Seele leid, da ich oft daran denken musste, wie viel Zeit mir damals als Kind zur Verfügung gestanden hatte.

Während der Hausaufgabenbetreuung waren in der Regel 15 – 20 Kinder anwesend. Viele von ihnen verstanden die zu erledigenden Aufgaben nicht und waren überfordert. Wenn ich meine Arbeit richtig und gewissenhaft hätte machen wollen und können, so hätte ich mich zu jedem einzelnen Kind hinsetzen und ihm die gesamte Aufgabenstellung in aller Ruhe erklären müssen. Aber dafür war schlichtweg keine Zeit, denn insgesamt hatte ich nur 1,5 Stunden zur Verfügung und es gab ja nicht nur in einem Fach Hausaufgaben, sondern in zwei, drei oder gar vier Fächern. Es war mir nicht möglich, die Kinder, die die gleichen Aufgaben hatten, zusammenzufassen und es ihnen gemeinsam zu erklären, denn jeder arbeitete in einem anderen Tempo und die Hälfte der Kinder hatte sowieso unterschiedliche Aufgaben in dem gleichen Fach aufbekommen.

Bereits nach der ersten halben Stunde wurden die Kinder unruhig und der Lärmpegel stieg an. Daher war mein Schwerpunkt in dieser Zeit nicht das Helfen und Unterstützen der einzelnen Kinder, so wie es eigentlich hätte sein sollen, sondern hauptsächlich für Ruhe zu sorgen.

Normalerweise fiel es mir nie schwer, die Kinder zu motivieren und für eine gute Atmosphäre zu sorgen, aber die Kinder waren am Nachmittag derart ausgelaugt und müde, so dass lineares Denken in dieser Zeit nicht mehr möglich war. Einigen wenigen konnte ich helfen, und es gab drei bis vier Kinder, die ihre Aufgaben selbständig und ohne Hilfe erledigten, aber der überwiegende Teil schaffte die Hausaufgaben nur mit großer Mühe. Von Motivation und Freude keine Spur!

In jeder Klassenstufe gab es auch auffällige Kinder, für die ein Schulsozialarbeiter angestellt war, aber sein Kontingent war fast jedes Mal, wenn ich ihn brauchte, schon erschöpft. Dieser Mann erbrachte eine große Leistung und wenn er mir einmal die stark auffälligen Kinder, die natürlich die anderen bis zum äußersten störten, nicht abnehmen konnte, musste ich diese Aufgabe selbst übernehmen. Konflikte mit anderen Kindern und ständige Provokationen waren an der Tagesordnung und belasteten nicht nur uns Betreuer, sondern auch die anderen Kinder, die zum Teil sehr darunter litten. Sie wurden nicht selten aus ihren Gedanken herausgerissen, so dass es auch für diejenigen, die sich anstrengen wollten, oft schwer wurde an ihren Aufgaben zu bleiben und so war man froh, wenn die Schulglocke zum Ende klingelte.

Die Eltern hingegen hatten die Versicherung, da sie ja auch dafür zahlten, dass alle Hausaufgaben in der Schule erledigt wurden. Ob allerdings irgendjemand zu Hause die Aufgaben noch kontrollierte, weiß ich nicht, denn auch die Eltern kamen sicherlich müde von einer anstrengenden Arbeit nach Hause. Nach der Hausaufgabenbetreuung durften die Kinder noch in eines der von ihnen selbst gewählten Freizeitangebote, wie z. B. Fußball, Tanz, kreatives Gestalten u.ä., bevor sie dann endlich um 16.00 Uhr nach Hause gehen konnten.

Für mich war dieses eine Jahr eine sehr unbefriedigende Erfahrung. Ich wollte den Kindern so viel geben, konnte es aber nicht wirklich, da mir in vielerlei Hinsicht die Hände gebunden waren.

Solche Vorkommnisse, wie oben beschrieben, sollten breiter diskutiert werden und vor allem die Eltern erreichen, damit über all dies aufgeklärt und gemeinsam nach Lösungen gesucht werden und letztlich jeder davon profitieren könnte: Kinder, Lehrer und auch die Eltern.

Denn die auffälligen Kinder, die ich am Nachmittag zu betreuen hatte, waren am Morgen bei ihren Lehrern und belasteten sicherlich – genauso wie am Nachmittag – den Unterricht der Klasse. Es ist ein wahrer Kraftakt, was Lehrerkräfte hier zu leisten gezwungen sind und das ohne Aussicht auf wahre Unterstützung.

Mit diesem Beispiel möchte ich aufzeigen, wie weit Anspruch und Wirklichkeit auseinanderdriften und ich glaube nicht, dass die Eltern um diese Zustände wussten und es auch heute sicherlich zumeist nicht tun.

Aber was wurde nun aus den Gebäuden, in denen die Horte untergebracht waren, und was aus den Mitarbeitern?

Da das Thema Kleinkindbetreuung ja auch anstand und viele auf deren Umsetzung drängten, wurden die Horte einfach durch Kinderkrippen ersetzt. Die Gemeinden und Kommunen standen so sehr unter Druck, dass sie über kurz oder lang die ersten Krippen eröffnen mussten und ab 2004 etwa gab es den ersten großen „Kinderkrippen-Boom".

Ich erinnere mich noch an meine erste Zeit in der Krippe. Es war eine zweigruppige Einrichtung mit 20 Kindern. Die Krippe befand sich in den Räumlichkeiten einer Grundschule, in der bis dahin der

Kinderhort der Stadt untergebracht war. Das Personal, das früher im Hort tätig gewesen war und bis dahin nur mit älteren Schulkindern gearbeitet hatte, wurde jetzt einfach für die neu eingerichtete Krippe übernommen. Das Personal, welches eigentlich für Schulkinder zuständig gewesen war, war nun betreuend für Kinder unter drei zuständig, allerdings ohne zusätzliche Ausbildung oder Fachkenntnisse. Erst nachdem die Einrichtung schon ein gutes Jahr in Betrieb genommen war, bot die Stadt ihren Mitarbeitern interne Fortbildungsangebote für Kinder unter drei Jahren an.

Die Räumlichkeiten der Krippe bestanden aus einem ehemaligen Klassenzimmer und dem dazugehörigen Flurbereich. Die Räume waren hoch und nicht schallgeschützt. Der Lärmpegel war sehr hoch und man konnte sich nirgends zurückziehen, um sich den Kleinen in Ruhe widmen zu können. Auf Veranlassung der Leitung durften wir die ankommenden Kinder erst gar nicht auf den Arm nehmen und sie trösten, wenn die Mama oder der Papa weg waren. Die Kinder mussten sich alleine beruhigen und als ich nachmittags das Gebäude verließ, hatte ich Probleme das Schreien der Kinder aus meinen Ohren zu bekommen.

Anfangs gab es auch noch keinen krippeneigenen Spielplatz. Dieser wurde erst viel später errichtet, als wieder Geld frei war. Daher ging man, um dem Bewegungsdrang der Kinder Rechnung zu tragen, mit den einzelnen Gruppen in die Stadt. Überall war Verkehr, auch in der Fußgängerzone. Ich stand jedes Mal unter großer Anspannung, bis dieser Spaziergang endlich wieder vorbei war, denn es gab fast jedes Mal eine gefährliche Situation. Einmal hatte sich ein Kind losgerissen und war mitten auf die Hauptstraße gerannt. Eine Kollegin konnte es geistesgegenwärtig direkt vor einem bereits bremsenden Auto noch in Sicherheit bringen.

Zudem verlangte man von den Kleinsten, sich selbständig die Hausschuhe an- und auszuziehen. Das ging so weit, dass ein Kind, damals 16 Monate alt, über eine Stunde auf der Bank im Flur sitzen musste und man ihm kein Mittagessen gab, da es sich geweigert hatte, seine Schuhe anzuziehen. Als dies der Mutter berichtet wurde, meldete sie - zu Recht - ihr Kind umgehend ab. In dieser Krippe blieb ich dann auch nicht lange, da wir auf keinen „gemeinsamen Nenner" kamen.

Klarstellen möchte ich, dass die beschriebenen Vorkommnisse sicherlich nicht auf andere Einrichtungen zutrafen, aber ich hatte wohl einfach Pech, unter diesen Bedingungen meine ersten Erfahrungen mit Krippenkindern zu machen und habe auch in der Folgezeit Einblick in viele engagierte Einrichtungen erhalten, allerdings mit ganz andere Problemen.

Da den Eltern gerade durch das Bildungsministerium ständig vermittelt wurde, wie wichtig die Frühbetreuung für die Entwicklung ihres Kindes wäre, erlebte ich, wie in der Folgezeit immer mehr Mütter die Gelegenheit nutzten, ihr Kind nun auch fremd betreuen zu lassen, obwohl sie den Platz nicht unbedingt gebraucht hätten, aber sie verständlicherweise nur „das Beste" für ihr Kind wollten.

Da die Politik die Kommunen in die Pflicht genommen hatte, genügend Betreuungsplätze anzubieten, wurde jetzt nachjustiert und ein Rechtsanspruch geschaffen, der jedem zweijährigen Kind einen Betreuungsplatz garantierte.

Nach der Einführung der „offenen Arbeit" war dies, meines Erachtens, der zweite große Einschnitt, der unsere gesamte Kindergartenarbeit auf den Kopf stellte.

Einzug der unter Dreijährigen in den Kindergartenalltag

Als ich noch auf meiner alten Arbeitsstelle war, gab es zwar diesen Rechtsanspruch noch nicht, aber zweijährige Kinder durften, je nach Kapazität der Einrichtung, bereits aufgenommen werden und da wir mit dem neuen Kinderhaus Schritt halten mussten, um den Anschluss nicht zu verlieren, kamen wir nicht umhin, dies auch anzubieten.

Irgendwann hatte ich in meiner Gruppe das erste zweijährige Kind und ich weiß noch, welch heilloses Durcheinander dadurch in unserer Gruppe entstand. Waren es anfangs nur vereinzelte Kinder und auch nur „Härtefälle", bei denen es um alleinerziehende Mütter ging, die keine andere Möglichkeit der Betreuung aufweisen konnten, so änderte sich das schnell. Schon nach kurzer Zeit hatten wir bereits Wartelisten. Der Druck auf die zuständigen Behörden wuchs und irgendwann musste schließlich reagiert werden. Der Gesetzgeber brachte, wie bereits erwähnt, Gesetzesänderungen auf den Weg, wofür in der Praxis jedoch noch jede Grundlage fehlte.

Welch gewaltiger Schritt der Einstieg der unter Dreijährigen in einen normal funktionierenden Kindergarten bedeutete, erlebten wir nun in aller Deutlichkeit. Wir Mitarbeiter waren ja bereits schon mit den ständig erweiterten Öffnungszeiten stark belastet und wir müssen uns nur den Entwicklungsstand eines unter dreijährigen Kindes vergegenwärtigen, um zu ermessen, was hier von uns Mitarbeitern verlangt wurde.

Ein dreijähriges Kind nimmt beispielsweise keine Gegenstände mehr in den Mund, es spielt nicht nur selbstbezogen neben anderen her, sondern wendet sich der Gruppe und anderen Kindern zu. Weiterhin verfügt es über die Möglichkeit, sich über längere Strecken einer Aufgabe zuzuwenden und auch still sitzen zu können. Ein dreijähriges Kind ist bereits in der Lage, sich selbständig anzuziehen und allein auf die Toilette zu gehen. Der Wortschatz ist in der Regel voll ausgebildet, die Beziehung zu den Eltern bzw. der Mutter ist weitgehend aufgebaut und abgeschlossen und erst mit drei ist ein Kind bereit, sich körperlich, emotional und mental von den Eltern zu lösen sowie eine längere Zeit ohne seine gewohnten Bezugspersonen zu verbringen. Allerdings muss man auch einem gerade drei Jahre alt gewordenen Kind noch verstärkte Aufmerksamkeit widmen, da die Eingewöhnung auch in diesem Alter noch sehr zeitintensiv ist.

Somit sollte man bedenken, dass das dritte Lebensjahr ein ähnlicher Entwicklungsübergang des Kindes darstellt, wie das sechste Lebensjahr zwischen Kindergarten und Schule.

Zu alldem ist ein zweijähriges Kind noch nicht in der Lage und es mussten daher nun alle Abläufe, sowie das Spiel- und Arbeitsmaterial, die Inneneinrichtung, sowie die Außenanlagen von uns auf dieses Lebensalter abgestimmt und zurechtgeschnitten werden.

Ich glaube, das war weder den Eltern, die ihr Kind mit zwei Jahren schon fremdbetreuen lassen wollten, noch den zuständigen Mitarbeitern vom Ministerium, in seiner ganzen Tragweite bewusst.

Welche Auswirkungen hatte dies nun für den täglichen Ablauf?

- ➢ Es entstand eine riesengroße Unruhe im gesamten Kindergartenablauf.
- ➢ Es wurde lauter.
- ➢ Wir durften Kinder unter drei Jahren nicht länger als zwei Minuten alleine lassen.
- ➢ Das gesamte Spielmaterial musste umgeräumt werden. Perlen, Kleinteile, etc. mussten außerhalb der Reichweite untergebracht werden. Oft kamen dann aber auch die älteren Kinder nicht mehr reibungslos an ihr gewohntes Spielmaterial.
- ➢ Unsere Puzzles wurden vermehrt angeknabbert und mussten aussortiert werden, ebenso Bilderbücher und Karten- bzw. Gesellschaftsspiele, was eine erhöhte Reinigung und häufigeres Desinfizieren notwendig machte.
- ➢ Die Eingewöhnungszeit war wesentlich länger und somit hatten wir für die übrigen Kinder weniger Zeit zur Verfügung.
- ➢ Im Außengelände mussten Schaukeln, Klettergerüste, uvm. speziell geschützt und abgesichert werden. Für uns wurde die Aufsicht intensiver und zeitaufwändiger

➢ Bei Spaziergängen waren wir eingeschränkt, weil eine Kollegin ständig einen Kinderwagen schieben musste.

Aber der einschneidenste Punkt war für mich das Wickeln, denn Kinder unter drei Jahren müssen täglich mehrmals gewickelt werden. Das bedeutete, dass wir einen separaten Raum samt Wickeltisch benötigten und ebenso Stauraum für Windeln, Wechselkleidung und Wickelutensilien geschaffen werden musste. Außerdem mussten wir uns ständig neu absprechen, wann wer gewickelt wird und wie es mit der Aufsichtspflicht ist, wenn eine Kollegin z.B. Turnen anbot und die andere alleine war.

Auch nahmen mit Beginn der Wickeltätigkeit stetig Magen-Darm-Erkrankungen, die vorher nur sporadisch auftraten, in unserer Einrichtung zu, obwohl wir verstärkt desinfizierten.

Dies sind auszugsweise einige Veränderungen, die den Erzieherinnen und auch den Kindern der Gruppe in erhöhtem Maße aufgebürdet wurden. Und zwar bei gleichem Personalschlüssel und gleicher Entlohnung.

Aus meiner Sicht, war dies die bisher größte und tiefgreifendste Veränderung in unserem bisherigen Arbeiten. Sie ging weit über unseren Kindergartenauftrag von nur familienergänzender Betreuung hinaus und führte immer mehr zur Überlastung der einzelnen Kollegen, die nach wie vor versuchten, alles gut unter einen Hut zu bringen. Das brachte viele Mitarbeiter an ihre Grenzen.

Heute gibt der Gesetzgeber vor, dass pro Kindergartengruppe bis zu sechs Kinder unter drei Jahren aufgenommen werden dürfen, dafür zählen diese Kinder doppelt, also belegen sie statistisch gesehen zwei Plätze, so dass der Stellenschlüssel auf 19 Kinder pro Gruppe reduziert werden kann.

Im Vergleich: Eine Krippengruppe besteht aus 10 Kindern und verfügt über einen ganz anderen Personalschlüssel (2,75 Kräfte für 10 Kinder). Daher sind auch die Kosten pro Kind in einer reinen Kinderkrippe wesentlich höher. Dies kann man umgehen, indem man unter Dreijährige - bei fast gleichen Kindergartenbeiträgen - in den Kindergarten aufnimmt.

Seither waren die Kinder, sowie die einzelnen Kollegen einer viel größeren Lärmkulisse ausgesetzt. Strukturiertes, ruhiges Arbeiten wurde immer schwieriger und die Kinder kamen nicht mehr zur Ruhe, da immer irgendein Kind am Schreien war. Die älteren Kinder wurden so vermehrt gestört, ihre gebauten Türme u.ä. regelmäßig umgeworfen und ihr Spiel unterbrochen. Und am Ende waren Eltern zu Hause mit Kindern konfrontiert, die oftmals vollkommen überreizt und unausgeglichen waren.

Außerdem waren gerade die Zweijährigen wesentlich häufiger krank, da sie noch nicht über die gleiche Immunität, wie die älteren Kinder, verfügen. Das heißt, Krankheitswellen, wie regelmäßige Magen-Darm-Erkrankungen, hatten in starkem Maße zugenommen, so dass Kolleginnen häufiger ausfielen, was wiederum die anderen gesunden Mitarbeiter doppelt traf, da wir keine Krankheitsvertretung bekommen konnten.

Alles in allem kann ich sagen, dass hiermit die Grundlage für eine Dauerbelastung der Mitarbeiter, sowie der Kinder geschaffen wurde was den bis dahin noch gut bewältigten Tagesablauf empfindlich gestört hat. Nach meiner Beobachtung rückten auch Verhaltensauffälligkeiten ab dieser Zeit immer mehr in den Fokus.

Mittagessen im Kindergarten

Mitte der 90er wurde auch in unserem Kindergarten das erste Mittagessen angeboten. Zuerst waren es nur 5 von 75 Kindern, die dieses Angebot nutzten und der Aufwand, der damals mit einherging, stand für mich in keinem Verhältnis. Aber da die Anmeldezahlen stark am Sinken waren, mussten wir uns ernstlich Gedanken machen, welches Angebot für die Eltern attraktiv war und da gehörte das Mittagessen zweifelsohne dazu. Was aber musste dafür verändert werden?

Zuerst einmal benötigten wir einen separaten Raum. Der war auch schnell gefunden, da sich im Gebäude ein von der Kirchengemeinde genutzter Raum im Obergeschoß befand, welcher nur abends und an Sonntagen genutzt wurde und daher bekamen wir ihn für die Dauer des Mittagessens unter der Woche zuerkannt. Aber weitere Fragen stellten sich: Wo beziehen wir das Essen her? Kochen wir selbst und wenn ja, wer zahlt die Kosten für eine Zusatzkraft?

Da die Kosten natürlich nur über die Eltern zu finanzieren waren, blieb die einfachste Variante übrig: Ein Zuliefererdienst.

Wir kamen nicht umhin, einen komplett neuen Arbeitszeitplan aufzustellen und wie schon so oft zuvor, musste nun wieder eine Kollegin herausgezogen werden, die für den Dienst des Mittagessens gebraucht wurde. Das bedeutete: Das Essen in Empfang nehmen, die Temperatur des Essens kontrollieren und dokumentieren, die Kinder aus den drei Gruppen herausholen, Hände waschen und dann gemeinsam mit den Kindern das Mittagessen einnehmen. Danach die Kinder wieder in ihre Gruppe bringen, das Geschirr reinigen und die Essensbehälter wieder zum Abholen herrichten. Nach dem Essen mussten die Kinder dann noch beim Zähneputzen unterstützt und wieder zurück in ihre Gruppe gebracht werden usw. Was für ein Aufwand für nur fünf Kinder!

Aber das war nur der Anfang, denn dieses Angebot hatte sich schnell herumgesprochen und hatte Anklang gefunden. Bereits im nächsten Jahr waren es schon weit mehr als fünf Kinder und heute sieht es so aus, dass von den 75 Kindern vielleicht noch 5 kein Mittagessen einnehmen. Kommt noch hinzu, dass Zweijährige natürlich auch ein Mittagessen benötigen (wie erwähnt bis zu 6 Kinder pro Gruppe) und viele noch nicht selbständig essen konnten und gefüttert werden mussten. So reichte bereits nach kurzer Zeit eine Person für die Betreuung nicht mehr aus und da auch der Essensraum auf Dauer zu klein wurde, musste später dann in Schichten gegessen werden.

Laut Gesetzgeber muss zudem eine Einrichtung, die die Kinder ganztätig betreut, den Kindern unter drei Jahren eine Schlafmöglichkeit oder zumindest eine Ruhemöglichkeit anbieten, was wiederum weiteren Platzbedarf erfordert und wieder Mitarbeiter in die Betreuung einbindet. Die Beaufsichtigungspflicht musste also eingehalten werden, was, wie gesagt, bei gleichem Stellenschlüssel immer schwieriger wurde.

Was waren aber nun die Auswirkungen auf Kinder, Eltern und uns Mitarbeiterinnen?

Die allgemeine Auffassung war damals, dass Kinder davon profitieren, wenn sie in der Gemeinschaft unter Gleichaltrigen essen können. Erstens schmeckt es dann besser und zweitens ist das angebotene Essen viel ausgewogener als zu Hause und im Endeffekt sogar noch billiger. Als noch nicht so viele Kinder angemeldet waren, stimmte das auch und die Kinder freuten sich immer auf die Mahlzeiten. Erst später, als die Anmeldezahlen sich überschlugen und unser Essensraum total überfüllt war, änderte sich das grundlegend. Wir machten die Erfahrung, dass sich der Speiseplan des Anbieters bereits nach ca. vier Wochen wiederholte und unser Anbieter auch nur ein sehr begrenztes Budget zur Verfügung hatte, so dass auch die Qualität sehr nachließ. Hochwertiges Fleisch sowie frisches Gemüse waren somit ausgeschlossen.

Was bedeutete dies für unsere Kindergartenkinder?

Ich denke, dass hier nicht nur die Gemütlichkeit beim Essen durch die hohe Lautstärke und das ständige Gewusel verlorengegangen ist, sondern die Kinder durch die vielen Störungen auch nicht wirklich bei sich sein und entspannen konnten.

Zu Gemütlichkeit zählt für mich z. B. auch die Umgebung. Durch die zahlreichen Hygienevorschriften war es beispielsweise verboten, Grünpflanzen im Essraum aufzustellen. Durch das vorgeschriebene Desinfizieren war unser Essensraum am Ende ein nüchternes und steriles Zimmer, das alles andere als behaglich war.

So sehr ich das Essen im Kindergarten anfangs gemocht und als Weiterentwicklung begrüßt hatte, so ernüchternd war es zu sehen, wie es in Folge fast schon wie am Fließband zuging und die einzelnen Kinder nur noch „abgefertigt" wurden. Durch den ständigen Personalnotstand waren wir zudem oftmals heillos überfordert und man wünschte sich insgeheim, sich einfach nur zu den Kindern dazuzusetzen und mit ihnen ein Essen in angenehmer Atmosphäre und Ruhe zusammen einnehmen zu können, aber das war von nun an nicht mehr möglich.

Das „neue" Infektionsschutz-Gesetz IfSG

Ich habe in den vorhergegangenen Kapiteln wiederholt auf, in meinen Augen übertriebene Hygienevorschriften hingewiesen, auf die ich nun etwas genauer eingehen und die rechtlichen Grundlagen erörtern möchte.

2001 kam ein neues Infektionsschutzgesetz heraus, das vor allem Änderungen im Umgang mit meldepflichtigen Krankheiten enthielt. Ich weiß noch, dass wir viele Hoffnungen in dieses Gesetz gesteckt hatten und wir überzeugt waren, die lang ersehnten Verbesserungen zu erhalten.

Diese Verbesserungen betrafen zuallererst den Krankheitsstand der Kindergartenkinder. Unklar formulierte Gesetzestexte, wo für beide Seiten – Eltern und Kindergarten – nicht klar definiert war, ab wann ein Kind krank ist und ab wann es zu Hause bleiben musste, würden, so dachten wir, im Sinne von Kindern und Einrichtung klar und eindeutig formuliert werden.

Aber da hatten wir uns gründlich verrechnet.

Als ich in meinen Beruf eingestiegen bin, war das noch kein Thema, da die meisten Mamas zu Hause blieben und die Großeltern verfügbar waren. Das Kind blieb daher, wenn es krank war, immer so lange zu Hause, wie es das brauchte. Auch der Krankheitsstand von uns Erziehern war damals niedrig, da wir kaum Berührung mit kranken Kindern gehabt haben und ich kann mich nicht erinnern, dass bei uns eine Kollegin mal richtig lange gefehlt hätte.

Mit Eintritt vieler Mütter in den Berufsalltag standen allerdings viele junge Mamas spätestens dann vor großen Problemen, wenn ihr Kind krank wurde und zu Hause betreut werden musste. Dies traf natürlich Mütter am ersten, denn selten blieb ein Vater bei Krankheit des Kindes zu Hause. Am schlimmsten traf es jedoch alleinerziehende Mütter.

Natürlich gab und gibt es von der Krankenkasse die Möglichkeit, sich bei Erkrankung des Kindes freistellen zu lassen, aber in dieser Zeit bekommt man nur 60% des Lohns ausgezahlt. Leider traf man aber oftmals auf eine ablehnende Haltung der Kollegen, da diese den Ausfall in der Regel mittragen mussten.

Auch ich habe das zu spüren bekommen, als meine Kinder krank waren. Oftmals musste ich miterleben, wie berufstätige Mütter unter Druck gerieten und sogar mit Kündigung gedroht wurde, wenn sie wörtlich „wegen so ein bisschen Krank-Sein ihres Kindes" zu Hause blieben, was viele Mütter in große Gewissensnöte brachte.

Anfänglich waren solche Fälle, wo Kinder krank in die Einrichtung gebracht wurden, noch die Ausnahme, aber es wurden mit der Zeit immer mehr. Wir Kollegen waren machtlos und traurig zugleich, denn wir sahen auch die Situation der Eltern, die völlig alleine gelassen wurden und deshalb oftmals keine andere Möglichkeit sahen. Mütter begannen z. B. ihren Kindern Antibiotika zu geben, damit es „wenigstens den Vormittag" durchhalte. Nicht selten mussten wir den Eltern hinterher telefonieren und sie dann eindrücklich bitten, ihr krankes Kind abzuholen, wenn die Medikamente nicht mehr wirkten. Den Kindern, die wir dann halb krank betreuen mussten, ging es sicherlich nicht gut, da sie unbedingt nach Hause wollten, um dort von Mutter oder Vater gepflegt zu werden.

Bei uns im Kindergarten war das ja nicht möglich und es kam noch hinzu, dass man Angst vor Ansteckung hatte, was bei einem Magen-Darm-Infekt in höchstem Maße der Fall ist.

Auch wir Mitarbeiter hatten darunter zu leiden. Waren wir früher so gut wie nie krank gewesen, so erwischte es uns jetzt immer öfter und oftmals mussten deshalb auch einzelne Gruppen geschlossen werden, da wir uns immer wieder durch den engen Kontakt erneut ansteckten.

Aber welche Erleichterung brachte dieses neue Infektionsschutzgesetz?

Dieses neue Gesetz, in das wir so große Hoffnungen gesetzt hatten, entpuppte sich für uns leider als Mogelpackung.

Die „große Krankheitsfrage", die im vorhergehenden Gesetz schon nicht klar definiert war, war auch hier nicht gelöst. Im Gegenteil! Es wurde vieles noch unklarer formuliert und für uns Mitarbeiter sah es dann in der Praxis leider so aus, dass ein Kind mit einer Magen-Darm-Erkrankung am nächsten Morgen wieder vor der Türe stand und wir die Pflicht hatten, dieses Kind aufzunehmen. Das Einzige, was wir tun konnten, war, darauf zu warten dass das Kind bei uns nochmals erbrach oder Durchfall bekam, denn erst dann durften wir die Eltern benachrichtigen und es abholen lassen.

Die in diesem neuen Infektionsschutzgesetz aufgelisteten Kinderkrankheiten wie Masern, Mumps, Röteln, usw. gibt es bei Kindergartenkindern heute kaum noch, da fast alle geimpft sind. Wir haben es hauptsächlich mit Erkältungskrankheiten und natürlich mit Magen-Darm-Erkrankungen, Noro-Viren u.ä. zu tun. Viren sind mittlerweile so aggressiv, dass sie binnen weniger Tage oftmals die Hälfte der Einrichtung lahm legen, da die immer jünger werdenden Kinder ihre Hygiene noch nicht selbst erledigen können, wie beispielsweise selbständiges Händewaschen, alleine auf die Toilette gehen usw.

Doch wem nutzte dieses neue Infektionsschutzgesetz?

In meinen Augen ist vor allem die Wirtschaft der einzige Profiteur. Alle anderen, wie Mitarbeiter, Kinder und Eltern sind die Verlierer, denn Mütter, die oft fehlen, gefährden den Betrieb und belasten durch ihr Fernbleiben zusätzlich ihre anderen Kollegen. Und da durch das neu eingeführte Gesetz vermieden wurde, eine eindeutige Aussage zu treffen, ab wann ein Kind krank ist und wann nicht, sind viele Eltern gezwungen ihr angeschlagenes Kind in die Einrichtung zu bringen (da auch oftmals keine Großeltern zur Verfügung stehen, die ja selbst arbeiten) und dann schweren Herzens zur Arbeit zu gehen, um nicht eine Kündigung zu riskieren.

Es traten also immer mehr Nachteile ans Licht.

Ein weiterer wichtiger Punkt, der uns betreffen sollte und sehr ausführlich in dem Infektionsschutzgesetz beschrieben war, betraf das Thema der Hygiene, welches speziell in dem sogenannten „Hygieneleitfaden für Kindertageseinrichtungen" ausführlich dargelegt wurde.

Es gab eine ganze Reihe weiterer Vorschriften in diesem Bereich, die nun aber ganz klar und eindeutig definiert und beschrieben und als klare Anweisungen ausformuliert waren.

Eine regelrechte Flut von neuen Bestimmungen, Belehrungen, zahlreiche Formulare zur Dokumentation, vor allem was die Verarbeitung von Lebensmitteln betrifft, wie was und wie oft desinfiziert werden musste, was im Außenbereich zu beachten ist, selbst die Spaziergänge wurden reglementiert und mit zahlreichen Verboten belegt.

Das ganze Gesetz ist satte 234 Seiten stark und es ist in der Praxis fast unmöglich alle die dort aufgelisteten Bestimmungen und Verordnungen zu befolgen und einzuhalten. Ganz unverständlich ist mir der eklatante Widerspruch, wobei einerseits in der Realität immer mehr kranke, angeschlagene Kinder die Einrichtung besuchen können und auf der anderen Seite streng die genannten Hygienevorschriften durchgesetzt werden.

An einem Beispiel möchte ich dieses erläutern, in dem es um die Geburtstagsfeier der Kinder im Kindergarten geht.

Schon von jeher war es üblich zum Geburtstag eines Kindes einen Kuchen mitzubringen. Manche Eltern brachten frische Butterbrezeln oder belegte Brötchen, andere brachten Eis oder schickten sogar Spaghetti zum Kochen mit. Das war alles in Ordnung und bei 25 Geburtstagen im Jahr war man froh, auch mal ein bisschen Abwechslung zu haben.

Dem neuen Infektionsschutzgesetz nach, waren aber klare Vorschriften zu beachten: Bei Creme- und Sahnekuchen musste die sogenannte Kühlkette eingehalten werden, da nun jeder auf einmal Angst vor Salmonellen hatte und es wurden daher die Eltern auf Elternabenden darauf hingewiesen, möglichst auf Sahne- oder Buttercremekuchen zu verzichten. Letztlich brachte dann fast jeder nur noch Muffins oder trockene Kuchen mit.

Am schlimmsten aber fand ich den Umstand, dass, nach dem neuen Gesetz sogar Kinder, die mit Salmonellen infiziert waren, weiterhin die Einrichtung besuchen durften, es musste nur sichergestellt sein, dass eine separate Toilette zur Verfügung stand.

Am Anfang konnte ich das gar nicht glauben und hielt es für einen Scherz, denn bei bestimmten Durchfallerkrankungen muss das Gesundheitsamt informiert werden, welches sich dann bei den betreffenden Eltern meldet und entsprechende Maßnahmen ergreift. In der Einrichtung muss in diesem Falle dann mit besonders starken Desinfektionsmitteln desinfiziert werden.

Zusammenfassend lässt sich sagen, dass sich durch das neue Gesetz nichts verbessert, sondern leider vieles verschlechtert hatte.

Allein der große Aufwand, der mit Belehrungen und Dokumentation von allem Möglichen heute betrieben werden muss, stellt einen enormen Mehraufwand an Arbeitszeit dar und belastet die Mitarbeiter in den Einrichtungen, hauptsächlich die Leiterinnen, die persönlich dafür verantwortlich sind, das Gesetz auf die jeweiligen Bereiche herunterzubrechen und umzusetzen. Vorschriften, wie das Verbot von Grünpflanzen im Essensbereich werden durchgesetzt, während in den Gemeinschaftseinrichtungen gerade in diesen Esszimmern für die Kinder oft nicht einmal genügend Platz zur Verfügung steht und ein riesiger Geräuschpegel ertragen werden muss.

Neu hinzugekommen ist auch die Verabreichung von Medikamenten durch das Personal in der Einrichtung, wobei in jedem Einzelfall das ganze Personal wieder belehrt und alles sorgsam aufbewahrt und die Einnahmen dokumentiert werden müssen.

Vom Essen werden in vielen Fällen Rückstellproben verlangt, die sorgsam beschriftet, datiert und eingefroren, mehrere Wochen aufbewahrt werden müssen.

Allein der seit Einführung des neuen Gesetzes stark angestiegene Krankheitsstand von Kindern und ebenso dem Personal, zeigt, dass all die Verordnungen von Hygiene auch durch häufiges Desinfizieren nicht die Wirkung zeigen, die eigentlich erwartet werden sollte.

Die zuvor selbstverständlichen ärztlichen Atteste dürfen in vielen Fällen auch nicht mehr verlangt werden, da die Eltern diese heute bezahlen müssen und das als unzumutbar eingestuft wird.

Wir sehen heute überlastete, resignierte Mitarbeiter, die sich zu Recht von den ganzen Ämtern alleine gelassen fühlen und deswegen häufig in andere Berufe wechseln.

Das ganze Ausmaß ist umso schlimmer, da die Kinder in den Einrichtungen immer jünger werden und Kinder gerade zwischen dem ersten und dem dritten Lebensjahr am häufigsten erkranken.

So hat dieses neue Gesetz mehr Rückschritte und Verwirrung gebracht, als das vorhergegangene und so ist es bis heute.

Berufstätigkeit beider Elternteile

Waren es in den 80er Jahren noch relativ wenige Mütter, die während der Kindergartenzeit ihrer Kinder berufstätig waren, so nahm diese Zahl im Verlauf der Zeit kontinuierlich zu.

Damals liebte ich meinen Beruf sehr, aber ich entschied mich während der Erziehungszeiten meiner eigenen Kinder zu Hause zu bleiben und nachdem sie dann mit drei Jahren in den Kindergarten kamen, reduzierte ich meine Arbeitszeit auf eine halbe Stelle, was damals bei den meisten Müttern, die ich kannte, die Regel war. Nachmittags blieb daher genug Zeit, um den Haushalt zu machen, das Essen herzurichten und andere Arbeiten zu erledigen. Ich erlebte mich, die anderen Mütter und auch die Kinder als wesentlich entspannter. Auch hatte ich auf meiner Arbeit nicht das Gefühl, dass die Kinder ihre Zeit absitzen und warten mussten, bis sie endlich nach Hause durften. Der Kindergartenbeitrag war ebenfalls nicht so hoch wie heute und es gab daher auch kein Aufrechnen, dass sich ein Platz rechnen müsse.

Allerdings war ich trotz meiner halben Stelle damals schon oft am Rennen und Planen, um meine ganzen Termine unterbringen zu können.

Als meine Kinder dann später von der Schule nach Hause kamen, sprudelten sie nur so von den ganzen Eindrücken am Morgen und freuten sich auch auf das Mittagessen. Ich merkte, dass es gerade der Nachmittag war, der für sie sehr wichtig war und ich als Mutter vor allem als Ansprechpartnerin zur Verfügung stand.

Die Hausaufgaben nahmen einen großen Teil des Nachmittages ein und es war auch klar, dass erst gespielt und nach draußen gegangen werden durfte, wenn alles erledigt war.

Zur Verdeutlichung dieser Thematik möchte ich hier eine Situation darstellen, die sich zugetragen hat, als ich gezwungen war meine Arbeitszeiten innerbetrieblich anzupassen.

Auf meiner damaligen Arbeitsstelle hatte sich die personelle Situation dahingehend geändert, dass ich gezwungen war, alle zwei Wochen nachmittags zu arbeiten. Für vier Tage hatte ich eine Betreuung organisiert und an einem Nachmittag waren meine Kinder für drei Stunden allein. Die jüngste Tochter war damals in der dritten Klasse und die älteste bereits in der achten. Mein Mann konnte an diesem Tag in seiner Mittagspause nach Hause kommen, so dass sie nur die drei Stunden überbrücken mussten. Da vorher alles gut funktioniert hatte, sah ich darin kein Problem, aber es passierte folgendes:

Mein Mann brachte an einem dieser Mittage ausnahmsweise einmal die Bildzeitung mit und ließ sie auf dem Esszimmertisch liegen, an dem die Kinder immer ihre Hausaufgaben machten. Nun war am besagten Tag ausgerechnet ein Foto vom Kölner Dom auf der Titelseite, der bis zur Hälfte im Wasser stand und es wurde mitgeteilt, dass es durch die Klimaerwärmung demnächst bei uns auch so aussehen würde.

Diese Schlagzeile hatte anscheinend bei meinen Kindern eine solche Panik ausgelöst, dass sie einen riesigen Streit bekamen, wobei sie sich gegenseitig die

Schulhefte kaputt machten und wirklich Angst hatten, dass dieses Szenario direkt geschähe und sie dabei alleine wären.

Nach diesem Vorfall habe ich dann nach reiflicher Überlegung meine Arbeitsstelle gekündigt und bin zu Hause geblieben.

Ab diesem Zeitpunkt war die Welt wieder in Ordnung, aber es war wohlgemerkt nur ein einziger Nachmittag!

Diese Problematik hat mich noch lange beschäftigt, da ich bis dahin niemals geglaubt hätte, wie schnell und mit welch „banalen" Dingen Kinder aus ihrem Gleichgewicht kommen können. Oft hatte ich gedacht, dass meine Kinder schon selbständig seien und mich nicht mehr bräuchten, doch musste ich nun erkennen, dass es hauptsächlich meine bloße Anwesenheit war, die ihnen die Sicherheit und den Schutz geboten hat, den sie anscheinend noch brauchten und ich hatte begriffen, wie schnell dies gestört werden kann, obwohl vorher alles in Ordnung gewesen war.

Heute bleibt den jungen Eltern oftmals gar nichts anderes übrig, als nach den ersten beiden Jahren, bei vielen auch bereits schon nach dem ersten, wieder arbeiten zu gehen.

Wenn ich heute nur an diesen einen Nachmittag denke, so kann ich mir gut vorstellen, wie es den Kindern geht, die unter solchen Bedingungen heranwachsen müssen und all den Druck und das ständige Hin- und Hergeschoben werden verkraften müssen. Dass viele Kinder das aber nicht einfach so wegstecken, sehen wir an der Tatsache, dass mittlerweile mehr und mehr Medikamente für Kinder verschrieben werden, damit sie die Strapazen des Alltags besser verkraften und sich an unser „modernes" Leben anpassen können.

Auch liegt mittlerweile fast die gesamte Last der Familie bei den Frauen, was vielfach zu Überforderung, Überreizung und Dauerstress führt. Es bedarf eines gut getakteten Terminkalenders, um alle Termine und anstehenden Arbeiten unter einen Hut zu bringen.

Kritisch sehe ich auch, dass von staatlicher Seite alles darangesetzt wird, junge Mütter so früh wie möglich dem Arbeitsmarkt wieder zuzuführen und daher die frühkindliche Betreuung nach allen Richtungen ausgebaut werden muss.

Ich glaube zudem, dass es längst nicht mehr um das Selbstbestimmungsrecht der Frauen geht, ihren Beruf frei wählen, ihr Leben selbstbestimmt einrichten und sich „verwirklichen" zu können. Bei genauerem Hinsehen werden Frauen in unserem Wirtschaftssystem meiner Ansicht nach leider nur benutzt und ihre Arbeitsleistung missbraucht, damit beim Staat die Kassen klingeln.

Den Männern geht es auch nicht viel besser. Auch ihnen wird heute durch den immer weiter um sich greifenden Konkurrenzkampf viel mehr zugemutet als noch vor ein paar Jahren. Viele haben Angst um ihre Stelle und trauen sich oft nicht, die unzumutbaren Belastungen und Strapazen bei ihrem Arbeitgeber anzusprechen. Unser Wirtschaftssystem lässt es einfach nicht mehr zu, wenn Probleme auftauchen, einfach zu kündigen, so wie es mir damals noch möglich gewesen ist.

Allerdings sehe ich auch heute junge Eltern durchaus in der Lage, diese unzumutbaren Belastungen nicht mehr hinzunehmen und sich dagegen zu wehren, auch wenn das mit einem hohen Kraftaufwand verbunden ist.

Die große Veränderung des Frauen und Mutterverständnisses

Mutter-Sein ist für mich das Natürlichste auf der Welt. Ohne unsere Mütter wären wir heute nicht hier und die Menschheit würde in Zukunft nicht mehr existieren.

Wir sprechen von „Mutter Erde", von „Muttersprache", von „Mutterinstinkt", auch von „Mutter-Tier". Nie heißt es „Vater Erde", „Vatersprache", „Vaterinstinkt" oder „Vater-Tier". Der Mutter wird seit tausenden von Jahren eine hervorgehobene Stellung zugeordnet, wenn wir auch ohne den Vater selbstverständlich nicht existieren könnten. Die Mutter ist der Ursprung aller Dinge. Über sie erleben wir die Anbindung an die Familie. Sie ist es, die uns beschützt und behütet bis wir alt genug sind, um selbständig in die Welt zu gehen und Verantwortung für uns selbst und andere übernehmen zu können.

Das alles schwingt in meinen Gedanken und Empfindungen mit, wenn ich über das Wort „Mutter" nachdenke und es berührt mein Innerstes.

Zu Hause auf unserem Bauernhof konnte ich oftmals miterleben, wie Tiere geboren wurden. Das Schönste war für mich immer, wenn eine Kuh nach ihrem Kälbchen rief und sich liebevoll um es kümmerte. Bei allen Tieren war das so und ich hatte das Glück, all dies noch in seiner Ursprünglichkeit mitzuerleben.

Unter normalen Bedingungen machen wir auch deshalb als Mutter instinkthaft immer das Richtige.

Aber über diese „normalen Bedingungen" verfügen heute leider nur noch die Wenigsten und es wird immer schwerer, ein solches natürliches Umfeld für uns zu finden.

Als ich damals selbst Mutter wurde, stand ich daher oft zwischen den Stühlen. Meine innere Stimme sagte etwas ganz anderes, als die gesellschaftlichen Anforderungen und Bedingungen es zuließen und so musste ich mich immer wieder darauf einlassen, Kompromisse einzugehen.

Ich erinnere mich noch, dass ich mit meiner damaligen Kollegin, die schon wesentlich älter war als ich und die sehr zuverlässig und engagiert war, ein ernsthaftes Gespräch über meine Arbeitsstelle und meine Familie führte. Als ich betonte, dass meine Kinder bei mir immer an erster Stelle stünden und an zweiter erst meine Arbeit, sah sie mich ganz sonderbar an und hat dann auch später dieses Thema nie wieder angesprochen. Bei allen meinen damaligen Arbeitskolleginnen war es so. Die Arbeit stand über allem.

Und ich glaube, hier liegt der Hund begraben und bringt es genau auf den Punkt. Es ist mittlerweile so, dass fast alle arbeitenden Menschen, die in Deutschland leben, dieses ungeschriebene Gesetz alternativlos verinnerlicht haben und sich somit auch keine Gedanken machen können, dass diese Haltung völlig „verdreht" ist.

Ich selbst kenne keinen Einzigen und leider auch keine Frauen, bei denen das anders wäre. Somit ist es meiner Ansicht nach kein Wunder, dass sich all dies auf unser Mutterbild ausgewirkt hat und vor allem die Rolle von uns Frauen grundlegend verändert hat.

Natürlich hat die moderne Arbeitswelt auch viele Vorteile mit sich gebracht und ich bin heute, wie ich an anderer Stelle schon erwähnte, heilfroh, dass ich in einer Zeit leben darf, die vor allem für uns Frauen eine größtmögliche Freiheit gebracht hat und ich meine Entscheidungen selbstbestimmt und eigenverantwortlich treffen kann. Leider musste ich aber von Jahr zu Jahr mehr feststellen, dass diese Freiheiten uns nach und nach und zwar ganz unmerklich wieder genommen wurden.

Wenn ich heute nicht mehr frei über meine Zeit verfügen kann und gezwungen bin acht Stunden täglich arbeiten zu gehen, nützen mir alle Freiheiten der Welt nichts.

Heute müssen wir Frauen oftmals mehrere Rollen übernehmen. Die der Mutter und die des Ernährers. Ich konnte es mir damals noch leisten, nur halbtags arbeiten zu gehen, was vieles in meiner Familie im Gleichgewicht gehalten hat. Aber viele meiner damaligen Kolleginnen konnten das bereits schon nicht mehr. Sie waren pausenlos am rennen und planen und arbeiteten oft bis über ihre Grenzen hinaus. Aber eines hatten sie am Ende nicht – und das war Zeit! Zeit vor allem für sich selbst. Geschweige denn Zeit für ihre Kinder, die natürlich fremdbetreut werden mussten.

Für die meisten Frauen stellt all das eine sehr große Anstrengung dar, so dass viele bereits auf Partner und Familie verzichten, da ihnen oft die Kraft und Muße fehlen.

Somit ist es nur zu verständlich, wenn bei all den Anforderungen die Frauen kaum mehr in ihre von der Natur vorgesehene Rolle der Mutter hineinfinden und somit auch ihre eigenen Bedürfnisse und vor allem die ihrer Kinder nicht mehr richtig wahrnehmen können. All dies stellt für mich eine fatale Entwicklung dar und schreit nach Veränderung.

Nein, Frauen sollten nicht wieder zurück an den Herd, aber auch nicht auf Gedeih und Verderb grenzenlos dem Arbeitsmarkt zur Verfügung stehen müssen.

Wirkliche Emanzipation fängt in meinen Augen mit wahrer Selbstbestimmung an und das beinhaltet für mich, dass man auf jeden Fall eine Wahl haben muss. Ich muss wählen können, damit ich für mich die richtigen Entscheidungen treffen kann, ansonsten sind Emanzipation und Freiheit der Frau nur leere Worthülsen.

Wir sollten uns deshalb endlich von politischen Ideologien frei machen und herausarbeiten, was wir Frauen wirklich wollen und wie wir uns das neue Frauenbild eigentlich vorstellen und dies auf keinen Fall – wie dies heute leider aber der Fall ist – von der Politik und in dem Fall hauptsächlich wieder von Männern bestimmen lassen.

Diese Auseinandersetzung muss von Frauen geführt werden und es wird dann sehr schnell klar werden, welche Ideen und Interessen den Frauen wirklich dienen und welche nicht.

Der angeborene Wunsch der Frauen auf Selbstständigkeit und Selbstverwirklichung sollte daher nicht als Spielball für politische Interessen benutzt und missbraucht werden.

Ich wünsche mir eine Zukunft, in der Frauen genauso ein Recht haben, ihre Weiblichkeit und Mutterrolle mit Freude und Glück leben zu können, wie sie ebenfalls ein Recht darauf haben sollen, sich für Unabhängigkeit und Selbstbestimmung zu entscheiden.

Hartz IV-Reform – Mütter MÜSSEN arbeiten

Die neue Armut

Einer der gravierendsten Einschnitte in unserem sozialen Gefüge war auf jeden Fall die Einführung der Hartz IV-Reform. Bis zu dieser Zeit konnten Menschen, die zwar nicht unbedingt zu den „Gewinnern" unserer Gesellschaft zählten, zwar bescheiden, aber doch leidlich von der bisherigen Unterstützung leben. Ich erinnere mich auch nicht, dass in meinem persönlichen Umfeld solche Menschen diskriminiert oder gar ausgegrenzt wurden. Mit der damaligen Sozialhilfe konnten die Menschen zwar keine großen Sprünge machen, aber sie konnten ein Auto besitzen und sich ihre Wohnung selbst aussuchen.

Durch die neue Reform wurde nun die bis dahin bestehende Sozialhilfe abgeschafft und stattdessen eine neue Bezugsgröße festgesetzt, mit der kaum einer mehr seinen Lebensunterhalt bestreiten konnte. Waren Menschen, die Sozialhilfe empfingen, bis zu diesem Zeitpunkt noch selbständige und vollwertige Mitglieder unserer Gesellschaft, so verloren sie nun nach und nach ihre gesamten Ersparnisse und letzten Endes sogar ihren Besitz. Wer Hartz IV empfangen will (oder muss), der musste ab jetzt zuerst sein Sparkonto leerräumen, das viele als Reserve angelegt hatten. Dann kam das Auto an die Reihe und musste als Wertgegenstand ebenso veräußert werden. Pro Person bekam man nun eine Wohnung zugewiesen, die eine bestimmte Größe nicht mehr überschreiten durfte. Das führte dazu, dass viele binnen kürzester Zeit völlig mittellos und danach gesellschaftlich und finanziell vollkommen abhängig wurden. Zudem wurde durch den Wegfall des Autos ihre Mobilität eingeschränkt und sie waren von nun an auf Bus und Bahn angewiesen.

In der Stadt mochte dies noch relativ gut funktionieren, aber ein Leben auf dem Lande machte das so gut wie unmöglich. Ich erlebte, wie Leute neuerdings stigmatisiert wurden. Sie wurden zu den

„Hartz IV-lern" und nach und nach in der Gesellschaft verächtlich behandelt. Das alles habe ich an zahllosen Beispielen miterleben müssen. Gerade zu dieser Zeit machte ich mich für eine kurze Zeit als Tagesmutter selbständig und durfte ein Kind betreuen, dessen Mutter genau dieses Schicksal erlitten hatte. Sie erzählte mir, dass sie, um Anspruch auf das Geld zu haben, alles offen legen musste und welche Demütigung sie empfand.

Ich musste mit ansehen, wie sich in unserem reichen Land mit großen Schritten eine neue Armut ausbreitete. So waren es besonders alleinerziehende Mütter, die darauf angewiesen waren, arbeiten gehen zu müssen, um ihre Kinder einigermaßen gut über die Runden zu bringen. Oft ließen sich jedoch ihre Arbeitszeiten mit den herkömmlichen Betreuungszeiten ihrer Kinder nicht vereinbaren und so mussten sie ihre Kinder verstärkt zu immer längeren Zeiten fremdbetreuen lassen.

Nach dieser Reform drängten immer mehr arbeitsuchende Mütter auf den Arbeitsmarkt. Der Druck auf unsere Betreuungseinrichtungen wuchs, doch die Einrichtungen konnten trotz ihren erweiterten Öffnungszeiten diese Lücke nicht mehr schließen. Das war auch ein Grund, warum man händeringend nach Tagesmüttern suchte, die nun anhand des Kindertagesstättengesetzes „ausgebildet" wurden. Für die Betreuung eines Kindes bekam man aber lediglich 3,50 € in der Stunde inklusive Essensgeld für das Kind.

In meinen Augen war das wieder nur eine halbherzige Lösung, die sich auch bis heute nicht wirklich durchgesetzt hat und weshalb ich meine Tätigkeit als Tagesmutter auch wieder aufgab.

Hätte ich wirklich davon leben wollen, wäre ich darauf angewiesen gewesen, täglich mehrere Kinder zu betreuen und das hätte mein gesamtes Familienleben durcheinandergewirbelt, denn nicht nur ich war von der veränderten Situation zu Hause betroffen, sondern vor allem auch meine Kinder. Als ich damals ein Kind bei mir zu Hause betreute, machte ich die Erfahrung, dass sie sich auf einmal abschotteten und sich gestört fühlten. Das kleine Mädchen wurde von ihnen als „Eindringling" wahrgenommen und führte dann zu ernstzunehmenden Konflikten. Auf einmal waren an der Tür Aufkleber angebracht wie: „Eintreten verboten!" oder bei den Cornflakes stand irgendwann der Name meiner Tochter in großen roten Buchstaben darauf. Ging ich mit dem Kind im Wald spazieren hieß es: „Mit uns machst du so etwas nicht!" und so weiter.

Von einer Bereicherung unserer familiären Situation waren wir also meilenweit entfernt und so wechselte ich im Sommer auf eine Stelle in der Grundschule, wo ich ein autistisches Kind begleiten durfte.

Es wäre meiner Meinung nach äußerst wichtig, sich dafür einzusetzen, dass die sozial Schwachen aufgefangen werden und ihnen wirkliche Unterstützung angeboten wird und nicht nur Almosen. Ziel sollte es doch sein, dass junge Mamas, wie oben bereits beschrieben, eine Wahl haben und selbst entscheiden können, ob und in welchem Umfang sie einer Arbeit nachgehen und wie viel Zeit sie ihrem Kind widmen wollen, ohne dass wirtschaftliche Zwänge ihnen eine Entscheidung vorwegnehmen und sie zu etwas gezwungen werden, das sie so gar nicht wollen.

Elterngeld und die Einführung des Euro

Als 1992 meine erste Tochter zur Welt kam, war gerade das sogenannte Erziehungsgeld eingeführt worden.

Das Erziehungsgeld war verdienstabhängig und wurde unter anderem vom Bruttoverdienst des Ehemannes aus berechnet. Es handelte sich um einen Betrag von etwa 600 DM und wurde für die Dauer von 18 Monaten gewährt. Das war damals ein großer Fortschritt.

Insgesamt konnte man sich drei Jahre freistellen lassen, und ich nahm es jedes Mal in Anspruch, da es für mich erstrebenswert war, solange es ging, bei meinen Kindern zuhause bleiben zu können. In diesen drei Jahren konnte ich mich einmal richtig entspannen und mich vor allem in Ruhe meinem Kind widmen. Nach dem sehr anstrengenden ersten Jahr hatte ich dann die Möglichkeit, mir in den folgenden zwei Jahren mehr und mehr Zeit für mich selbst zu nehmen.

In dieser Zeit konnte ich erstmals in mich hinein spüren und wahrnehmen, was ich im Leben wirklich wollte und was mir Spaß machen könnte. Es war wie ein Geschenk und ich nutzte diese Zeit.

Im Nachhinein kann ich sagen, dass dies die schönste Zeit in meinem Leben war. Eine solche Erfahrung würde ich allen Eltern wünschen, aber leider haben sich die Lebensumstände gänzlich verändert.

Heute ist das Elterngeld an die Stelle des damaligen Erziehungsgeldes getreten und man bekommt in der Regel 1200 € im Monat (das wären nach damaliger Berechnung ca. 2400 DM).

Heute könnte man viermal so lange davon leben, wenn man dieses Geld auf die genannte Zeit aufteilen würde und selbst wenn man die Inflation mit einrechnet, könnte man sicher noch länger als nur ein Jahr damit auskommen. Aber warum läuft diese Berechnung ins Leere und wird von der jungen Elterngeneration nicht mehr in Erwägung gezogen?

Wir müssen uns nur vergegenwärtigen, wie sich seither unser Lebensstandard, sowie unsere Lebensweise und die damit verbundenen Lebenshaltungskosten verändert haben.

Rückblickend muss ich sagen, dass sich vor allem die Einführung des Euro nachteilig auf meine finanzielle Situation und auch die vieler anderer ausgewirkt hat. Nach der Abschaffung der D-Mark verlor unser Geld zunehmend an Wert, die Lebenshaltungskosten stiegen und ebenso verteuerten sich sämtliche Materialkosten.

Die Mehrwertsteuer wurde mit einem Mal von 16% auf 19% angehoben und auch die Entwicklungen der Elektroindustrie (Computer, Handy, etc.) sind heute aus unserem Leben nicht mehr wegzudenken.

All diese für uns notwendigen Dinge kosten sehr viel Geld und viele junge Eltern sind deswegen auf einen zweiten Verdienst angewiesen und da das Elterngeld nur 12 Monate gezahlt wird, sehen sich auch viele Mütter gezwungen, bereits ihr einjähriges Kind in eine Krippe zu geben.

Ich habe das Gefühl, dass der gesellschaftliche Druck enorm gestiegen ist. In vielen Erziehungsratgebern wird eine frühkindliche Betreuung angepriesen und die Eltern vertrauen diesen Empfehlungen als Leitfaden ihrer Erziehung. Dabei ahnen diese Eltern sicherlich nicht, welch große Belastung auf sie selbst und letztlich auch auf ihr Kind zukommt, da das Kind vor allem in den ersten zwei Jahren noch nicht wirklich durchschläft oder die Kinder auch öfter krank werden, weil sie sich in der Einrichtung anstecken und krank werden. In der Folge fallen auch die Eltern, bzw. ein Elternteil immer wieder auf ihrer Arbeitsstelle aus und das Familienleben wird dadurch belastet.

Der Psychologe Hans Joachim Maaz[3], der sich eingehend mit dieser Thematik beschäftigt, führt auf, dass ein einziger Krippenplatz den Staat allein 1000 € im Monat koste, wobei der Eigenanteil der Eltern noch zusätzlich 400 – 500 € betrage und kommt zu dem Schluss, dass „dieses Geld ebenso gut denjenigen Eltern gegeben werden könnte, die zweieinhalb Jahre bei ihrem Kind zuhause bleiben wollen."

Meiner Meinung nach steht der große Aufwand, sein Kind frühzeitig fremdbetreuen zu lassen, in keinem Verhältnis zum Nutzen und den Kosten, die anfallen. Für das Kleinkind bedeutet der frühe Eintritt in eine Einrichtung vor allem Stress und Überforderung. Die Eltern müssen eine gutbezahlte Stelle innehaben, damit sie sich den, in meinen Augen, sehr hohen Eigenanteil leisten können und oftmals noch die Anschaffung eines Zweitwagens hinzu kommt.

Vor allem für die Mütter bedeutet dies einen enormen Kraftaufwand, den sie erbringen müssen, da

---

[3] Katholische Universität Eichstatt-Ingolstadt, Lehrstuhl für Sozialpädagogik, (Prof. DDr. Janusz Surzykiewicz) Forschungsbericht Projekt Risiken der Betreuung in Kinderkrippen – neue empirische Studien S. 323

viele Kinder in diesem Alter noch keinesfalls durch-
schlafen.

Die Eltern riskieren zudem eine grundlegende Verunsicherung ihres Kindes, das sich auf jeden Fall auf
das Bindungsverhalten niederschlägt, was dann
später zu vielen Konflikten mit ihrem Kind führen
kann.

Wäre da den Eltern nicht eher geholfen, wenn man,
wie Herr Maaz das vorschlägt, dieses Geld den jung-
en Eltern auszahlen würde und sie von diesem
Stress fernhalten könnte, der jeden Einzelnen über-
strapaziert und belastet? Für viele junge Paare wäre
das sicherlich ein großer Anreiz, sich für ein weiteres
Kind zu entscheiden.

Zunehmende Verhaltensauffälligkeiten der Kinder und Jugendlichen

Als ich 2017 aus meinem Beruf ausstieg, hatte ich
nur ein unbestimmtes und diffuses Gefühl einer
ungeheuren Unordnung, der ich ohnmächtig gegenüber stand. Erst als ich nicht mehr täglich mit den
belastenden Umständen konfrontiert war, konnte ich
mich neu sortieren und mich intensiv mit den einzelnen Sachverhalten beschäftigen, was langsam
Licht in das Dunkel brachte. Ich fand heraus, dass es
heute unseren Kindern nur vordergründig an

„nichts zu fehlen" schien, aber wenn man genau hinschaute, gab es bei vielen von ihnen bereits enorme Defizite in ihrer Gesamtentwicklung. Wie kann das sein?

Wie bereits in einem vorhergegangenen Kapitel erwähnt, habe ich Ende der 80iger Jahre lediglich, wenn überhaupt, minimale Auffälligkeiten bei einzelnen Kindern beobachten können. Aber diese Störungen hatten sich bis zum Eintritt in die Schule, soweit ich mich erinnern kann, größtenteils wieder behoben. Nur zehn Jahre später hat man sich in den Teamsitzungen schon ernstlich über auffälliges, bzw. besorgniserregendes Verhalten bestimmter Kinder unterhalten müssen. Und kurze Zeit später stellten wir bereits die erste Fachkraft für verhaltensauffällige Kinder stundenweise ein. Und so ging es kontinuierlich weiter. Ich machte mir deswegen damals schon viele Gedanken. Vor allem fragte ich mich, wie und warum sich die Kinder derart verändert hatten.

Anhand der für Kinder und Eltern erschwerten Bedingungen und mit zunehmender Ausweitung der Öffnungszeiten konnte ich fortlaufend beobachten, wie sich nach und nach auch das Verhalten der Kinder veränderte. Anfangs fiel das noch nicht so sehr ins Gewicht, was sich aber mit zunehmendem Druck änderte. Solche Kinder waren bald nicht mehr die Ausnahme. Vor allem, wenn ich zuschauen konnte, wie anfangs unauffällige Kinder, die wir eingewöhnten, bereits nach kurzer Zeit ihr normales Verhalten drastisch änderten.

Nach und nach stellte ich dann eine Verbindung zu der zunehmenden Institutionalisierung der Kinder her, wobei viele von ihren Eltern und nahen Bezugspersonen sowie ihrer häuslichen und familiären Umgebung, immer längere Zeit fernbleiben mussten bzw. getrennt wurden.

Vor allem seit das neue Gesetz verabschiedet wurde, das jedem einjährigen Kind einen Betreuungsplatz zusicherte, haben sich diese Probleme potenziert.[4]

Nachfolgend möchte ich dies in der Aufzählung von heute diagnostizierten Verhaltensauffälligkeiten einmal darlegen:

Wir erleben heute Kinder mit:

- ➢ Konzentrationsmangel, Störungen wie ADS oder ADHS
- ➢ Nervöse Unruhe
- ➢ Entwicklungsstörungen und -verzögerungen
- ➢ Fixierung in frühkindlichen Reifephasen
- ➢ Auffälligkeiten wie motorische Unruhe, Abgelenktheit, eingeschränkte Merkfähigkeit
- ➢ Gestörtes Rollenbild

---

[4] Kapitel VIII Sozialgesetzbuch und die Länder-Kindertagesstättengesetze

- ➢ Beziehungsstörungen, Ich-Bezogenheit, gestörte Bindungsfähigkeit
- ➢ Gestörtes und schlecht ausgeprägtes Leistungsvermögen
- ➢ Ängstlichkeit, Verunsicherung
- ➢ Wahrnehmungsstörungen
- ➢ Gestörtes Arbeits- und Sozialverhalten
- ➢ Unlust
- ➢ Verminderte Denkleistung
- ➢ Bewegungsmangel und eingeschränkte Motorik (was enorme Auswirkungen auf die Leistungen des Gehirns hat)
- ➢ Mangelnde Ausbildungsreife der späteren Auszubildenden (25-30% nicht ausbildungsfähige Jugendliche)

Mit all diesen „Verhaltensauffälligkeiten" war ich vor allem in den letzten Jahren meiner Arbeitstätigkeit konfrontiert und musste mich mit immer schwierigeren und problematischeren Kindern auseinandersetzen.

Meine Beobachtungen konnte ich dann mit folgendem Fazit zusammenfassen:

Je länger ein Kind von seiner Mutter oder Vater getrennt ist, desto gravierender die Verhaltensauffälligkeiten. Kindern fehlen heute in zunehmendem Maße ihre ganz natürlichen Anlaufstellen und so werden viele ihrer Grundbedürfnisse nicht oder nur unzureichend befriedigt.

Für mich ist diese Liste erschreckend lang und keinesfalls vollständig und ich weiß nicht, wie wir in der Lage sein sollen, unter den derzeitigen Bedingungen hier Abhilfe zu schaffen, um die Kinder wieder von diesen belastenden Faktoren zu befreien, damit sie wieder zu frohen, entspannten und lachenden Kindern werden können.

Ich habe solche Dinge auch immer wieder bei den Eltern angesprochen, aber die meisten verdrängten wohl diese Tatsachen, da die einzige richtige Alternative ja das Herausholen des Kindes aus unserer Einrichtung gewesen wäre oder zumindest verkürzte Zeiten eine Verbesserung gebracht hätten. Aber das war bei fast allen unmöglich.

Zudem wurden wir auf Fachtagungen stets darauf hingewiesen, in den regelmäßig stattfindenden Entwicklungs-Gesprächen lediglich „positive" Rückmeldungen weiterzugeben, um die Eltern nicht noch zusätzlich zu verunsichern. Diese Umstände führten zunehmend dazu, dass ich mich als Pädagogin immer mehr alleingelassen und unverstanden fühlte.

Eine Bestätigung meiner Beobachtungen fand ich dann in einer Studie der Universität Eichstätt/Ingolstadt[5] mit zahlreichen Einzelstudien,

---

[5] Katholische Universität Eichstatt-Ingolstadt, Lehrstuhl für Sozialpädagogik, (Prof. DDr. Janusz Surzykiewicz)

wobei Leiterinnen, Erzieherinnen und Eltern gleichermaßen zu Wort kommen. Ebenso wurde das Verhalten der Kinder in den Einrichtungen zusätzlich von „neutralen Beobachtern" erfasst.

Was ich da zu lesen bekam, bestätigte alle meine bisherigen Beobachtungen und brachte mir dann Gewissheit, dass meine eigene Wahrnehmung durchaus stimmte und das, was ich bisher erlebt hatte kein Einzelfall, sondern eher die Regel war.

Ich kann jedem Leser nur empfehlen, in dieses umfangreiche Werk einmal hineinzuschauen. Wir sehen Erzieherinnen, die mit vollstem Engagement ihren Einsatz bringen, die aber emotional immer mehr mit den Kindern mitleiden und am Ende keinen Ausweg sehen, dies für alle befriedigend zu verändern oder zu verbessern.

Eine Erzieherin berichtet:

"Mir tut es einfach weh zu sehen, dass die Kinder wegen der Trennung von ihren Müttern oder Vätern so leiden. Und ihr Leiden nicht gehört wird, sondern ignoriert. Wir fangen sie auf, so gut es geht. Aber das ist nicht dasselbe und wir Pädagogen können nicht das wieder reparieren, was geschädigt wurde, als wäre nichts passiert.

Es tut weh, mit anzusehen, wenn ein Kind unaufhör-
lich nach der Mutter ruft, sich in den Schlaf weint, an
der Tür wartet, bis es endlich abgeholt wird.[6]

Und weiter:

„Sie sind die jüngsten Menschen in der Gesellschaft,
von ihnen wird am meisten verlangt."[7]

Ein weiterer wichtiger Faktor war die Einführung
des sogenannten "partnerschaftlichen Konzeptes".

Man weiß heute, dass Kinder bis zu ihrem 12.(!) Lebensjahr entwicklungsbedingt noch nicht in der Lage
sind, auf partnerschaftlicher Ebene mit ihren Eltern
zu kommunizieren, geschweige denn ihre Entwicklung selbst steuern zu können.

Die Kinder brauchen das klare Vorbild und die An-
leitung des Erwachsenen, sonst werden sie in ihrer
Entwicklung verunsichert und überfordert. Auch
brauchen sie ein sichtbares Gegenüber und keine
Begleitung, die hinter ihnen steht und die Kinder
nach Belieben alles ausagieren lässt, was sie gerade
möchten. Ohne die bisherigen Anforderungen und

---

6 Katholische Universität Eichstatt-Ingolstadt, Lehrstuhl für Sozialpädagogik, (Prof. DDr. Janusz Surzykiewicz)
Forschungsbericht Projekt Risiken der Betreuung in Kinderkrippen – neue empirische Studien, Interview 8

7 Katholische Universität Eichstatt-Ingolstadt, Lehrstuhl für Sozialpädagogik, (Prof. DDr. Janusz Surzykiewicz)
Forschungsbericht Projekt Risiken der Betreuung in Kinderkrippen – neue empirische Studien Tichy, Andrea Seite 183

Übungen wird das Kind mit seinen Leistungen weit zurück bleiben, auch später in der Schule.

All dies habe ich vor allem seit der Einführung der offenen Arbeit verstärkt wahrgenommen, wobei uns damals schon viele Kinder durch „die Maschen" gefallen sind, da der begrenzte Raum nicht mehr zur Verfügung stand (durch die Auflösung der konstanten Gruppen) und wir dadurch den Überblick über einzelne Kinder bereits verloren hatten.

Aus meiner Sicht wäre eine Rückbesinnung auf die Umstände, welche kindliches Verhalten und kindliche Entwicklung wirklich fördern, dringend wieder nötig.

Ebenso sind die Zustände in Kindergärten und Schulen, die mit einer stetigen Abwärtsbewegung des Bildungsniveaus, sowie mit gravierenden Bindungsstörungen zwischen Kindern und Eltern einhergehen in unserer heutigen Zeit genauso wenig befriedigend.

Sinnvoll wäre es, dass man sich auch hier völlig neutral und ergebnisoffen zusammensetzen und eine nach allen Seiten vernünftige Neuausrichtung wagen sollte, wo vor allem die Bedingungen zum Tragen kommen müssen, die die kindliche Entwicklung wieder in eine positive Richtung bringen.

Ein wichtiger Schritt in diese Richtung wäre für mich, zu versuchen unsere Kinder aus dieser aufgezwungenen Angepasstheit ein Stück weit herauszuholen. Ich denke auch, dass Kinder eigentlich gar nicht den ganzen Tag spielen, oder wie man heute sagt, „arbeiten" wollen.

Ich habe das Gefühl, dass wir nach der PISA-Geschichte zu verkopft geworden sind und wir ständig nur noch im Sinn haben, unsere Kinder auf jede erdenkliche Art und Weise „fördern" zu wollen oder zu müssen. Uns sitzt die Angst im Nacken, dass aus ihnen nichts werden könnte, aber aufgrund dieser Angst leidet gerade die kindliche Natürlichkeit, die eben nicht nur angepasstes Verhalten voraussetzt.

Im Gegenteil: Mir waren immer diejenigen Kinder am liebsten, die einen starken Charakter hatten, sich nicht an alles angepasst haben und sich nicht von anderen von ihrem eigenen Weg abbringen ließen. Und solche Eigenschaften sollten wir unterstützen!

Der Handy-Konsum und seine Folgen

Wie es ein kleines Gerät geschafft hat, sich dermaßen in den Mittelpunkt unseres Lebens zu drängen, kann uns heute nur in Staunen versetzen. Jeder von uns besitzt mittlerweile ein Handy, selbst diejenigen, die lange standhaft behaupteten sie bräuchten keines, einschließlich mir.

Wer keines hat, verliert den Anschluss an die Gesellschaft und ohne es wäre unser Alltag heute nicht denkbar, ganz besonders der von Kindern und Jugendlichen.

Außerdem trifft das Handy auf ein wichtiges Bedürfnis von uns Menschen: Das Bedürfnis nach Kommunikation.

Sich mitzuteilen, sich auszutauschen, Fragen zu stellen, Aufmerksamkeit zu bekommen usw. sind Grundbedürfnisse, die anscheinend in den letzten 30 Jahren sehr vernachlässigt worden sind, vor allem aufgrund einer veränderten Familienstruktur. Beide Elternteile und auch oft die Großeltern sind am Tag nicht, oder nur eingeschränkt, erreichbar und somit ist der Einzelne oft auf sich allein gestellt. So wird gerade das Bedürfnis mit anderen reden zu können und gehört zu werden, anscheinend nicht mehr in dem Maße befriedigt, wie es gebraucht wird.

Genauso wie das Handy uns Erwachsene fasziniert, so zieht es auch unsere Kinder in seinen Bann. Und das in viel stärkerem Maße, da Kinder ein Gespür für die Möglichkeiten des Neuen und das Technische haben. Eltern können bestimmt die Erfahrung bestätigen, dass ihr Kind, noch bevor es laufen konnte, bereits die Fernbedienung zum Anschalten des Fernsehers benutzen konnte.

Was passiert aber, wenn Kinder in ihrer entscheidenden Entwicklungsphase ständig Erwachsene (vor allem die Eltern) beobachten, wie sie sich bei allen erdenklichen Gelegenheiten einem kleinen schwarzen Kästchen zuwenden und ihre ganze Aufmerksamkeit dorthin richten? Was erlebt ein Kind, das gerade mit seiner Mutter spielt und diese sich plötzlich von ihm abwendet?

Ich konnte oft beobachten, dass nach solchen Unterbrechungen der wichtige Moment des „Vertraut seins" schon verflogen war und es wieder dauerte, bis sich solch eine Situation wieder einstellte.

Ich hatte das Glück, dass meine Kinder schon fast erwachsen waren, als sie ihr erstes Handy bekamen, denn von diesem Zeitpunkt an hat es auch ihr Leben maßgeblich beeinflusst.

Ganz fatal finde ich die Entwicklung bei kleinen Babys, die immer wieder erfahren müssen, dass ihre Mutter, sogar während einer so intimen Zeit wie dem Stillen, ständig auf ihr Handy blickt. Wie kann sich Bindungsverhalten in so entscheidenden Entwicklungsphasen entwickeln, dem doch hauptsächlich der Blickkontakt zwischen Mutter und Kind ursächlich zugrunde liegt?

Zahlreiche Studien[8], wie zum Beispiel die BLIKK-Studie, belegen dies und zeigen, dass Verhaltensauf-

---

[8] BLIKK-Studie über Handy-Konsum, (2023)
Bei der BLiKK-Studie hatten rund 80 Kinderärzte aus ganz Deutschland im Rahmen der vorgeschriebenen Vorsorgeuntersu-

fälligkeiten, Bindungsstörungen, Sprachverzögerungen und Wahrnehmungsstörungen mit einem gestiegenen Handy-Konsum korrelieren:

„Eine übermäßige Smartphone-Nutzung kann für Kinder gravierende Folgen haben.

Schon für Säuglinge wird die Übermäßige Nutzung von Smartphones zum Problem: Wenn Mütter während des Stillens ständig auf den Bildschirm starren, dann trinken oder schlafen die Babys schlechter. Und schon 70% der Kinder im Kindergartenalter spielen heute mehr als eine halbe Stunde täglich selbst am Smartphone - meist an dem der Eltern.

Die Kinder werden zappelig, leiden unter Konzentrationsstörungen und sind in ihrer Sprachentwicklung gestört. Übermäßiger Konsum von digitalen Medien gefährdet die Gesundheit von Kindern und Jugendlichen massiv."

Solche Ergebnisse sind alarmierend. Wenn man bedenkt, dass bei der Studie empfohlen wird, Kinder frühestens ab 12 Jahren ein eigenes Handy zu geben, so lässt uns dies allein schon hellhörig werden und man kann nur hoffen, dass viele Eltern sich mit dieser Thematik eingehend beschäftigen, um ihr Kind dann besser schützen zu können.

---

chungen bei fast 6000 Kindern den Zusammenhang von Mediennutzung und Gesundheit erfasst.

Streitkultur

Während meiner jahrzehntelangen Tätigkeit in unterschiedlichen Einrichtungen habe ich mir ein Bild darüber verschaffen können, wie Kinder in Konfliktsituationen reagieren und wie sie mit den oftmals daraus entstandenen Aggressionen umgegangen sind. Dieser Umgang hat sich heute markant gewandelt.

War es früher, also vor ca. 30 Jahren, noch normal, dass Kinder kleinere Raufereien unter sich austrugen und zwar ohne die Einmischung Erwachsener, so ist das heute nicht mehr der Fall.

In unserer heutigen Zeit wird gerade in Kindertageseinrichtungen darauf geachtet, alle Art von körperlichen Auseinandersetzungen so schnell es geht zu unterbinden und als etwas Verwerfliches hinzustellen. Das heißt, die Kinder bekommen heute nicht mehr die Möglichkeit ihre Konflikte selbst auszuagieren, da wir uns oftmals viel zu früh einmischen und ihnen die Lösung bereits vorwegnehmen. Und zwar so, wie es in unseren Augen richtig zu sein hätte. Das hat dazu geführt, dass gerade die „gesunden Aggressionstriebe" stigmatisiert wurden und sich demnach in der Folge nicht mehr richtig „entladen" oder abbauen konnten. Auch ich habe es damals nicht aushalten können, dass Kinder ihren Streit mit ihren eigenen Mitteln ausgetragen haben.

Leider und fälschlicherweise wurde dieses Verhalten von uns Erziehern mit autoritärem Verhalten gleichgesetzt und konnte daher gesellschaftlich nicht mehr geduldet werden. Somit lernten bereits schon kleine Kinder, dass ihr angeborener Drang, gegenseitig ihre Kraft zu erproben und sich mit anderen zu messen, als etwas „Unsittliches" und Verbotenes zu interpretieren sei.

Heute wissen wir, dass Aggressionen, die bei jedem Kind, wie auch bei Erwachsenen, irgendwann entstehen und zu Tage treten, ihre berechtigte Beachtung brauchen und nach einer „Entladung und Ableitung" streben. Geschieht dies nicht, so sucht sich der Trieb eine anderweitige Möglichkeit der Abfuhr und diese sehen wir dann entweder nicht oder können sie am Ende nicht mehr kontrollieren, weil sich die Aggression entweder gegen den eigenen Körper richtet (depressives Verhalten) oder irgendwo versteckt und umgeleitet sich Bahn bricht.

Das natürliche „Raufen" bei Kindern, auch wenn einmal ein paar blaue Flecken dabei herauskommen, hat für mich nichts mit Aggression oder Brutalität im Erwachsenenalter zu tun. In einem geschützten Umfeld (unter Aufsicht der Bezugspersonen) ist persönliches Kräftemessen sogar spannend und ausgleichend. Erst, wenn dieser Trieb nicht mehr ausgelebt werden kann und darf, sehe ich ernsthafte Störungen und Schwierigkeiten bei der Entwicklung der kindlichen Persönlichkeit.

Auf der einen Seite wollen wir ein Kind, das sich später unter Gleichaltrigen oder auf dem Arbeitsmarkt mit einer zunehmenden Ellbogenmentalität durchsetzen und behaupten kann, auf der anderen Seite verbieten wir es ihm von Beginn an.

Ich selbst habe zahlreiche Erinnerungen wie und in welcher Weise ich mich als Kind gestritten habe. Noch heute spüre ich, wie wichtig diese damaligen Auseinandersetzungen für mich waren.

Mit meinen drei Geschwistern hat es an Gelegenheiten hierzu nicht gefehlt. Allerdings kann ich mich nicht daran erinnern, dass wir uns jemals richtig geschlagen oder uns ernsthaft weh getan hätten. Es ging hauptsächlich darum, unsere Kräfte zu messen. Natürlich hatte unsere Mutter immer ein Auge auf uns, aber unseren Streit führten wir abseits von unseren Eltern und vor allem ohne fremde Aufsicht durch.

Ich weiß noch, dass wir im Sommer abends, als wir schon unsere Schlafkleider anhatten, uns oftmals nochmal raus schlichen und in unserer Nachbarwiese miteinander gekämpft haben. Einfach nur so zum Spaß. Und der Sieger durfte dem anderen ins Gesicht spucken. Dieses „kämpfen" war wunderschön und wir setzten dazu auch unsere ganze Kraft ein. Das Gefühl, es wirklich geschafft zu haben und stärker als der Andere zu sein, spüre ich heute noch. Und ich denke, dass gerade das mein Selbstvertrauen gestärkt hat.

In meinen Augen brauchen Kinder, ein Gegenüber, bei dem sie sich beweisen können, bei dem sie zeigen können, wo sie stehen, bei dem sie auch lernen sich angemessen zu wehren. Nur wer die eigene Kraft ausleben kann und darf, der bekommt ein Gefühl für seine Kraft, so wie ich es selbst erfahren habe. Und nur wer gelernt hat, damit umzugehen und seine Kraft selbstermächtigt einsetzen kann, der kann auch im späteren Leben sich selbst von anderen abgrenzen, sein Innerstes bewahren und somit auch andere vor Gewalt schützen.

Ich glaube nicht, dass es uns jemals gelingen wird, einen solch starken und mächtigen Trieb, wie den der Aggression, einzusperren und zu unterdrücken. Tun wir dies, so wie wir es momentan in unserer gesamten Erziehung praktizieren, wird dies einer der unberechenbarsten Faktoren für unsere spätere Zukunft werden und noch viel Leid in unserer Gesellschaft erzeugen.

Probleme der Mitarbeiter im sozialen Miteinander

In meinen 33 Berufsjahren habe ich viele unterschiedliche Kollegen kommen und gehen sehen, denn dieser Beruf ist von ständiger Fluktuation betroffen. Ich habe Berufserfahrung in unterschiedlichen pädagogischen Einrichtungen sammeln dürfen und war, wie bereits erwähnt, als freie Mitarbeiterin unter anderem in einer Grundschule für die Nachmittagsbetreuung zuständig, auch war ich mehrere Jahre Leiterin eines eingruppigen Kindergartens, habe ein Jahr ein autistisches Kind in einer Grundschule begleitet und habe in einem Waldkindergarten gearbeitet.

Bedingt durch meine zweimaligen Umzüge musste ich mich immer wieder neu orientieren und habe diesen Wechsel und das „Hinein-spüren" in andere Bereiche jeweils als große Bereicherung empfunden.

Leider habe ich die Erfahrung machen müssen, dass all diesen Einrichtungen eines gemeinsam war: Wiederholte Konflikte der Mitarbeiter untereinander, Probleme mit der Leitung, mangelnde Unterstützung von Seiten des Trägers, sowohl auf kommunaler Ebene als auch von kirchlicher Seite und daher kenne ich leider nur wenige Einrichtungen, in denen das Stammpersonal konstant geblieben ist, denn sobald die Leiterin des Kindergartens, den sie oftmals Jahrzehnte geführt hatte, in Rente ging, entwickelte sich zuerst ein hoher Krankenstand unter den Mitarbeitern und im weiteren Verlauf setzte dann ein ständiger Wechsel ein. Als einen möglichen Grund dieses Phänomens dient die Aussage einer mir bekannten Kindergartenleiterin die ihre „letzten Jahre nur noch herumbringen wollte", da sie durch die zahlreichen neuen Verordnungen, ständig steigenden Ansprüche von Seiten des Trägers und der Eltern, sowie der immer höher steigenden Anzahl von Kindern mit Verhaltensauffälligkeiten einfach keine Kraft mehr hatte und ihr die Motivation völlig abhanden gekommen war. Wohlgemerkt hatte sie sich ihr ganzes Leben mit Leib und Seele dem Kindergarten verschrieben, aber es waren die bereits beschriebenen Faktoren, die Erzieherinnen auf eine harte Belastungsprobe stellen, der viele augenscheinlich nicht mehr gewachsen sind.

Was aber waren diese Belastungen?

Ein wichtiger Faktor war oder ist sicherlich der Umstand, dass Mitarbeiter immer öfter eine Gruppe alleine haben führen müssen, da einerseits der Krankenstand immer höher wurde oder ihre Kollegen ihre Vorbereitungszeit in der Regel außerhalb der Gruppe nahmen.

Auch brachten ständige Erweiterungen der Öffnungszeiten, bei fast gleichbleibender Personalstärke, viele pädagogische Fachkräfte an den Rand ihrer

Belastbarkeit. Auch die „soziale Einstellung" die viele Erzieherinnen mitbringen, wie beispielsweise viel Eigenengagement zu erbringen und alles irgendwie machbar zu machen, trugen dazu bei.

Weiterhin kommt hinzu, dass die aufgenommenen Kinder immer jünger wurden, die Gruppen somit immer heterogener und auch die Lärmkulisse stetig gewachsen war und es oft an einer klaren Hierarchie und festgelegten Zuständigkeitsbereichen mangelte.

Während in Handwerksbetrieben, Verwaltungen oder in Firmen die Zuständigkeit eines jeden klar geregelt und eine eindeutige Personalstruktur vorhanden ist, fehlte dies zunehmend in den Kindertageseinrichtungen. Lediglich die Position der Leitung war noch vorgegeben, welche aber nicht selten Mühe hatte, sich durchzusetzen und die, gerade auch von Trägerseite, viel zu wenig Unterstützung erfuhr. In vielen Kindergärten fand sich nicht einmal eine Stellvertretung, die die Leitung hätte unterstützen und entlasten können, da die Mehrarbeit nicht finanziell honoriert wurde. Hinzu kam noch, dass die Stelle als Leitung nur minimal besser bezahlt wurde und auch noch wird, obwohl eindeutig eine höhere Belastung durch Zusatztermine am Abend und am Wochenende und eine größere Verantwortung mit einher gingen. Als ich eine Leitungsstelle innehatte, machte ich genau diese Erfahrungen, weshalb ich auch diese Stelle dann wieder aufgegeben habe.

Was die Position der Gruppenleitung betrifft, so war diese zwar auf dem Papier geregelt, in der Realität sah dies aber oft anders aus, da sich ältere Mitarbeiter oft schwer taten, sich einer Berufsanfängerin unterzuordnen.

Auch trugen vor allem die älteren Mitarbeiter zumeist die größte Last der Arbeit und auch der Verantwortung, da viele junge Mitarbeiter, die mittlerweile bereits die Mehrheit ausmachten, eine andere Arbeitsmoral mit sich brachten. Erschwerend kam hinzu, dass gerade diese jüngeren Mitarbeiter die Gruppenleitung übertragen bekamen, da sie für den Träger aufgrund ihres Lebenseintrittsalters und den meist neueren und flexibleren Arbeitsverträgen die billigere Variante darstellten.

Viele Mitarbeiter in sozialen Berufen haben zudem einen hohen persönlichen Anspruch an ihre Arbeit und leiden häufig unter einem „Helfersyndrom". Dieses helfen wollen ist bei ganz vielen Erziehern weit verbreitet, wird aber oftmals nicht gewürdigt. Statt Anerkennung hält dann Konkurrenzdenken Einzug und oftmals wetteifern dann Mitarbeiter untereinander wer der Bessere ist und wer in der Beliebtheitsskala der Eltern ganz oben steht.

Genau dieses habe ich auf meiner letzten Arbeitsstelle in der Krippe immer wieder erlebt. Man machte seine Arbeit von der Meinung und dem Wohlwollen der Anderen abhängig und holte sich die Anerkennung - wenn man diese bei den Kollegen schon nicht mehr fand - letzten Endes bei den Eltern, was aber die Zusammenarbeit unter den Mitarbeitern letztlich belastet hat.

Klare Absprachen, klare Zuständigkeiten, Einigkeit, sowie die Möglichkeit, Dinge auch mal kontrovers zu diskutieren, ohne Angst haben zu müssen ausgeschlossen zu werden, gegenseitiges Vertrauen und gegenseitiger Respekt, gehen leider nach und nach durch diese Aspekte verloren.

All diese Faktoren führten zunehmend zu Unzufriedenheit, chaotischen Zuständen in der Mitarbeiterschaft, dauernder Überlastung, ständigen Streitereien, einem hohen Krankheitsstand und einem ständigen Wechsel der Mitarbeiter (Job-Hopping).

Meine frühere Praxisanleiterin hat Zeiten erlebt, in denen sie - wie sie mir einmal mitteilte - sich einfach nur wünschte, sich in eine Ecke zu setzen und laut zu heulen. Manche Kollegen griffen zu Alkohol oder sogar zu Beruhigungsmitteln. Andere hatten ständig Magenbeschwerden oder wurden depressiv.

Leider ist diese Entwicklung kein lokal begrenztes Phänomen, sondern wir finden sie überall in der gesamten Erziehungslandschaft. Ständig unzufriedene, überlastete und zerstrittene Teams, das ist Alltag in Deutschlands Kindergärten und Krippenlandschaft.

Ich finde, dass diese von mir in vielerlei Hinsicht selbst erlebte Problematik viel zu wenig Beachtung findet. Vor allem von Seiten der Träger wäre es an der Zeit sich Gedanken darüber zu machen, wie es den Mitarbeitern wieder besser gehen kann und all die aufgezählten Missstände zu beheben wären.

Dringend notwendig wäre auf jeden Fall die Aufstockung des Personals und ein Überdenken der momentanen Öffnungszeiten, die weder den Kindern noch den Mitarbeitern dienlich sind. Wenn wieder alle an einem Strang ziehen - Eltern, Mitarbeiter und Träger - wird man sich auch gegen unvernünftige Vorgaben von der Politik und der Ministerien zur Wehr setzen können und sich für bewährte Methoden stark machen, anstatt auf alle möglichen moderne Konzepte aufzuspringen, die dann auch oftmals Episode bleiben und so schnell wieder verschwinden, wie sie gekommen sind.

Fallbeispiele

Zur Verdeutlichung, wie die beschriebenen Veränderungen (sowohl die äußeren Rahmenbedingungen, als auch die veränderte pädagogische Haltung und die neuen Erziehungskonzepte) sich auf das Kindeswohl und die gesamte kindliche Entwicklung auswirkten, möchte ich im Folgenden einige Fallbeispiele anführen.

Diese Fallbeispiele sollen vor allem die Ohnmacht von uns Erziehern, der Kinder und deren Eltern aufzeigen und veranschaulichen, unter welchen Bedingungen Kinder ihren Alltag in Betreuungseinrichtungen verbringen müssen.

Die von mir geschilderten Fallbeispiele sind bereits kurz nach meinem Ausscheiden aus dem Beruf und vor allem noch unter der direkten Nachwirkung des Erlebten aufgezeichnet worden.

Diese Erlebnisse hatten eine solch schockierende und einschneidende Wirkung auf mich, dass sie der Auslöser waren, meine Arbeit aufgrund der geschilderten Bedingungen nicht mehr ausüben zu können. Auch haben sie maßgeblich dazu beigetragen, dass ich den Entschluss fasste, all dies an die Öffentlichkeit zu bringen, um Aufmerksamkeit für das Leid der entrechteten Kinder zu wecken.

Auch werde ich darauf eingehen, wie im Fall „Pia"[9], bereits kleine Änderungen (zeitliche Komponente, elterliches Verständnis) relativ schnell wieder zu einer Besserung führen können und ich möchte betonen, dass ich sämtliche Begebenheiten genauso wiedergebe, wie ich sie erlebt habe. Sie sind auch nicht kommentiert, da sie dadurch „zerredet" und wieder relativiert werden würden.

Das gesamte Ausmaß der Tragik unserer momentanen Pädagogik wird vor allem anhand der von mir geschilderten kindlichen Verhaltensstörungen sichtbar werden.

Anschließend gehe ich auf die einzelnen Punkte nochmals ein und schildere meine Gedanken dazu, wie wir gegensteuern können und wie dieses System verändert werden könnte.

Pia

Pia kam als ein völlig gesundes, lebhaftes und neugieriges Kind mit 12 Monaten zu uns in die Kinderkrippe. Innerhalb von nur 3 Wochen war die Eingewöhnung für sie beendet. Waren es anfangs 1-2 Stunden, die sie in der Einrichtung verbleiben muss-

---

[9] Die hier angegebenen Namen sind nicht die eigentlichen Namen der Kinder, sondern von mir abgeändert.

te, so steigerte man es innerhalb eines Monats auf täglich 8-9 Stunden.

Bereits im November (sie war erst zwei Monate in der Einrichtung) zeigte sie die ersten Auffälligkeiten. Sie begann zu onanieren und, was anfangs nur kurze Episoden waren, steigerte sich im Verlauf auf immer länger anhaltende Phasen, so dass von einer vorübergehenden Störung keine Rede mehr sein konnte.

Ihre Bezugserzieherin, die noch über sehr wenig Berufserfahrung verfügte und gerade neu die Gruppenleitung übernommen hatte, war der Meinung, dass dies nicht so schlimm sei.

Die Eltern wurden anfangs nicht informiert und eine Fortbildung zu diesem Thema, die dann im Februar angeboten wurde, ließ sie verstreichen. Erst als die Auffälligkeiten dermaßen zunahmen, dass Pia nicht mehr essen konnte, weil sie sich durch den Gurt des Hochstuhles ständig stimulierte, entschloss sich die Kollegin, eine Fortbildung zu besuchen. Nach dieser Fortbildung wurden wir aufgeklärt, dass frühkindliche Sexualität vollkommen normal wäre, allerdings nur so lange, wie sich das Kind dadurch nicht selbst behindere.

Auf jeden Fall sollten die Eltern informiert werden und das wurde dann (nach einem ¾ Jahr) auch getan. Die Eltern, beide Lehrer, waren sehr verständnisvoll und erzählten uns dann, dass ihre Tochter zu Hause die gleichen Auffälligkeiten zeige und sie sich deswegen schon gewundert hätten. Die Mutter wollte umgehend zum Arzt gehen, um dies abklären zu lassen. Allerdings erfuhren wir dann später, dass sie sich lediglich über das Internet informierte, zum Arzt ging sie nicht. Weiterhin wurde nichts unternommen.

Im November bekam die Mutter ihr zweites Kind und ging bereits Ende September in Mutterschutz, ca. zwei Monate, nachdem sie über die Verhaltensauffälligkeiten ihrer Tochter aufgeklärt wurde.

Nach Gesprächen mit der Mutter, wo wir anklingen ließen, dass die Symptome Anzeichen einer Überforderung sein könnten und es im Interesse des Kindes läge, die Zeit in der Krippe nach Möglichkeit zu reduzieren, reagierte sie sehr verständnisvoll und holte Pia in den folgenden zwei Wochen nachmittags bereits zwischen 14.00 und 15.00 Uhr ab.

Als die Auffälligkeiten bereits nach kurzer Zeit abebbten, wurde das Kind nach drei Wochen wieder die gesamte Betreuungszeit geschickt.

Nach weiteren zwei Wochen waren die Anzeichen wieder da und es zeigte sich, dass Gespräche mit den Eltern nur in sehr eingeschränkter Weise ihre Wirkung erzielten, obwohl, oder gerade wegen diesem brisanten Thema, das nach wie vor in unserer Gesellschaft mit einem Tabu behaftet ist und viele Eltern sehr verunsichert.

Die Mutter bemühte sich von da an dieses Thema geschickt zu umgehen und nicht mehr anzusprechen. Die Situation verschlimmerte sich jedoch:

Pia suchte sich nun bei allen möglichen Gelegenheiten einen Stuhl, auf den sie sich schon allein setzen konnte und verschaffte sich Befriedigung, indem sie ständig darauf hin und her wippte. Sie ließ sich von uns durch nichts mehr ablenken und war in diesen Phasen auch nicht mehr ansprechbar. Selbst im Kreis, wo viele Bewegungs- und Singspiele angeboten wurden, bei denen sie auch gerne mitmachte, verzichtete sie mehr und mehr, weil sie schlichtweg nicht mehr in der Lage war „umzuschalten".

Von den Eltern wurde das Thema nur noch am Rande angeschnitten und wenn das Gespräch doch einmal in diese Richtung ging, mussten wir feststellen, dass die Eltern das Thema nicht mehr vertiefen wollten. Obwohl wir uns bei unseren wöchentlichen Teamsitzungen darauf verständigt hatten, die Eltern beim nächsten Entwicklungsgespräch explizit darauf anzusprechen, verzichtete die Kollegin jedoch zumeist darauf, wohl mit der Sorge, die Eltern ganz zu „verlieren".

So verblieb Pia volle zwei Jahre unter den genannten Umständen in der Krippe und wurde als „normales und unauffälliges" Kind geführt, welches sich vollkommen wohlfühle und gerne komme.

Jan

Jan wurde als drittes Kind geboren. Als er mit einem Jahr in unsere Einrichtung kam, arbeitete seine Mutter als selbständige Kraft zu Hause, der Vater im gleichen Ort in einer Firma. Die Großeltern wohnten direkt neben den Eltern.

Jan, mittlerweile zwanzig Monate alt, war eines der ersten Kinder, die morgens um punkt sieben Uhr kamen und einer der letzten, der abends (gegen 17.00 Uhr) abgeholt wurde. Oft verspäteten sich die Eltern, waren abgehetzt und hatten keine Zeit. Sein großer Bruder, der mittlerweile in der Grundschule war, kam oft nach halb vier und wartete im Kindergarten auf die Eltern.

Im letzten halben Jahr in der Krippe drängte uns der Vater, sein Sohn solle jetzt sauber werden. Auf unsere Bedenken, dass er das zu dem jetzigen Zeitpunkt nur schwer schaffen würde, antwortete er, dass es zu Hause bereits funktionieren würde. Wir sollten ihm einfach keine Windeln mehr anziehen, auch nicht während des Schlafens.

Damit begann eine Tortur. Obwohl Jan von uns mehrmals am Tag auf die Toilette geschickt wurde, war er dauernd nass. Kaum waren wir draußen im Hof, konnte eine Kollegin wieder mit ihm hochgehen und musste ihn komplett umziehen.

Wenngleich wir ihm nie einen Vorwurf deswegen machten, versteckte sich Jan vor uns und machte heimlich in die Hose.

Der Vater blickte jedes Mal enttäuscht auf seinen Sohn, nachdem er wieder die nassen Kleider im Beutel an der Garderobe entdeckt hatte.

Das Kind war in der Folgezeit sichtlich verändert und verunsichert. Nach jedem Schlafen war das Bett nass, obwohl wir ihn vorher jedes Mal auf die Toilette schickten. Jan konnte ohne Windel noch nicht schlafen und wir mussten alle einsehen, dass der Zeitpunkt des Sauberwerdens noch zu früh war und dies für das Kind nur eine unnötige Quälerei darstellte. Der Vater war damit nicht einverstanden und die Eltern sagten immer, dass es zu Hause funktioniere und hatten kein Verständnis dafür, dass es „bei uns" nicht klappte.

Als Jan in die Kindergartengruppe kam, war er immer noch nicht sauber. Die Kolleginnen beschwerten sich, wegen der steigenden Zahl der Kinder, die sie auch noch wickeln mussten, da dies ihren Tagesablauf immer mehr belaste.

Wenn man bedenkt, wie lange das Kind in der Krippe verweilt, wird klar, wo sich „das Sauberwerden" des Kindes in Zukunft vollziehen wird. Dass das immer mehr außerhalb des Elternhauses sein wird, liegt auf der Hand.

Nina

Als ich in der Krippe anfing, war Nina bereits zwei Monate in der Einrichtung und immer noch nicht richtig „eingewöhnt", da das Krippenpersonal ständig wechselte. Somit hatte bislang niemand für dieses zarte Kind Zeit gehabt und sie war daher die meiste Zeit sich selbst überlassen gewesen.

Ihre Mutter war Ärztin und eine sehr aufgeschlossene Frau, die sich immer viel Zeit für das Bringen und Abholen ihrer Tochter nahm. Nina war im ersten Jahr sehr häufig krank und wir mussten die Mutter immer wieder auf ihrer Arbeitsstelle anrufen und sie abholen lassen, wenn ihre Tochter Fieber, Durchfall und ähnliches hatte oder sich aus irgendwelchen anderen Gründen nicht beruhigen konnte. Allerdings war sie nach ein bis zwei Tagen in der Regel wieder da, da sich die Mutter einfach keine längeren Fehlzeiten erlauben konnte.

Nina verbrachte meistens den Tag ganz allein für sich. Bis kurz vor ihrem 3. Geburtstag zeigte sie kaum Interesse, mit anderen Kindern Kontakt aufzunehmen und ließ sich am liebsten Bilderbücher von uns vorlesen oder wartete, bis eine Erzieherin endlich mal Zeit für sie hatte.

Mit dem Essen tat sie sich schwer und hatte nie richtig Appetit.

Während der Schlafenszeit hielt sie sich permanent wach, damit sie ja nicht verpasse, wenn die Mama käme, was ich für eine große Willensanstrengung hielt. Die Mutter kam aber immer erst nach 16.00 Uhr, obwohl sie oft, wie sie uns mitteilte, schon am frühen Nachmittag zu Hause war. Diese Zeit nutzte sie für ihre Hausarbeit, die sie so ungestörter verrichten konnte.

Nina hat dieses Verhalten bis zu ihrem Austreten aus der Krippe aufrechterhalten und hat so gut wie nie geschlafen.

Bei ihr hatte ich das Gefühl, dass sie jeden Tag ihre Zeit bei uns absaß und nichts anderes machen oder denken konnte als: „Wann kommt endlich meine Mama wieder?"

Die Mutter wurde von uns immer wieder auf die Situationen hingewiesen. Aber egal, ob Nina ihr Essen verweigerte, das Schlafen aussetzte, über lange Strecken ihr Spiel verweigerte oder oft so laut schrie, dass es einem durch Mark und Bein ging, die Mutter reagierte nicht auf unsere Bitte, das Kind früher abzuholen und Nina musste ohne Unterbrechung ihre neun Stunden bei uns zubringen.

Nach ihrem Wechsel in die Kindergartengruppe zeigte sich dann im Verlauf das gleiche Verhalten.

Lena

Lena wurde zusammen mit Nina aufgenommen und erfuhr demnach in der gleichen Weise eine unglückliche Eingewöhnung. Sie kam mit knapp einem Jahr in die Krippe, weil die Mutter, ebenfalls Ärztin, nach der Elternzeit wieder arbeiten gehen musste. Auch Lena weinte häufig und bekam regelmäßige Schreiattacken. Als ich in der Krippe anfing, wurde Lena gerade daran gewöhnt im Schlafraum in einem eigenen Bett zu schlafen. Das war damals meine schrecklichste Zeit, da sie sich komplett verweigerte und fortwährend schrie.

Die Gruppenleitung saß dann neben ihr und hielt sie an ihren Ärmchen fest, so dass sie sich nicht umdrehen konnte.

Diese Prozedur ging über mehrere Wochen und ich bekam schon Schweißausbrüche, wenn ich nur in den Schlafraum ging.

Die übrigen Kinder konnten durch dieses Geschrei nicht zur Ruhe kommen, blieben wach und waren für den Rest des Tages unausgeschlafen und standen völlig neben sich. Das Schreien des Kindes und vor allem der tägliche Zwang, der auf dieses Mädchen ausgeübt wurde, belasteten mich sehr. Solch ein Vorgehen war ich nicht gewöhnt und wollte das in dieser Form auch nicht mittragen.

Ein Gespräch mit der Kollegin brachte nichts und ich musste mich mit der Begründung zufrieden geben, dass das während der Eingewöhnung „halt so wäre" und wenn man in einer Krippe arbeite, „müsse man so etwas eben aushalten lernen." Da ich nur halbtags arbeitete und deshalb auch keine Gruppenleitung übernehmen konnte, war ich gezwungen das so hinzunehmen. Ganz unverständlich war es für mich, dass die Frage, was das Kind hier eigentlich durchmacht, überhaupt nicht diskutiert wurde.

Auch davon, dass Lena noch etwas Zeit bräuchte und man die Eltern in diese Problematik hätte einbeziehen müssen, wollte die Gruppenleitung nichts wissen.

Die Eltern erfuhren hiervon nichts und ich weiß auch nicht, wie ich diese Wochen durchgehalten habe, aber irgendwann war Lena dann still, sie hatte scheinbar „aufgegeben", weil ihr nichts anderes übrig geblieben war.

Natürlich ließen die Folgen dieser missglückten und aufgezwungenen Eingewöhnung nicht lange auf sich warten und so zog das Kind sich in sich zurück und baute sich eine eigene Welt auf.

Lena lebte alsdann in einer Art Scheinwelt. Sie war nicht mehr zu erreichen und sie spielte bis sie drei war nur neben den anderen her und ging auch nicht auf die anderen Kinder zu, sondern war grob, biss, zog sie an den Haaren und schlug sie. Sie konnte kein Mitgefühl in irgendeiner Art aufbauen, geschweige denn zeigen.

Als Lena zwei Jahre alt wurde, bekam die Mutter Zwillinge. Drei Wochen war die Oma da und drei Wochen durfte Lena zu Hause bleiben. Als die Oma wieder weg war, blieb sie von dieser Zeit an nun bis zum Ende der Betreuungszeit.

Die Mutter war überfordert und für Lena war jetzt gar keine Zeit mehr.

Lena konnte zu keiner Krippenerzieherin eine Bindung aufbauen, auch nicht zu ihrer Bezugserzieherin. Sie hatte zu funktionieren und musste den Tagesablauf „irgendwie" mitmachen. Wenn sie am Nachmittag abgeholt wurde, fragte die Mutter lediglich, was sie gegessen habe und was sie in der Windel hatte - alles andere wurde ausgeblendet. Ihre Sprachentwicklung war lange auf dem Niveau eines einjährigen Kindes und in der Einrichtung hat sie so gut wie nie gesprochen. Auch diese Auffälligkeit wurde nicht wahrgenommen, sondern als vollkommen normal hingestellt.

Lia

Auch hier verlief die Eingewöhnung wieder während einer personellen Unterbesetzung und ständiger Vertretungssituation. Die Eingewöhnung musste schnell vonstattengehen, da die Mutter das Kind relativ kurzfristig angemeldet hatte und zu einem bestimmten Zeitpunkt wieder arbeiten musste. Lia war ein sehr anhängliches Mädchen und machte alles tapfer mit. Die Schlafenszeit war auch für sie eine große Belastung und sie weinte lange, fand aber dennoch irgendwann in den Schlaf.

Lia wurde gleich für 5 Tage in der Woche angemeldet und die Mutter holte sie oftmals als letzte ab, wobei es häufig vorkam, dass sie zu spät kam.

Das Verhältnis mit der Mutter gestaltete sich in der Folgezeit sehr schwierig, da Absprachen und feste Zeiten für die Mutter keine große Rolle zu spielen schienen und so kam sie morgens oft zu spät und platzte regelmäßig in den Morgenkreis. Diese Störung war für die Mutter anscheinend nicht von Bedeutung und daher bemerkte sie ebenfalls nicht, dass die anderen Kinder unruhig wurden und sie jedes Mal Verwirrung in den für die Kinder so wichtigen ruhigen Start in den Morgen brachte. Auch Gespräche mit ihr brachten keine Lösung, da sie es lediglich den nächsten und übernächsten Tag schaffte, pünktlich zu sein, dann war wieder alles beim Alten.

Die erste Zeit hielt Lia tapfer durch, aber als sie realisierte, dass sie oft als letztes Kind abgeholt wurde, fiel es uns immer schwieriger, sie zu vertrösten.

Irgendwann ging es los mit der Frage: „Mama komme gleich wieder, gell?"

Anfangs fiel es mir gar nicht auf, dass sie ständig fragte: „Mama komme gleich wieder?", bis es dann fast jede halbe Stunde kam und wir sie vertrösten und beruhigen mussten. Wir erklärten ihr, dass die Mama doch arbeiten müsse und danach bestimmt komme, um sie abzuholen. Es half aber alles nichts. Spätestens nach dem Frühstück, beim ersten Wickeln, fragte sie unentwegt und das ging bis nach dem Mittagessen, nach dem Schlafen und nachdem jedes einzelne Kind abgeholt wurde: „Mamma komme gleich wieder, gell?" Die Mutter ließ auf sich warten, oft auch dann, wenn wir im Garten schon alle Spielsachen aufgeräumt hatten und alle übrigen Kinder abgeholt worden waren.

Es kam nicht selten vor, dass wir das Telefon holen und nachfragen mussten, wo die Mutter sei und mussten uns dann ständig Ausreden für das Kind einfallen lassen.

Wenn Kinder in diesem Alter eine so lange Zeit in einer Einrichtung verbringen, ist es irgendwann mit der Aufmerksamkeit vorbei und dem Interesse, bei irgendetwas mitmachen zu wollen. Bei Lia ging ab 14.00 Uhr nichts mehr. Ab diesem Zeitpunkt konnte man mit ihr nichts mehr anfangen, sie für nichts mehr begeistern.

Lia wurde sehr unruhig, tobte und rannte nur noch im Zimmer herum und ließ sich in die Kuschelecke fallen und störte andere Kinder beim Spiel. Rauszugehen an die frische Luft wäre das Einfachste und Vernünftigste gewesen, aber oft schafften wir es nicht vor 16.00 Uhr. Am Morgen waren die Kinder auch noch nicht draußen gewesen, weil das Ankleiden leider bei Krippenkindern sehr zeitraubend ist, so dass wir oftmals erst am Nachmittag mit den Kindern an die frische Luft kamen. Da dies aber meistens erst gegen 16.00 Uhr geschah, waren viele bereits abgeholt, und somit kamen manche Kinder deswegen so gut wie nie nach draußen.

So verbringen die meisten Kinder die wichtigste Zeit des Tages (bis zu zehn Stunden) in einem kleinen Zimmer auf engstem Raum, in dem viele wegen des ständigen Lärms und vor allem dem Weinen der anderen Kinder nicht zur Ruhe kommen können.

Erwähnen möchte ich noch, dass es dieses Kind war, das mit seinem Satz: „Mama komme gleich wieder?", welchen es hundertfach wiederholte, mir schließlich die Augen für das Leid, das die Kinder hier erleben und ertragen müssen, geöffnet hat.

Diesem Kind verdanke ich meine Einsicht und ich hoffe, dass das, was dieses Kind hat ertragen müssen, wenigstens nicht ganz umsonst war.

Gerade zu dieser Zeit las ich den Erfahrungsbericht einer Mutter aus der ehemaligen DDR, die sich als ehemaliges Krippenkind erinnerte.[10]

Sie nannte es „Das Lied der Krippe" und die Rede ist von dem bekannten Kinderlied: „Kommt ein Vogel geflogen".

Der Text geht wie folgt weiter:

„…setzt sich nieder auf mein Fuß, hat ein Brieflein im Schnabel, von der Mutter einen Gruß,

Lieber Vogel fliege weiter, nimm ein Gruß mit und ein Kuss.

Denn ich kann dich nicht begleiten, weil ich hierbleiben muss.-"

Gerade dieses Lied sangen wir zu dieser Zeit regelmäßig mit den Kindern in unserem Morgenkreis. Als ich diesen Bericht zum ersten Mal las und den Zusammenhang herstellte, musste ich bitterlich weinen und von dieser Zeit ab konnte ich dieses Lied nicht mehr singen. Bis heute.

---

[10] Hermann, Eva, „Das Eva-Prinzip", Seit 94, 2007

Tim

Tim kam mit 16 Monaten in die Krippe. Sein Vater war in der Produktentwicklung tätig und hatte einen anspruchsvollen Beruf. Seine Mutter hatte vor, nach erfolgreicher Eingewöhnung wieder ganztags arbeiten zu gehen.

Die Eltern schienen zuverlässig, aufgeschlossen und liebevoll und gleich beim ersten Elternabend ließ sich Tims Mutter in den Elternbeirat wählen, in dem sie sich im Laufe des Jahres beherzt und energisch engagierte.

Tims Eingewöhnungszeit gestaltete sich anfangs recht unproblematisch: Absprachen wurden eingehalten und die Eltern taten alles, damit ihr Kind einen „guten Start" hatte.

Tims Mutter betonte immer wieder, sie habe genügend Zeit für die Eingewöhnung und wir bräuchten uns keinen Druck zu machen. Die Eingewöhnungsphase zeigte aber, dass Tim viel Zeit brauchte und oft sehr unruhig war. Zum Beispiel hatte er die Spielsachen oftmals einfach nur ausgeräumt und dann liegengelassen, wechselte wahllos von einem zum nächsten und konnte sich nur schwer über längere Zeit mit sich selbst beschäftigen.

Er war oft sehr hektisch und unkonzentriert, so als ob er ständig „unter Strom" stehe und er vermied den direkten Blickkontakt.

Nachdem Tim die Zeit morgens relativ gut verkraftet hatte, kam das Mittagessen langsam hinzu, aber auch hier zeigte sich, dass er dafür ebenfalls mehr Zeit benötigte, als vorgesehen war. Aus diesem Grunde wurde mit den Eltern abgesprochen, Tim in der ersten Woche direkt nach dem Mittagessen abzuholen und erst, wenn sich alles eingespielt hätte, mit der Eingewöhnung weiter fortzufahren und danach das Schlafen anzugehen, was bei allen Krippenkindern zumeist die schwierigste Phase darstellte.

Erschwerend kam hinzu, dass aufgrund „chronischer" personeller Unterbesetzung, ein Erzieher eingestellt wurde, der noch nie mit Kindern, geschweige denn mit Krippenkindern, sondern ausnahmslos mit Jugendlichen, gearbeitet hatte.

Er vertrat die Meinung, je schneller ein Kind eingewöhnt werde, desto besser wäre es und gab diese Ansicht auch an die Mutter weiter.

Auf einmal hatten es die Eltern doch eiliger und die bisher entspannte Eingewöhnung ging in eine große Anspannung über, da die Eltern nun mit Zeitdruck und Ungeduld reagierten, was sich natürlich auf das Kind übertrug.

Sehr bald wurde daher auch die „Schlafeingewöhnung" begonnen:

Hatte Tim trotz alledem bis dahin alles mitgemacht, war neugierig und an allem interessiert gewesen, so konnte er es nun auf einmal kaum abwarten, bis die Mama ihn abholte.

Bald bestanden die Eltern darauf, das Schlafen direkt mit dem Mittagessen zu kombinieren. Auf den Hinweis der möglichen Überforderung, wurde nicht eingegangen. Die Eltern waren wie verwandelt und meine Kollegin und ich verstanden die Welt nicht mehr.

Die ersten zwei Tage machte Tim noch alles gut mit. Die Eltern warteten draußen auf Abruf und konnten direkt, wenn ihr Kind wach wurde, zur Stelle sein, es in den Arm nehmen und mit ihm nach Hause gehen. Aber auf einmal schaltete sich der Kollege wieder ungefragt ein und ermunterte die Eltern dazu, erst dann zu kommen, wenn die Schlafenszeit vorbei wäre und versicherte ihnen, dass es sogar noch besser wäre, ihn danach noch eine Weile spielen zu lassen. Dies alles geschah zu der Zeit, als ich in Urlaub war und als ich zurückkehrte, fragte ich mich, was mit dem bereits zu 80% gut eingewöhnten, relativ zufriedenen Kind passiert war.

Nun hatte ich ein schreiendes Nervenbündel vor mir, das sich nicht mehr beruhigen lies und als ich realisierte, was in meiner Abwesenheit angerichtet worden war, schlug ich vor die Schlafensphase nochmal von vorne und zwar behutsam anzugehen. Aber leider hieß es nur, dass wir „keine Rückschritte machen würden" und es daher nicht mehr möglich wäre, von Neuem zu beginnen.

Die Schlafenszeit wurde daraufhin zum reinsten Horrorszenarium. Tim brüllte und brüllte. Die Kinder wurden wach. Dann holten wir ihn aus dem Schlafzimmer ins Spielzimmer, legten ihn in die Kuschelecke und versuchten ihn zu beruhigen. Nachdem das nicht half, legten wir ihn in eine Wippe und schaukelten ihn, aber auch das brachte nicht den gewünschten Erfolg. Sobald es ans Schlafen ging wurde Tim panisch: Er rannte schon nach dem Essen fort und wollte sich nicht umziehen lassen und danach ging das Geschrei und Gebrüll wieder los. Mein Bitten, die Eltern sollten früher kommen und das Kind „aus diesem Drama" erlösen, stieß nur auf Unverständnis und der neue Erzieher, der mittlerweile die Gruppenleitung, aus Angst er könnte die Stelle wieder kündigen, übertragen bekommen hatte, sagte wörtlich: „Das Kind hat sich anzupassen und zu funktionieren. Die anderen haben das auch alle geschafft und da stellt er keine Ausnahme dar!"

Nach weiteren zwei Wochen hatte Tim eine schwere Bronchitis. Er blieb eine Woche zuhause, und kam dann, noch recht wacklig und kaum auskuriert, wieder zu uns. Er war nun ein völlig verändertes, verhuschtes, nervöses und ängstliches Kind, das schon morgens gleich wieder gehen und nicht bleiben wollte. Die Eltern ließen ihre ganzen Überredungs-

künste spielen und am Ende schaute ein völlig ver-
heultes, trauriges und enttäuschtes Kind seiner Mutter oder seinem Vater hinterher und sah zu, wie sie
oder er davonfuhr.

Mir tat dies in der Seele leid.

Nach erneuten zwei oder drei Wochen war er wieder
krank, diesmal mit Lungenentzündung. Er blieb
zwei Wochen zu Hause, dann ging alles weiter wie
bisher.

Die Eltern wunderten sich, warum ihr Kind auf einmal so oft krank war. Nach kurzer Zeit war er erneut
krank, wieder eine Lungenentzündung und dieses
Mal musste er sogar ins Krankenhaus. Wieder war er
zwei Wochen zu Hause, dann wurde er wieder gebracht, da nun die Mutter zu arbeiten begonnen
hatte.

Und so ging es weiter und weiter. Krankheit und
Arztbesuche wechselten sich weiterhin mit kurzen
Phasen in der Einrichtung ab.

Wie es dem Kind heute geht, weiß ich nicht, denn
ich bin darüber selbst krank geworden, weil ich das
alles nicht mehr mit ansehen und ertragen konnte.

Melissa

Dieses Fallbeispiel ist das Umfangreichste und es hat
eine Sonderstellung, da ich bei den vorangegange-

nen Schilderungen immer noch das Gefühl hatte, die Rolle „der Beschützerin" und Begleiterin des Kindes einnehmen zu können, auch wenn mich die geschilderten Erlebnisse bereits stark belastet hatten.

Das war hier nun nicht mehr möglich. Unweigerlich wurde ich in das Geschehen hineingezogen, da das Verhalten der Mutter und das Bestreben es jedem recht machen zu wollen mich derart verwirrt haben, dass ich auf einmal selbst „die Betroffene" war, auch was die Zusammenarbeit mit meinen Kollegen anging, um letztlich vollkommen überfordert und alleine da zu stehen.

Das Schicksal dieses einen Kindes und die dazugehörigen Umstände haben all das in den Schatten gestellt, was ich bis dahin gesehen und erlebt hatte und haben mich direkt ins Herz getroffen.

Dieses Erlebnis war sozusagen der letzte Tropfen, der noch gefehlt hat, das Fass zum Überlaufen zu bringen und stellt für mich einen Wendepunkt dar, nachdem nichts mehr so war wie zuvor und ich auch nicht mehr so weiter machen konnte.

Melissas Anmeldung in der Einrichtung war von sehr schwierigen privaten Bedingungen begleitet. Sie war damals acht Monate alt. Die Mutter suchte eine neue Wohnung und eine neue Arbeitsstelle. Sie teilte uns mit, dass sie sich vom Vater getrennt habe und nicht wisse, wie sich das Verhältnis weiter entwickle.

Aufgrund der besonderen Umstände wurde mit der Leitung vereinbart, das Kind bereits mit 10 Monaten, statt wie der Aufnahmevertrag es vorsieht, erst ab dem ersten Lebensjahr aufzunehmen.

Die Mutter hatte bald eine neue Wohnung und auch eine Anstellung an einer Schule gefunden und sie musste im Juni, nach Vollendung des ersten Lebensjahres des Kindes und somit nach dem Wegfall des Elterngeldes, wieder ihre Arbeit aufnehmen. Das bedeutete, dass die Eingewöhnung innerhalb von 8 Wochen sozusagen „reibungslos" erfolgen musste.

Die Mutter war überbesorgt, sehr beunruhigt und nervös. Auf der einen Seite wollte oder musste sie ihr Kind an uns abgeben, auf der anderen Seite hatte sie aber kein Vertrauen und wollte alles ganz genau von uns wissen, was ihr Kind in ihrer Abwesenheit erlebt hatte. Die Mutter ließ es Melissa an nichts fehlen. Die Ausstattung an Wechselkleidern, Regenkleidung, Buddelhosen, Hausschuhen war nagelneu und von bester Qualität.

Für das Frühstück war in der ersten Zeit ein selbst hergestellter Obstbrei eingepackt und sogar das Mittagessen war vorgekocht, das wir dann extra für sie in der Mikrowelle aufwärmten.

Die Eingewöhnung gestaltete sich in Folge allerdings sehr schwierig, was auch auf das geringe Lebensalter zurückzuführen war. Auch konnte die Mutter nicht loslassen. Sie brachte das Kind morgens, konnte sich aber nur schwer von ihm verabschieden und trennen. Sie verwickelte uns regelmäßig in Gespräche über ihre Tochter, die letztendlich doch in eine ganz andere Richtung gingen. Eine klare Trennung zwischen privat und Krippe konnte die Mutter nur sehr schwer zulassen. Die Abschiedszeremonie, die nach Absprache mit uns klar formuliert wurde, zog sich jedes Mal in die Länge, da der Mutter immer und immer noch etwas einfiel, was sie uns mitteilen wollte.

Das Kind spürte natürlich den Konflikt der Mutter und verhielt sich dementsprechend. Jeden Morgen spielte sich die gleiche Szene ab: Die Mutter hatte ihr Kind auf dem Arm; wir standen vor der Mutter; das Kind klammerte sich schreiend an die Mutter, die ihr Kind noch fester umschlungen hielt. Danach versuchte sie das Kind von sich zu lösen, wodurch das Kind erneut schrie.

In Anbetracht der Tatsache, dass die Eingewöhnung schnell durchgezogen werden musste, war es nicht verwunderlich, dass das Kind diesen Weg nicht mitmachte. Melissa, die noch zweimal am Morgen schlief, brachte unseren kompletten Tagesablauf durcheinander. Es war eine große Anstrengung, die erste Schlafperiode auf halb zwölf zu schieben, damit ein gemeinsames Schlafen wieder möglich war. Jedes Mal stand sie mit hochrotem Kopf und hundemüde in ihrem Bettchen und schrie. Alle Versuche sie zu trösten, scheiterten. Irgendwann schlief sie ein, wurde aber sofort wieder wach, als die anderen Kinder das Schlafzimmer betraten und bekam dann zwangsläufig eine gesonderte Betreuung. Wir Mitarbeiter mussten unseren Dienst verlegen, Überstunden wurden gemacht, bis der Rhythmus mit den anderen Kindern wieder hergestellt worden war. Das Schreien durfte laut Gruppenleitung nicht an die Mutter kommuniziert werden, weil es sie nur verunsichern und belasten würde, da sie ja zu arbeiten begonnen hatte.

Wie ging es nun weiter?

Es kam die nächste Belastungsprobe: Melissa wurde punkt 7.00 Uhr gebracht. Die Mutter konnte sich auf einmal schnellstens verabschieden und ließ sie ab dem Zeitpunkt auch ganztags (bis 16.00 Uhr) in der Krippe.

Nun folgte jeden Morgen das gleiche Schauspiel:

Melissa schreit bereits, wenn sie zur Tür hereinkommt. Wieder kurze und schmerzlose Verabschiedung. Ebenso das gleiche, entsetzte Schreien des Kindes während der Schlafenszeit. In völliger Erschöpfung schläft sie dann irgendwann ein. Wiederum interessiert sich keiner, wie es dem Kind geht, obwohl es sich mit Händen und Füßen - mit einer Energie, die schier unerschöpflich ist - gegen alles wehrt.

Nie werde ich Mellissas ersten Geburtstag vergessen, da er auch gleichzeitig der erste Arbeitstag der Mutter war; zudem noch ein Montag, an dem die Kinder sowieso schon unruhiger sind, nachdem sie am Wochenende zu Hause waren:

An diesem Tag war es besonders laut und es ging hektisch zu. Ein neues Kind wurde eingewöhnt und fortwährend schrie ein anderes Kind. Für die arme Melissa war an ihrem besonderen Tag keine Zeit. Keiner konnte sich mit ihr allein beschäftigen, es „brannte an allen Ecken und Enden" und wir Mitarbeiter wussten oft nicht, welchem Kind wir uns zuerst zuwenden sollten. Melissa tat mir in der Seele leid! Gerade an diesem Tag musste sie auch noch bis 16.00 Uhr bleiben und obwohl die Mutter Muffins mitgebracht hatte (die in dem ganzen Trubel untergingen), kamen wir noch nicht einmal dazu, eine kleine Kerze für sie anzuzünden und ihre Geburtstagsküchlein zu essen. Was für ein trauriger 1. Geburtstag.

Als nächstes erzählte mir die Mutter, dass sie Angst habe, ihr Mann, von dem sie getrennt lebe, könne bei uns auftauchen und einfach das Kind mitnehmen. Sie hinterließ uns den Namen des Vaters und alle Kolleginnen wurden informiert, dass man ihm Melissa auf keinen Fall mitgeben durfte.

Ständig brachte die Mutter ihre privaten Probleme mit in die Einrichtung, obwohl wir hierfür gar nicht zuständig waren. Immer wieder versuchten wir die Bringphase so kurz wie möglich zu halten, doch die Mutter schaffte es dennoch, unsere Aufmerksamkeit auf sich zu ziehen.

Auf der einen Seite hatte ich Verständnis für diese Frau, da sie niemanden hatte, mit dem sie über ihre Probleme sprechen konnte, aber hierzu waren wir einfach die falschen Ansprechpartner.

Im Laufe des Jahres konnten wir zudem anhand Melissas Verhalten beobachten, wie sie unter dieser Beziehungsmisere litt. Zum einen war sie von jeglichen Vätern, die ihre Kinder bei uns abholten, fasziniert. Sie rannte ihnen entgegen und strahlte sie mit ihren hellblauen Augen an. Etwas später fing sie an, die ersten Worte zu sprechen und „Papa" wurde zu ihrem Lieblingswort und immer ging ein Strahlen über ihr Gesicht.

Bei Bilderbüchern, die wir gemeinsam anschauten, blieb sie immer wieder bei dem Mann hängen und zeigte mit dem Finger darauf. Später erzählte uns die Mutter das Gleiche von zu Hause.

Keiner konnte ihr begreiflich machen, warum sie zu Hause keinen Papa hatte, der sie niemals abholen kam, obwohl er ja da war und warum sie nicht bei ihm sein durfte. Ich weiß nicht, was die Mutter ihrem Kind für ein Vaterbild vermittelt hat, aber bei den ständigen Streitereien und der Angst der Mutter, was den leiblichen Vater des Kindes betraf, lernte das Kind sicherlich nur eines: Was ich möchte, wird im Machtkampf der Eltern nicht gesehen und Männer sind entweder böse oder unerreichbar. Dieses Kind musste, neben der oben erwähnten grauenhaften Eingewöhnung, auch noch auf ein intaktes und ausgeglichenes Familienleben verzichten und erlebte eine restlos überforderte Mutter, deren Leben völlig auf dem Kopf stand.

Was geschah danach?

Melissa war bis zu den Sommerferien nur an zwei Tagen angemeldet (während der Eingewöhnung sind die Kinder allerdings die ganze Woche in der Einrichtung). Nach den Sommerferien kam die Mutter und erklärte, dass die Krippe ihrem Kind so gut tue, dass sie sie ab jetzt die ganzen fünf Tage anmelden wolle. Nun kam Melissa, die gerade ihren ersten Geburtstag gefeiert hatte, also fünf Tage in der Woche in die Krippe; jeden Tag neun Stunden. Nach den Ferien waren wir personell, wie schon erwähnt, neu aufgestellt, da die Gruppenleiterin wegen längerer Krankheit ausfiel und die andere Kollegin gekündigt hatte. Ein Kollege und eine 56-jährige Kollegin kamen hinzu.

Bis Weihnachten war daher alles in relativer Ordnung, aber im neuen Jahr änderte sich einiges: Da man dem neuen Kollegen nun die Gruppenleitung in Vertretung angetragen hatte, änderte er just an dem Tage, an dem seine Probezeit ablief, sein Verhalten. In die Absprachen mit den Eltern mischte er sich (wie bereits oben beschrieben) auf einmal ein und änderte einfach nach eigenem Ermessen die vereinbarten Details. Zeiten wurden gelockert und die Eltern durften zum Beispiel auch während des Morgenkreises kommen.

Die Abholzeiten zogen sich in die Länge, da die Gespräche regelmäßig über die fachlichen Dinge hinausgingen.

Die Folge war, dass die Eltern, vor allem auch am Nachmittag während des Abholens, wesentlich länger blieben, private Gespräche immer mehr Einzug hielten und sich eine Unruhe breit machte, die sich sehr störend auf uns alle auswirkte.

Es entwickelte sich nach und nach eine sehr ungesunde und auch bald chaotische Situation. Durch die langen Gespräche waren die Eltern immer länger im Zimmer anwesend und an ein ruhiges, ungestörtes Arbeiten war oft nicht mehr zu denken. Das übertrug sich natürlich auch auf die Kinder. Die Leitung traute sich nicht, den Kollegen deswegen anzusprechen, da sie Angst hatte, er würde sich, wie gesagt, eine andere Stelle suchen und wir wieder in Unterbesetzung arbeiten müssen.

Dann kam Melissa in ihre erste richtige Trotzphase. Hatte sich das Kind bis jetzt trotz aller Widrigkeiten relativ gut eingelebt, so fing nun „ein neues Feuer zu lodern an". Sie verweigerte sich, wo immer es nur möglich war, wollte nicht mit zum Wickeln, rannte fort, wenn sie an - oder ausgezogen werden sollte, machte den Kindern ihr Spielzeug kaputt, verweigerte sich beim Essen, hielt sich im Garten an keine Regeln mehr und so weiter. Diese Phase ist vollkommen normal und bei manchen Kindern ist sie stärker ausgeprägt, bei anderen schwächer. Bei Melissa war sie verbunden mit sehr viel Willensstärke und einem großen Aufgebot an Energie.

Dann kam der Tag, den ich nie vergessen werde und der mein Leben grundlegend verändert hat.

Dieser Tag war ein Freitag. Der Kollege musste an diesem Morgen Vertretung in einer Kindergartengruppe im Haus übernehmen. Das Telefon klingelte und Melissas Mutter meldete sich, dass sie etwas später komme, da sie mit ihrer Tochter noch eine „Diskussion" habe. Es war - wohlgemerkt - ein Freitag, an dem die Mutter nicht arbeiten musste.

Wir saßen gerade am Frühstückstisch, hatten den Kindern das Essen ausgeteilt und wollten anfangen zu beten, da betrat die Mutter mit Melissa das Zimmer. Das Kind hatte noch ganz verweinte Augen. Wir nahmen das Kind entgegen und setzten es zu uns an den Frühstückstisch und baten die Mutter, sich von ihrem Kind zu verabschieden.

Nun ging das Drama los. Die Mutter ging nicht, sondern redete und redete ohne Unterlass auf ihr Kind ein und fragte immer wieder, ob sie nun endlich gehen könne. Die Antwort war ein lautes Schreien. Die Mutter blieb einfach. Melissa beruhigte sich etwas und dann versuchte es die Mutter erneut. Das Kind war vollkommen verwirrt und wir sagten energisch: „So Melissa, die Mama geht jetzt, wir müssen jetzt frühstücken, die anderen Kinder haben Hunger".

Daraufhin ging die Mutter und als sie hinter der Tür war, fing Melissa erneut zu schreien an. Aber anstatt zu gehen, kam die Mutter wieder herein und setzte sich einfach zu uns an den Tisch und alles ging wieder von vorne los. Wir fühlten uns hilflos, denn durch das markerschütternde Schreien war die Mutter von uns nicht mehr zu erreichen. Welch ein Martyrium für uns alle! Irgendwann forderten wir die Mutter entschieden zum Gehen auf und sich kurz, aber bestimmt zu verabschieden.

Dann ging sie endlich - nach einer dreiviertel Stunde, die mir wie eine Ewigkeit vorgekommen war. Die Kinder waren schon ganz unruhig und viele hatten den Hunger bereits „übergangen" oder der Appetit war ihnen von dem lauten Geschrei vergangen. An ein normales Frühstücken war jetzt ohnehin nicht mehr zu denken. Aber nun ging es erst richtig los. Melissa schrie und schrie. Wir mussten sie in ihrem Hochstuhl mit dem Gurt festschnallen, damit sie nicht herausfiel. Sie brüllte immer lauter. Wir holten sie heraus, nahmen sie auf den Arm und setzten sie auf den Boden. Aber es half alles nichts. Da sie sich jedoch immer wieder ihren Kopf auf den Boden schlug, mussten wir sie zu ihrem eigenen Schutz wieder hochnehmen, aber sie schlug um sich und schrie nur nach ihrer Mama. Es war grauenhaft! Hatte ich bis dahin schon viele Kinder weinen gehört, dieses Szenario überbot alles für mich je Dagewesene. Dann setzten wir sie wieder in ihren Hochstuhl. Sie schrie und schrie und schrie. Wir waren machtlos. Die Kinder saßen da mit offenem Mund, manche hielten sich die Ohren zu. Da stieß die Kollegin aus Versehen ihre Tasse mit dem bereits kalten Kaffee um. Unsere Nerven lagen blank.

Melissa steigerte sich nur noch mehr hinein und überbot sich mit dem Schreien jetzt noch selbst. Die Situation war unerträglich. Dann rutschte der Kollegin in diesem Moment die Hand aus und sie feuerte im wahrsten Sinne dem Kind eine Ohrfeige mitten ins Gesicht. Eine kurze Schrecksekunde war alles still, dann fing Melissa wieder an zu schreien wie am Spieß. Ich sah meine Kollegin an, und sie begann aus lauter Verzweiflung zu weinen.

Daraufhin holte ich Melissa aus dem Stuhl, legte sie in ihr Gitterbett und machte die Tür zum Schlafzimmer zu. Sie schrie ununterbrochen weiter. Irgendwann war es 11.00 Uhr. Melissa schrie noch und ich war gerade dabei die Telefonnummer der

Mutter herauszusuchen, da ich Angst hatte, dass Melissa sich „um den Verstand" schreien könnte.

Da kam der Kollege wieder zu uns und meinte er hätte keinen so schönen Tag gehabt. Ich sah ihn an und sagte mit Nachdruck: „Wir auch nicht!" und wollte gerade anfangen zu erklären was vorgefallen war, da fing die Kollegin wieder bitterlich zu weinen an und berichtete ihm, was ihr passiert war.

Ich sagte, dass ich gerade dabei wäre, die Mutter anzurufen, da ich Angst um das Kind hätte, das sich nach vollen 2 Stunden Schreien immer noch nicht beruhigt hatte. Daraufhin wurde er auf einmal sehr ungehalten und sagte laut: „Solange ich die Gruppenleitung habe, wird kein Kind nach Hause geschickt, **nur** weil es schreit!"

Ich war sprachlos.

Mittlerweile war aus dem Schreien nur noch ein hoffnungsloses Wimmern geworden. Meine Arbeitszeit war zu diesem Zeitpunkt gerade um. Ich sagte, dass ich momentan nicht in der Lage wäre, ein vernünftiges Gespräch zu führen und dies daher auf den Montag verlegen wolle, wo wir dies dringend besprechen müssten.

Ich bat ihn nur noch, den Vorfall der Mutter mitzuteilen und sie eingehend darum zu bitten, das Bringen des Kindes in Zukunft nicht mehr in die Länge zu ziehen, da sie damit ihrem Kind keinen Gefallen täte.

Der Montag kam und der Kollege ging mir aus dem Weg. Das notwendige Gespräch wurde geschickt umgangen und ich erfuhr lediglich, dass dieser Vorfall der Mutter nicht mitgeteilt worden war (meine Arbeitszeiten waren leider so, dass ich weder das Bringen noch das Abholen des Kindes mitbekam).

Als am nächsten Tag noch immer keine Bereitschaft bestand, sich dem Vorfall vom Freitag zu widmen, rief ich beim Pfarrer an und bat um ein seelsorgerisches Gespräch (das er als Träger allen Mitarbeitern damals anbot), da ich mit dieser Belastung nicht länger allein bleiben könne und die Leitung sich hierfür nicht zuständig sah.

Der Pfarrer war von meiner Schilderung sichtlich betroffen, zumal er mir offenbarte, dass die besagte Mutter auch bei ihm ständig in der Tür stehe und immer wieder neue Forderungen an ihn stelle.

Er erklärte mir, dieser Vorfall müsse unbedingt kommuniziert werden und ich solle ein Gespräch anberaumen, bei dem diese Dinge geklärt werden müssen.

Aber es war keiner bereit, sich darauf einzulassen und selbst die Leitung, die ich mit dem Vorfall konfrontierte, zog sich zurück, da auch sie bereits mit ähnlichen Erlebnissen vollkommen überlastet war.

Dieser Tag und die zuvor genannten Vorkommnisse stellten für mich eine so große Belastung dar, dass mich am Ende sämtliche Kraft verließ. Nach einer

Weile bekam ich Ohrgeräusche, wurde krank und ein Hörsturz wurde diagnostiziert.

Zunächst wurde ich für fünf Wochen krankgeschrieben: Davon lag ich die ersten drei Wochen nur in meinem Schlafzimmer und ertrug keine Geräusche mehr. Selbst die Autos, die vorbeifuhren, störten mich, ich konnte noch nicht einmal das Rauschen der Dunstabzugshaube ertragen, geschweige denn das Bellen unserer Hunde.

Meine Nerven waren vollkommen überreizt.

Bei dem Gedanken an die Arbeit überkam mich ein unerklärlicher, mir bislang gänzlich unbekannter Ekel.

Ich konnte mir beim besten Willen nicht mehr vorstellen in dieser Hölle weiterhin arbeiten zu können.

Wie oben bereits erwähnt hat das Schicksal dieses Kindes tief in mein Leben eingegriffen und mir die Augen für das geöffnet, in welche Situation wir alle hineingeraten waren, was uns letztendlich gezwungen hat, Dinge und Handlungen zu vollziehen, die wir so niemals wollten.

Fazit

Während ich diese Zeilen niederschreibe, spüre ich noch immer die Wucht dieser Ereignisse und meine

Hilflosigkeit in diesem Kreislauf gefangen gewesen zu sein.

Es wurde mir allmählich klar, dass ich Teil dieses Ganzen war, zwar nur ein kleines Rädchen im großen Getriebe, aber ein großes Räderwerk kann nur so lange laufen, wie seine kleinen Rädchen funktionieren.

Diese Erkenntnis brachte mir nun Klarheit, denn ich wusste, dass jemand anfangen musste, aus diesem Kreislauf auszusteigen. Ich fühlte mich schuldig, schmutzig, hörig und immer wieder ging mir der Satz durch den Kopf: „Was machst du da eigentlich? Du misshandelst hier hilflose kleine Kinder!"

Meine Erkrankung und ein längerer Reha-Aufenthalt brachten mich ein Stück weit in die Ruhe zurück, wodurch sich meine Balance allmählich wieder einstellte. Und es wurde mir mit einem Mal bewusst, dass ich diesen Beruf nicht mehr würde ausüben können.

In dieser Zeit musste ich immer wieder daran denken, wie ich meine Kindheit verbracht hatte und wie sich hier zwei völlig fremde Welten einander gegenüberstanden.

Welten von größtmöglicher Freiheit bis hin zu einer allumfassenden Institutionalisierung, wo Kinder ihr wahres Ich aufgeben müssen und nicht mehr so leben können, wie sie es eigentlich für eine gesunde Entwicklung bräuchten.

Und das, obwohl heute jeder von Selbstverwirklichung, Kinderrechten, Freiheit und Förderung redet.

In dieser Phase der Ruhe hatte ich dann Zeit, meine eigene Familiengeschichte näher zu beleuchten und fand heraus, dass über Generationen hinweg immer wieder einschneidende traumatische Ereignisse, die gerade die Kinder betrafen, stattgefunden hatten:

Da war meine Oma mütterlicherseits, die von ihrer Mutter gleich nach der Geburt in ein Heim gegeben wurde, weil sie sich mit dem Vater des Kindes nicht einigen konnte. Ich weiß noch nicht einmal, ob meine Oma den Namen ihres Vaters jemals erfahren hat. Ihre Mutter wiederum musste miterleben, wie ihre eigene Mutter während der Geburt ihres Geschwisterchens starb und das Kind mit ins Grab nahm. Die Mutter meiner Oma ist ohne Mutter aufgewachsen. Meine Oma ist dann von einer Tante mit drei Jahren aus dem Heim geholt und als Pflegekind großgezogen worden, wobei immer wieder die eigene Tochter der Tante ihr vorgezogen wurde. Später hat sie dann sieben Kinder bekommen, darunter meine Mutter.

Alle hatten eine belastete und gestörte Beziehung zu ihrer Mutter und auch ich hatte Schwierigkeiten, ein wirklich gutes Verhältnis zu meiner Mutter aufzubauen. Ich musste einsehen, dass ich meine Mutter nie wirklich hatte „erreichen" können und das, obwohl es mir als Kind an nichts gefehlt hat und ich nie geschlagen und auch zu nichts gezwungen wurde. Meine Mutter hat ihr Bestes gegeben, aber auch sie konnte nur das weitergeben, was sie selbst erfahren hatte, sowie die anderen Mütter zuvor auch.

Meine Oma väterlicherseits zum Beispiel hat ihr viertes Kind, einen Sohn, direkt nach dem Krieg an ihre Schwester abgegeben, die selbst keine Kinder bekommen konnte. Es hieß immer, dort ginge es ihm besser, weil sie doch einen großen Hof hatten, während wir zu Hause nach dem Krieg nichts hatten. Unser Hof war verwaist und die Kinder waren bei Verwandten untergebracht worden. Dieser Sohn, der später mein Lieblingsonkel wurde, war aber dort unendlich unglücklich und ging dann letztlich mit sechzehn Jahren wieder zu seiner Ursprungsfamilie zurück. Ich empfand das als Kind schon damals als ein großes Unrecht und kann es bis heute nicht verstehen.

Auch meine beiden Zwillingsbrüder wurden direkt nach der Geburt von ihrer Mutter getrennt, indem sie mehrere Wochen in einer Kinderklinik bleiben mussten. Zu dieser Zeit war es üblich, die Mutter nicht zu ihren Kindern zu lassen. Weder Mutter noch meine Brüderchen konnten nach dieser langen Trennung eine gesunde Bindung aufbauen. Auch heute noch müssen die beiden in der Nähe ihrer Mutter bleiben und keiner ist in der Lage wegzuziehen.

Ich dachte immer: „Was für eine Spur der Verwüstung!"

Wie ein roter Faden zieht sich das Thema des „hergegebenen Kindes" durch meine Herkunftsfamilie!

Und ist das, was ich hier die ganze Zeit beschrieben habe, nicht auch eine unendliche Geschichte von „hergegebenen Kindern"?

Kinder, die täglich von ihren Müttern oder Vätern abgegeben werden, in fremde Hände, an fremde Orte, zu Menschen, die sie nicht kennen und wogegen sie sich oftmals mit Händen und Füßen wehren, denen aber niemand zuhört, geschweige denn begreifen, was da passiert?

Obwohl sich das Verhältnis mit meiner Mutter oftmals schwer gestaltet hat, muss ich ihr eines lassen und bin ihr bis heute unendlich dankbar dafür: Sie hat mich nicht abgegeben und ich glaube, ich war die Einzige in meiner Klasse, die damals nicht im Kindergarten war. Ich sollte zwar auch in den Kindergarten, aber ich habe dort so geschrien, dass meine Mutter sagte, dass sie sich das nicht antue und so durfte ich dann daheim bleiben, bis ich mit sechs Jahren in die Schule musste.

Ich war also nicht das hergegebene Kind!

Ich stand allerdings kurz davor, auch in diese Mühle zu kommen. Aber ich habe mich gewehrt und meine Mutter hat zugehört! So konnte ich statt in den Kindergarten bei meiner Oma im Garten sein und zwar wann und so oft ich wollte.

Heute denke ich, dass das ein wahrhaft großes Glück für mich bedeutete. Ich konnte die ganzen ersten sechs Jahre selbstbestimmt in vertrauter Umgebung ungezwungen und frei heranwachsen.

Und ich glaube auch, dass ich nur dadurch meine Sensibilität behalten konnte, da ich lernen durfte, meiner eigenen Wahrnehmung zu vertrauen. Nur so konnte ich die beschriebenen Zustände überhaupt erst wahrnehmen und konnte zuhören, weil auch mir zugehört worden war.

Anhand der geschilderten Beispiele können wir regelrecht miterleben, was Kinder tatsächlich erleben, welchen Schmerz sie erleiden, den sie wahrscheinlich ein ganzes Leben mit sich tragen und letztlich auch ihr kleines Paradies zerstört wird. Meine Geschichte ist somit die Geschichte eines jeden anderen.

Anhand der geschilderten Fallbeispiele können wir erkennen, wie äußerer Druck, sowie ungünstige Bedingungen, wie chronischer Personalmangel, hoher Krankenstand der Mitarbeiter, immer längere Öffnungszeiten und die Arbeitssituation der Eltern, sich im kindlichen Verhalten zeigen. Vor allem durch ständig wechselnde Bezugspersonen wird die Bindung zwischen Mutter und Kind gestört und somit auch das, sich in den ersten Lebensmonaten entwickelnde und für uns alle so wichtige Urvertrauen, beeinträchtigt.

Kinder stehen heute stark unter seelischem und auch körperlichem Druck (wie Mangel an Bewegung, verminderter Aufenthalt in der freien Natur) und vielerorts wird ihr Schreien und Weinen, das sich gegen diese Zustände richtet, nicht ernstgenommen. Somit ist das Kind gezwungen, sich in Kompensationsmechanismen zu flüchten, die dann bei vielen zu Verhaltensauffälligkeiten führen.

Was können wir aber nun tun, damit sich unsere Kinder wieder zu gesunden und frohen Mitgliedern unserer Gesellschaft entwickeln?

Meiner Meinung nach hängen die meisten Probleme mit der zunehmenden Berufstätigkeit beider Elternteile und das auf ein Jahr begrenzte Elterngeld zusammen. Auch die ökonomischen Bedingungen haben einen Großteil dazu beigetagen, dass sich heute vor allem Mütter nicht mehr aussuchen können, ob sie arbeiten gehen wollen oder nicht.

Das kann in Zukunft nicht mehr aufrechterhalten werden, da schon jetzt irreparable Schäden angerichtet worden sind und daher muss es zukünftig darum gehen, die Entlastung der Mütter wieder herzustellen. Das bedeutet, vor allem Befreiung von der Arbeit während der ersten drei Lebensjahre des Kindes und zwar ohne jegliche finanzielle oder persönliche Nachteile.

Beispielsweise sind Mütter, die in dieser Zeit arbeiten wollen, durch arbeitsnahe Kinderbetreuung zu unterstützen, so dass die Mütter jederzeit die Möglichkeit haben, zu ihrem Kind zu gehen. (Beispiel: Der Politiker Anton Hofreiter[11] hat sich die Freiheit genommen, seine Kinder in den Plenarsaal des Bundestages mitzunehmen)

Das öffentliche Bild der Mutter sollte wieder gestärkt werden und nicht mit Schlagworten wie „Frau am Herd" verunglimpft werden. Wir sollten aber auch dem Kind seine Entscheidungsfreiheit zugestehen und nicht über seinen Kopf hinweg entscheiden, was wiederum nur möglich wird, wenn die oben genannten Bedingungen geschaffen werden.

Die Freistellung der Eltern bei Erkrankung ihres Kindes sollte eine Selbstverständlichkeit sein, ohne Repressalien befürchten zu müssen.

Ein wichtiger Punkt wäre nach meinem Dafürhalten die Aufklärung der Eltern über Auffälligkeiten und Störungen im kindlichen Verhalten (Elternabend mit Kinderärzten oder Psychologen).

Auch sollten wir uns ein Beispiel am Modell Schwedens nehmen: Kleinere Gruppen, ausreichend Personal, sowie Sicherung der Arbeitsstelle, ausreichende Bezahlung und Wertschätzung der Mitarbeiter.

---

[11] Hofreiter, Anton, Mitglied des Deutschen Bundestages, Partei: Bündnis90/Die Grünen

Für die Träger wäre es an der Zeit anzuerkennen, dass Erzieherinnen in unserem momentanen System bereits „am Anschlag" und die Grenzen der Belastbarkeit bereits überschritten sind. Auch sollten sie offen dafür sein, neue Modelle der Betreuung zu entwickeln und zwar solche, die allen helfen und nicht noch mehr belasten.

In diesem Sinne sollten wir uns auch von Konzepten verabschieden, die in der Vergangenheit zur Überlastung beigetragen haben wie beispielsweise das sinnlose und zeitraubende Programm der „Beobachtung und Dokumentation".

Vor allem wäre das Modell der „Offenen Arbeit" in Frage zu stellen und den Kindern ihren schützenden Raum wieder zurückzugeben.

Wir sollten uns trauen, eine ehrliche, ergebnisoffene Bestandsaufnahme der aktuellen Situation zu erheben, diese abgleichen und auswerten, und danach entscheiden, was es wert ist, mit in die Zukunft genommen zu werden. Auch müssen wir nicht jeden Trend des Bildungsministeriums mitmachen und den Mut haben, offensichtlich fehlgeschlagene, wenngleich hochangepriesene Modelle und Konzepte, abzulehnen.

Auf jeden Fall sollten die Betreuungszeiten der Einrichtungen wieder auf ein gesundes Maß zurückgefahren und dem Arbeitgeber signalisiert werden, dass die aktuellen Öffnungszeiten niemand erfüllen kann.

Durch diese grundlegenden Veränderungen würde wieder Ruhe und Zufriedenheit bei den Mitarbeitern einkehren. Es könnte sich wieder ein gesundes Miteinander, sowie gegenseitiges Helfen und neuer Zusammenhalt entwickeln, was sich wiederum beruhigend und stärkend auf die Kinder und auch auf deren Eltern auswirken würde. Dann wären auch gegenseitige Konkurrenz und das Buhlen um die Gunst der Eltern obsolet. Und allein in der Gruppe zu arbeiten würde dann auch nicht mehr notwendig sein.

Um die Gemeinschaft allgemein zu stärken, wäre es sinnvoll wieder mehr gemeinsame, aber auch ungezwungene Feste und Beisammensein anzustreben. Wir sollten überlegen, ob und wie die Großeltern mit einbezogen werden könnten, damit auch die heutigen Kinder von deren Erfahrung und Lebensweisheit profitieren können.

Auch würde ich das Modell der Tagesmütter großzügig ausbauen und zwar so, dass Tagesmütter auch in die Wohnung des Kindes kommen können.

Wenn sich dann Arbeit und Entspannung die Waage halten, wird in Zukunft die Freude an der Arbeit wieder die Oberhand gewinnen.

II Teil

Ich bin der festen Überzeugung, dass es uns allen nicht wirklich bewusst ist, was in unseren Einrichtungen, ja der gesamten Gesellschaft, tatsächlich vor sich geht.

Eltern vertrauen hauptsächlich den offiziellen Empfehlungen des Bildungsministeriums und gehen davon aus, dass all dies nur dem Wohle ihres Kindes dient. Dass aber oftmals nur wirtschaftliche Interessen dahinterstehen, die die Politik leider auch über ihre Ministerien durchzusetzen sucht, merken viele nicht.

Zudem stehen Eltern oftmals noch am Anfang ihrer Beziehung und sind zahlreichen Belastungen ausgesetzt. Und vor allem fehlt ihnen heute die Unterstützung, die unsere Eltern damals noch hatten.

Aus diesem Grund möchte ich im folgenden Teil mein Augenmerk auf diese mangelnde und verlorengegangene Unterstützung richten.

Schilderte ich im vorangegangenen Teil hauptsächlich meine eigenen Erfahrungen im Zusammenhang mit meinem Beruf, möchte ich nun meinen Blick, sozusagen aus der Vogelperspektive, auf die Gesamtgesellschaft werfen.

Meiner Ansicht nach fand hier ebenfalls eine kontinuierliche Veränderung statt, die mit obiger Schilderung parallel verlief. Beleuchten möchte ich die Bereiche Familie, mein persönliches Umfeld, das Leben im Dorf, der Stadt und der Natur. Auch werde ich hauptsächlich auf das Bildungswesen und die destabilisierenden Faktoren unserer Gesellschaft eingehen, um den Veränderungsprozess der letzten Jahrzehnte, etwa ab den 1960ger Jahren, sichtbar zu machen.

Gesellschaft - Gestern und heute

Unsere Gesellschaft hat sich in den letzten Jahrzehnten grundlegend verändert.
Wie es dazu kam und welche Faktoren dabei eine Rolle gespielt haben, möchte ich auf den folgenden Seiten darlegen.

Gestern

Familie
Wie am Anfang bereits erwähnt, bin ich als Kind in einer Familie aufgewachsen, in der Eltern, Großeltern und Kinder zusammen wohnten und die Arbeit und auch alles andere miteinander geteilt wurde.
Meine Eltern waren immer ansprechbar, auch wenn sie in der Hektik ihrer Arbeit waren und bis spät in die Nacht noch auf dem Feld waren. Ich erinnere

mich noch, dass ich als kleines Kind erst einschlafen konnte, wenn mein Vater wieder zu Hause war, da er im Sommer oft bis spät in die Nacht weg war, um das geerntete Getreide abzuliefern. Wir Kinder spielten auf dem Hof, denn es gab viele Möglichkeiten sich zu beschäftigen. Im Winter spannten wir oft unseren Hund vor den Schlitten, suchten auf dem Heustall nach Katzen und spazierten bei Wind und Regen über das Feld. Wir liebten es, Steine zu sammeln und auf Bäume zu klettern und uns dort im Wind schaukeln zu lassen.

Im Sommer fuhren wir mit unserem selbstgebauten Boot auf dem Bach und ließen uns auf dem Wasser treiben. Dabei habe ich noch das Zirpen der Grillen im Ohr und die Enten, die aufgeregt ins Wasser platschten. Wir turnten auf den alten Maschinen herum und hörten dem Regen zu, der beruhigend und gleichmäßig auf das Dach prasselte. Wenn wir genug davon hatten, beobachteten wir unsere Hühner und Enten, die sich im Sand einbuddelten. Am liebsten half ich Oma im Garten und freute mich an den bunten Blumen. Und abends waren wir dabei, wenn unsere Eltern die Tiere versorgten. Keiner schimpfte, wenn die Kleider schmutzig waren und keiner hatte Angst, dass uns etwas passieren könnte. Man erzählte uns die Geschichte vom „Hokelmann". Der Hokelmann ist im Wasser zu Hause, vor allem dort, wo es für kleine Kinder gefährlich wurde.

Kommen diese dann zu nahe ans Ufer, werden sie dann von ihm mit dem Haken ins Wasser hineingezogen. Anfangs hatten wir natürlich Angst vor ihm, aber später wurden wir neugierig und haben oft ganze Nachmittage damit verbracht, an den Ufern des Baches entlangzugehen, um ihn endlich zu Gesicht zu bekommen. Wenn ich heute im See schwimmen gehe, muss ich noch daran denken, dass er womöglich in der Tiefe auf mich lauert.

Wir lebten inmitten eines natürlichen Ablaufes und konnten die Arbeit unserer Eltern täglich miterleben. Wir verbrachten auch viel Zeit bei unserem Opa, der immer in seinem Sessel im Wohnzimmer neben dem Ofen saß. Meistens saß er dort ganz allein und redete halblaut mit sich selbst. Dabei lachte er oft ganz verschmitzt. Schade, dass ich niemals nachgefragt habe, was er da erzählte, vielleicht hätte er es mir mitgeteilt. Opa spielte gerne Karten und wenn er „schwarzer Peter" mit uns spielte, machte er demjenigen, der verloren hatte, das Gesicht mit Kohlen schwarz, was mich immer wahnsinnig ärgerte, da ich nicht verlieren konnte.

Ob es bei anderen zu Hause auch so war, kann ich nicht beurteilen. Bei den meisten Familien lebten die Großeltern jedoch noch mit im Haus. Die Eltern waren noch zusammen, Scheidungen die große Ausnahme. Der Vater ging morgens aus dem Haus und kam am Abend nach Hause. Selten ging mal eine

Mutter zur Arbeit. Die Kinder hatten ein beständiges Zuhause, gleichbleibende Bezugspersonen und vor allem noch Geschwister, mit denen sie spielen konnten. Im Haus hat man sich selten aufgehalten, nicht einmal im Winter, als es kalt war. Die Kinder hatten Abwechslung, konnten über ihre Zeit noch weitgehend selbst bestimmen und vor allem hatten sie viel Bewegung.

Besuche von Verwandten oder Bekannten, gerade an den Wochenenden, waren an der Tagesordnung. So war unsere Küche ständig voller Leute, die mit uns gemeinsam am Kaffeetisch saßen, wo es samstags frischen Zuckerkuchen gab. Da man selten in Urlaub fuhr, brachten diese Besuche zudem etwas Abwechslung in den Alltag.

Wir fuhren auch oft zu Omas Schwester. Bei ihr wohnte noch ein alter Mann, der nach dem Krieg als Knecht auf deren Hof gekommen war. Er war Heimatvertriebener aus Schlesien und sprach noch den alten Dialekt. Er hieß Pietsch. Als wir zu Besuch dort waren, setzte er sich immer neben meinen Vater und erzählte von früher. Dabei nannte er meinen Vater immer „Koorl" und wenn er von Breslau erzählte, rollte er dabei das „R" ganz leise. Ich musste mich beim Zuhören sehr anstrengen und konnte trotzdem nicht alles verstehen.

Damals war in der Gesellschaft noch Platz für Menschen, die sich nicht „nach der Norm" verhielten.

Heute wären solche Menschen sicherlich in sozialen Einrichtungen untergebracht, aber damals lebten sie mitten in der Gesellschaft und nahmen am öffentlichen Leben teil.

Einer von diesen originellen Menschen war der „Gekler-Peter". Seinen richtigen Namen habe ich nie erfahren. Ich weiß nur noch, dass er urplötzlich bei den Leuten auftauchte, einen Hut auf hatte und seine Trompete mitbrachte. Er fühlte sich bei allen Leuten zu Hause und überall wo er war, wurde gelacht und war gute Stimmung. Ernst genommen hat diesen Mann niemand, aber er wurde auch nicht ausgelacht oder verächtlich behandelt. Er gehörte einfach dazu.

Ähnlich war es auch mit „Scheiermann". Er kam regelmäßig mit seinem Fahrrad zu uns und immer brachte er etwas mit, das er unterwegs gefunden hatte. Mal war es eine Schraube, ein andermal ein verrosteter Nagel. Diese Funde brachte er immer meinem Vater und tat ganz wichtig.

Feste und Bräuche

Weihnachten, Ostern und die Kerwe waren die Höhepunkte im Jahr. Geburtstage feierte man auch, aber nicht so groß wie heute. An Weihnachten waren die Vorbereitungen das Wichtigste. Plätzchen wurden gebacken, das Haus wurde geputzt und das Feuer im Ofen durfte nicht ausgehen. Die Geschenke fielen kleiner aus als heute. Wir besuchten unsere Paten und am Heiligabend und den beiden Feiertagen beschäftigten wir uns mit den neuen Spielsachen. Danach wurde es wieder langweilig und daher wendete man sich wieder den Spielen draußen zu, wobei das ein oder andere, wie zum Beispiel meine Puppenküche, wieder für das nächste Jahr weggepackt wurde.

Neujahr wurde nicht in dem Maße gefeiert wie heute. Abends gab es Rippchen und Sauerkraut und am Neujahrsmorgen wurde jedem ein frohes neues Jahr gewünscht, mit dem Spruch: „Prost Neijohr, e Brezzel wie e Scheierdoor, e Kuche wie e Oweblatt, do were mer allegar mitnanner satt."

Jeder von uns hatte einen Revolver mit Platzpatronen, mit denen wir das neue Jahr „anschießen" gingen und dafür gab es dann von den Erwachsenen das Neujahrsgeld.

An Ostern war es ähnlich wie an Weihnachten. In der Karwoche kam in den meisten Familien ein geschäftiges Treiben ins Haus und der Frühjahrsputz hielt Einzug. Die Fenster wurden geputzt, die Matratzen ins Freie gebracht, geklopft und gelüftet. Dabei holte meine Oma die lange Leiter aus der Scheune, die sie zwischen zwei Stühlen aufbaute. Hierauf kamen die Matratzen und es war immer eine Gaudi, weil wir darauf herum hüpften und Oma sich über uns ärgerte. Ab und zu machten wir dann persönlich die Bekanntschaft mit dem Teppichklopfer, was aber der ausgelassenen Stimmung nichts anhaben konnte. Für den Osterhasen mussten schöne Nester aus grünem Moos gemacht werden und die Eier wurden gemeinsam gefärbt. Den Kindern wurde erzählt, der Osterhase wäre derzeit überall zu sehen, und tatsächlich gab es damals noch zahlreiche Hasen, die lustig über das Feld hoppelten. Alle waren wir voller Vorfreude.

Ich stand als Kind oft eine halbe Ewigkeit am Fenster und wartete auf ihn, aber irgendwie hatte ich kein Glück. Es wurde groß eingekauft, denn es gab ein richtiges Festtagsessen mit 3 Gängen, das jedenfalls bei uns auf dem Dorf in fast allen Familien üblich war: Rindfleischsuppe mit Markklößchen, danach Rindfleisch mit Meerrettich und süß-sauren Gurken, danach noch Schnitzel mit Kartoffelpüree und Sauerkraut. Die Verwandten kamen. Gemeinsam wurden die Ostereier gesucht, für jeden war ein Schokoladenhase im Nest. Dann wurde ausgiebig gegessen und anschließend gab es an diesem besonderen Tag auch eine Flasche Wein. Alkohol gab es sonst mitten im Jahr nicht. Und für Opa gab es, wie in jedem Jahr, neue Zigarren. Nachmittags ging man spazieren und dann fuhren alle wieder nach Hause.

Die Kerwe

In Rheinland-Pfalz, wo ich herkomme, ist in jedem Ort einmal im Jahr Kerwe[12], auch Kirchweihe genannt, an der Schausteller für vier Tage ihre Buden auf dem Dorfplatz aufstellen.

Damals gab es eine Schiffschaukel, eine Fliegerbahn und später auch eine Boxbahn, einen Wurfstand und natürlich viele Stände mit Süßigkeiten. Es gab ein Kerweessen, und am Nachmittag ging man gemeinsam auf den Kerweplatz. Die Straußbuben hängten ihren Strauß, eine mit vielen bunten Bändern geschmückte Fichte, an die Wirtschaft, nachdem sie ihn vorher durchs ganze Dorf getragen hatten und der „Kerwepfarrer" hielt die „Kerwerede". Nachdem der „Kerwestrauß" aufgehängt war, rief der Kerwepfarrer ganz laut: „Wem ist die Kerb? Und die

---

[12] „Die Ursprünge der „Kerb" sind in heidnischen Erntebrauchsfesten zu suchen, welche in christliche Zeit mit übernommen und angepasst wurden.
Der Name „Kerb" geht auf „Kerbhölzer" oder „Kerbzettel" zurück, die im Mittelalter dazu dienten Waren anzuschreiben und sie später zu verrechnen. Die Menge der zu verrechnenden Waren wurde beidseitig auf ein längliches Brettchen eingekerbt (oder auf Papier geschrieben). Danach wurde das Holz zerbrochen oder das Papier zerrissen. Beide Parteien, Käufer und Verkäufer erhielten je ein Stück. Wenn dann die Erntezeit gekommen war, die einzige Zeit im Jahr, in welcher etwas Überfluss herrschte, wurden dann die Kerbhölzer oder Zettel miteinander verrechnet.
In dieser Zeit des Überflusses wurde natürlich auch gefeiert."

Maul, Thomas „Heit is Kerb unn moije iss Kerb. Über die Kerb und deren Figuren im Lautertal und im Kreis Bergstraße"

ganze Straußjungend schrie: „Unser!" Danach wurden „die drei Ersten" getanzt und alle Leute vom Dorf feierten mit. Die Kerwe war der Höhepunkt im Dorfgeschehen und wurde auch von der Jugend vier Tage lang gefeiert und am Ende feierlich „zu Grabe getragen". Damit war das Fest vorbei.

Die Kerwe war das wichtigste Fest neben Weihnachten und Ostern.

Die Konfirmation

Eines der größten und wichtigsten Feste bei den Protestanten war die Konfirmation. Früher, als man bereits nach der achten Klasse, mit vierzehn Jahren, aus der Schule kam, war dies der Übergang von der Schulzeit ins Berufsleben. Ich musste noch an einem zweijährigen Unterricht, in welchem der gesamte Katechismus, das Vater unser, das Glaubensbekenntnis und zahlreiche Psalmen und Lieder auswendig zu lernen waren, teilnehmen. An Palmsonntag wurden wir in der Kirche vor allen Leuten geprüft. Erst danach durfte jeder Konfirmierte zum ersten Mal am Abendmahl teilnehmen.

Ich erinnere mich noch an das schöne Gefühl, als mir der Pfarrer die Hand auflegte und mich segnete. Innerhalb der zwei Jahre wurde Buch geführt, wer wie häufig in der Kirche war und der Pfarrer wurde von uns geachtet, da er mit seiner „pazifistischen Veranlagung" keiner Fliege etwas zu Leide tun konnte. Allerdings konnte er sich daher, vor allem bei den wilderen Jungen, nicht durchsetzen. Ihn hatten wir auch in evangelischer Religion in der Grundschule. Jeder bekam seinen Konfirmandenspruch und bei mir lautete er:

„Bei Gott ist nichts unmöglich" (Markus 10,27).

Alle hatten neue Kleider bekommen. Meine Eltern waren fast nicht wiederzuerkennen und ich sah das erste Mal, dass ich eine wirklich hübsche Mutter hatte. Die ganze Familie ging mit in die Kirche, während Frauen aus dem Dorf für uns das Festessen zubereiteten. Zu Hause wurde dann das Fest gebührend gefeiert und feierlich die Geschenke überreicht. Das Ganze ging bis spät in die Nacht und für die Paten endete an diesem Tag ihr Amt.

Die Natur, das Dorf und der Jahreskreislauf

Als ich noch klein war, fuhr ich, wie viele andere auch, jeden Tag mit dem Fahrrad zur Schule. Ich kam damals noch an vielen verwinkelten Grundstücken und Gärten vorbei und konnte noch verschiedene Abkürzungen nehmen. Die Grundstücke waren frei zugänglich, keiner hatte sein Gelände eingezäunt.

Heute könnte diesen Weg keiner mehr nehmen. Das Dorf war noch belebt und es pulsierte überall. Menschen standen beieinander und unterhielten sich. Die Luft war erfüllt von Hammerschlägen der nahegelegenen Spenglerei und ein reges Treiben war überall. Die Nebenstraßen waren von spielenden Kindern bevölkert.

Das ganze Dorf sah anders aus. Zahlreiche Bauern prägten das Dorfbild und sie waren regelmäßig auf dem Feld unterwegs. An eine Begebenheit kann ich mich in diesem Zusammenhang noch gut erinnern: Einmal, als wir beim Rübenhacken waren, kam ein Mann vom Nachbargrundstück auf uns zu. Ich rief meinem Vater zu: „Papa, guck mal, der Bäwwel kommt!" Erschrocken und verlegen raunte mir mein Vater zu: „Pscht, bist du still!" Darauf sagte ich: „Oh ich meinte der Herr Bäwwel!" In diesem Moment konnte sich mein Papa nicht mehr beherrschen und musste laut lachen. Dass das sein Spitzname war, wusste ich ja nicht und wir haben uns danach noch lange darüber amüsiert.

Die Straßen bestanden in manchen Ortschaften oftmals aus reinem Flickwerk. Dafür lag aber nirgendwo Müll herum, denn was an Müll anfiel, wurde verbrannt. In den Gärten blühten im Sommer überall Blumen und Sträucher und es gab zahlreiche Obstbäume und die einzelnen Felder und Wiesen waren viel kleiner als heute, denn es gab noch keine Monokultur.

Im Sommer aßen wir während der Getreideernte oft draußen auf dem Feld zu Mittag. Wir saßen im Schatten unseres Wagens und genossen das Essen.

Das Gesicht meines Vaters lag unter einer dunklen Staubschicht und nur das Weiße in seinen Augen sah man funkeln. Jeder war gut gelaunt und zufrieden, denn man konnte den Wolken beim Vorbeiziehen so schön zusehen. Die Grillen zirpten, die Feldlerche trillerte ihr eintöniges Lied und die Bienen summten. Allerdings wurde oftmals auch die raue Wirklichkeit erlebt. Ich sehe noch heute den verzweifelten Blick meines Vaters, als bei der Heuernte eine Maschine stillstand und am Horizont ein dunkles Gewitter aufzog.

Wir erlebten somit hautnah die Probleme unserer Eltern mit und fühlten ihre Verzweiflung, aber wir erlebten auch, wie sie mit schwierigen Situationen umgingen und Lösungen fanden.

Als im Herbst die Kartoffeln geerntet wurden, war unser großer Schopf, das war unsere Maschinenhalle, bis unter die Decke damit angefüllt. Die Erntehelferinnen aus dem Dorf kamen an den Nachmittagen und halfen die Kartoffeln auszulesen. Eine Frau hatten wir besonders gern. Sie hieß Eva und brachte uns jedes Mal etwas Süßes mit. Die Frauen hatten oft ernste Gespräche miteinander und es wurde gerade dann interessant, wenn sie immer leiser wurden. Ich wusste, dass ich gerade dann sehr gut zuhören musste und es ging oft um Probleme, die mit ihren Männern zu tun hatten, von denen sie nicht immer gut behandelt wurden.

Meine Mutter hatte damals sehr viel Arbeit zu bewältigen und hatte dazu vier Kinder zu versorgen. Als dann später die Großeltern sich nicht mehr selbst helfen konnten, musste sie beide pflegen und das über mehrere Jahre hinweg. Heute kann ich verstehen, dass auch sie irgendwann an ihre Grenzen kam. Wie bereits erwähnt, waren wir Kinder oft im nahegelegenen Wald unterwegs. Die meisten Leute machten ihr Holz damals selbst. Ich kann mich nicht erinnern, dass irgendwelche abgebrochenen Bäume herumlagen oder es dort verwildert aussah. Es wurde alles verwertet, selbst kleine Asthölzer wurden eingesammelt. Meine Großeltern waren noch im Wald unterwegs, um Beeren und Pilze zu sammeln. Den Förstern stand ausreichend Zeit zur Verfügung, damit sie den Wald gründlich und angemessen bewirtschaften und pflegen konnten und den Überblick behielten.

Die Jäger kannten „ihr" Revier in und auswendig und der Wildbestand konnte in einem gesunden Verhältnis gehalten werden. Viele Hasen sprangen noch durch die Gegend und Wildschweine waren eine Seltenheit. Im November gab es Treibjagd und als die Jäger mit den armen toten Tieren, die auf einem Wagen an einer Stange hingen, an unserem Haus vorbeifuhren, blutete mir das Herz und ich entwickelte einen Groll auf alle Menschen, die den Tieren so etwas antun konnten. Alles in allem war der Wald noch aufgeräumt, gut in Schuss und gesund.

Im Dorf gab es verschiedene kleine Geschäfte. Allein bei uns im Dorf gab es zwei Bäckereien, drei Lebensmittelgeschäfte, ein Elektrofachgeschäft, einen Schuhmacher, der nicht nur Schuhe verkaufte, sondern auch noch alte reparierte. Weiterhin gab es ein Blumengeschäft, einen Juwelier, eine Drogerie, zwei Zeitschriften- und Kurzwarenläden, eine Metzgerei, ein Malergeschäft, ein Haushaltswarengeschäft, eine Wäscherei, einen Raiffeisenmarkt, eine Volksbank und eine Kreissparkasse, ein Postamt und unzählige Gastwirtschaften. Und das in einem Ort von nur 2000 Einwohnern!

Viele Dorfbewohner fanden hier Arbeit und brauchten kein Auto, um ihren Arbeitsplatz aufzusuchen. In den umliegenden Ortschaften gab es mehrere Kleinbetriebe und Fabriken wie Grundig, Rosenthal, Winterling, Pegulan. Die Menschen waren im Dorf eingebunden und mit dem Fahrrad unterwegs, auch viele ältere Leute oft bis in ihr hohes Alter. Man sah vorwiegend schlanke Menschen, die Kinder waren viel in Bewegung und kaum eines hatte Übergewicht.

Auch die Jahreszeiten hatten noch einen großen Einfluss auf das tägliche Leben.

Im Winter konnten wir nicht schnell genug von der Schule heimkommen, um raus in den Schnee zu können. Wir fuhren viel Schlitten und auf den Wiesen gab es viele zugefrorene Wasserflächen, die die besten Möglichkeiten boten, um Schlittschuh zu laufen. Abends kamen wir mit roten, eiskalten Händen nach Hause. Einmal bin ich beim Schlittschuhlaufen eingebrochen und weinend vor Kälte bin ich den weiten Weg wieder allein zurückgelaufen. Zu Hause ging es über den gesamten Winter gemütlicher zu. Durch die frühen Abende saßen wir öfter zusammen, spielten Karten oder „Mensch ärgere dich nicht" oder „Mühle" und „Halma". Und daneben brannte und knisterte das Feuer im Ofen und verströmte eine wohltuende Wärme. Im Frühjahr ging es raus in den Garten und die Hühner und Gänse bekamen Junge.

An Muttertag, wenn die Wiesen von bunten Blumen übersät waren, brachten wir unserer Mama die schönsten Blumensträuße. Papa sagte dann immer, die schönsten Blumen sind doch die, welche nichts kosten. Im Sommer war man draußen, bis es dunkel wurde.

Am liebsten spielte ich Federball und die Jungen Fußball.

Auch war Papas Werkstatt interessant. Wenn unser Fahrrad kaputt war, mussten wir schauen wie es wieder repariert wurde, da mein Vater nicht einsah, die von uns stark beanspruchten Räder in die Werkstatt zu bringen. Auch wenn im Dorf der Sperrmüll rausgestellt wurde, waren wir dort jedes Mal unterwegs und schauten, ob wir etwas Brauchbares mit nach Hause nehmen konnten.

Den Sommer über gingen wir oft zum Baden, denn das Schwimmbad war ganz in der Nähe.

Arbeit, Beruf, Wohnen, Urlaub und Technik

In der Zeit vor 1990 hatte ich das Gefühl, dass unsere Gesellschaft noch im Gleichgewicht war. Arbeitslosigkeit war noch kein Thema. Den deutschen Firmen und dem Mittelstand ging es gut, die Auftragsbücher waren ausgelastet und die Stimmung auf dem Arbeitsmarkt war entspannt. Das Handwerk genoss einen hervorragenden Ruf und daher erlernten zweidrittel der Schüler einen Beruf, während der Rest sich für den gehobenen Dienst entschied oder ein Studium absolvierte. Die meisten jungen Männer gingen, spätestens nach Beendigung ihrer Ausbildung, zur Bundeswehr und leisteten dort ihren Wehrdienst ab. Viele junge Frauen konnten das freiwillige soziale Jahr nutzen, um Erfahrungen in öffentlichen Einrichtungen, wie Krankenhaus oder Kindergarten, zu sammeln.

Ein einmal erlernter Beruf galt für ein ganzes Berufsleben lang und somit bis zur Rente. Die Arbeitsstellen waren weitestgehend abgesichert, es gab überwiegend Festverträge und ich kann mich nicht erinnern, dass während dieser Zeit Firmen Pleite gingen.

Im Gegenteil, es wurden weiterhin viele neue Unternehmen gegründet. Das tägliche Auskommen war geregelt und die Familien waren finanziell abgesichert. Die Preise waren stabil, von Inflation spürte man nichts. Man hatte ein Grundgefühl der Sicherheit.

Die Berufstätigkeit der Frau etablierte sich nach und nach, aber noch ohne den Zwang arbeiten zu müssen, weil das Geld nicht reichte.

Wir hatten noch Zeit für die schönen Dinge und konnten unseren Hobbys ungestört nachgehen. Die Volkshochschule bot zahlreiche Kurse an, bei denen man sich weiterbilden konnte.

Auf dem Dorf wohnte man mit der Familie im eigenen Haus. Oft wohnten drei Generationen unter einem Dach. Die Großeltern waren somit versorgt, da diese oftmals nur eine spärliche Rente hatten und zudem konnten die Kinder von ihnen betreut werden. Ich erinnere mich an eine Mitschülerin, die als einzige unserer Klasse in Miete wohnte. Dieses Mädchen tat mir damals leid, da ich mir als Kind nicht vorstellen konnte, kein eigenes Haus zu besitzen.

Die Kinder hatten somit auch mehrere Ansprechpartner und Vorbilder und mussten nicht ständig ihren Eltern „auf der Pelle liegen". Um das Haus herum war zumeist ein Garten angelegt, in welchem viel Zeit verbracht wurde. Die Einrichtung war auf das Praktische ausgelegt und die Küche wurde rund um die Uhr benutzt. Viel Energie verbrauchte man damals noch nicht, denn bei uns zu Hause z.B. wurde das ganze Jahr über auf dem Kohleherd gekocht, auch im Sommer, wenn es heiß war. Einmal in der Woche wurde geputzt und gewaschen und samstags ging die ganze Familie in die Badewanne.

Die technischen Geräte, die wir damals zu Hause hatten, unterschieden sich noch eindeutig von denen, die wir heute benutzen. Ich kann mich noch an unsere erste Waschmaschine erinnern, die in einem Nebengebäude, der sogenannten „Waschküche", stand. Sie verfügte noch nicht über ein Schleuderprogramm und die nasse Wäsche musste daher extra nochmal in einer separaten Schleuder geschleudert werden.

Mama bügelte ihre Wäsche auf dem Küchentisch, wobei sie ein altes Lodentuch unterlegte. Daneben stand eine Flasche, mit der die Wäsche zuvor angefeuchtet wurde. Ein Dampfbügeleisen gab es noch nicht, ebenso keine Spülmaschine. Das Geschirr wurde noch in dem alten „Wasserstein" gespült und übriggebliebenes Essen wurde an den Hund verfüttert.

Nur der Kühlschrank war damals schon vorhanden und hat sich seitdem nicht viel verändert.

Gingen Geräte einmal kaputt oder wurden defekt, so konnte man sie noch mühelos reparieren.

Ein Telefon besaßen wir damals noch nicht. Wenn wir telefonieren wollten, mussten wir auf das Postamt, bei dem es mehrere kleine offene Kabinen gab und wir Münzgeld einwerfen mussten. Als meine Zwillingsbrüder 1974 geboren wurden, kam unsere Nachbarin bei uns ins Haus und brachte die gute Nachricht. Ich sehe sie noch bei meiner Oma in der Küche sitzen, die mit hochrotem Gesicht ständig ihren Kopf schüttelte und sagte: „Wie soll das nur werden, wie soll das nur werden?" Und die Nachbarin antwortete in ihrem ostpreußischen Dialekt: „Nu sin se doch man froh, dass alles jut jegangen ist!"

Eine Brotschneidemaschine hatten wir hingegen schon. Allerdings keine elektrische, sondern eine mit Handkurbel. Der Fernseher war schwarz-weiß und unser Radio noch ein alter Volksempfänger. Wir hatten zu Hause einen Plattenspieler und auf dem Schrank daneben standen die Vinylplatten von Freddy Quinn. Die Fotoapparate machten noch schwarz-weiß Fotos, die dann gewöhnlich mit einem weißen, schön verzierten Rand entwickelt wurden. Noch heute gefallen mir diese Bilder besser als die bunten Fotos.

Einmal im Jahr kam bei uns der „Holzschneider", um das Holz zu sägen. Eine eigene Kreissäge besaßen wir, wie viele andere, nicht. Er kam mit seinem großen hellblauen Auto, auf dem eine Säge installiert war und als er so dastand mit seiner blauen Latzhose vor seinem altmodischen Gefährt, musste ich immer an „Die Waltons", eine alte Fernsehserie, denken, in der Papa Walton genau so ein Auto besaß und ihm auch noch ähnlich sah. Ebenso kam einmal im Jahr ein Mann zu uns, der Omas Ligusterhecke schneiden musste. Das war der „Heckenschneider". Oftmals wurden die Leute nach ihren Berufen benannt, sodass der Familienname vielen oft gar nicht bekannt war und wenn man ihn doch einmal hörte, man ganz erstaunt war, von wem da eigentlich geredet wurde.

Schule

Früher hatte jedes Dorf seine eigene Schule, in der die Kinder von der ersten bis zur achten Klasse unterrichtet wurden. Oft von nur einem Lehrer und in einem gemeinsamen Raum. Diese „Volksschulen" hatten einen sehr guten Ruf und wurden bis zum Ende der Schulzeit von den allermeisten Schülern des jeweiligen Dorfes besucht. Die Kinder beherrschten die wesentlichen Grundrechenarten, hatten Einblick in die gängige Literatur, kannten eine Reihe verschiedener Gedichte und Verse auswendig und verfügten über ein relativ breites Allgemeinwissen, das heute von vielen nicht einmal mehr in Ansätzen beim Abschluss der Hochschulreife erreicht wird.

Nur die Wenigsten besuchten die sogenannte Mittel-schule oder das Gymnasium oder gar eine Kloster-schule oder Internat.

Die Schule war der Dorfmittelpunkt, der Lehrer oder die Lehrerin eine Respektsperson. Die Schüler arbei-teten eigenständig und selbstverantwortlich, die Eltern mischten sich in die Angelegenheiten des Lehrers nicht ein und die Lehrer arbeiteten „durch" bis zu ihrem Ruhestand. Ausfälle durch Krankheit oder Überforderung oder gar Burn-out waren nicht bekannt. Die Kinder gingen natürlich auch damals nicht besonders gerne in die Schule, hatten aber trotz aller Strenge und dem höheren Niveau des Lernstof-fes ein wesentlich leichteres und freieres Leben als die Kinder heute, deren Leben von morgens bis abends komplett durchgeplant ist.

Allerdings gab es auch damals Vorfälle, die nicht in dieses geschilderte Idyll hineinpassen und die be-stimmt keine Seltenheit waren. Schildern möchte ich an dieser Stelle ein Ereignis, das mein Vater selbst in der Schule erlebt hat: In seiner Klasse gab es ein Mädchen, das Elisabeth hieß und aus sehr armen Verhältnissen kam. An diesem Mädchen reagierte sich nun der Lehrer, je nachdem in welcher Stimm-ung er morgens war, oftmals ab. Das erste was er morgens sagte war: „Liz, geh in deinen Schweine-stall!" Und das Mädchen musste sich dann in eine Ecke stellen und dort oft den ganzen Morgen verbringen. Bei solchen Vorkommnissen hätten die Verantwortlichen unbedingt einschreiten müssen, aber keiner ist damals auf den Gedanken gekommen, sich über einen Lehrer zu beschweren.

Als ich in die Schule kam, gab es diese Volksschulen schon nicht mehr.

Die Grundschule, die ich damals besuchte, unterschied sich vollkommen von der heutigen, obwohl es das gleiche Gebäude ist. Es gab keine teuren Spielgeräte, denn in der Pause spielte man: „Fischer, wie tief ist das Wasser" oder „Wer hat Angst vorm schwarzen Mann?" Oder: „Kaiser, wie wehen die Fahnen?" Die Mädchen hüpften Gummitwist und die Jungen spielten Ball. Das Pausenbrot wurde nebenbei gegessen. Essen war nicht so wichtig und Getränke hatte damals keiner dabei. An Streitereien oder Schlimmeres kann ich mich nicht erinnern.

Die Schule ging um 8 Uhr los und endete um 12 Uhr oder um 13 Uhr. Danach ging es nach Hause und zwar zu Fuß oder mit dem Fahrrad. Zu Hause gab es Mittagessen, dann wurden die Hausaufgaben noch schnell gemacht - und zwar ohne Eltern - und danach hatte man frei. Es gab kein Programm. Die Kinder hatten keinen Druck wegen der Noten. Die Leistung beurteilte der Lehrer, nicht die Eltern. Waren die Hausaufgaben nicht gemacht, musste man sich vor dem Lehrer rechtfertigen. Verhielt man sich in der Schule nicht entsprechend, gab es eben Strafarbeiten oder Nachsitzen und das wollten die Wenigsten riskieren, denn das ging ihnen dann nachmittags von ihrer freien Zeit ab.

Es gab jedenfalls reichliche Spaziergänge in der Natur, da viele Lehrer auf Exkursionen und anschauliches Lernen Wert legten. Zu Weihnachten wurden mit der Lehrerin zusammen Plätzchen gebacken, im Sommer gab es Hitzefrei. Heute darf es nicht einmal mehr Hitzefrei geben, da es keine Eltern mehr gibt, die zu Hause sind und zu denen man die Kinder schicken könnte.

Mit der Einführung des dreigliedrigen Schulsystems verschwanden die Volksschulen aus den Dörfern und Städten. Auch viele Grundschulen sind verschwunden.

Beerdigungskultur

Ich habe mir letztens die Frage gestellt, ob es in Zukunft noch Friedhöfe geben wird. Das klingt sehr befremdlich, aber ich glaube es lohnt sich, einmal darüber nachzudenken.

Früher wurden die Toten noch im Haus aufgebahrt. Die Angehörigen hielten Totenwache und der Tote war bis zur Beerdigung keine Sekunde mehr allein. Bei den Katholiken wurde der Rosenkranz reihum gebetet und die Leute des Dorfes kamen persönlich vorbei, um das Beileid auszusprechen und um sich von dem Toten zu verabschieden. Es war eine traurige, ernste und feierliche Stimmung.

Am Tag der Beerdigung traf man sich am Haus des Verstorbenen und trat mit ihm zusammen seinen letzten Gang an. Von dort ging der Leichenzug zum Friedhof. Brauch war es, dass von jedem Haus zumindest einer mitging. Man erwies dem Toten die letzte Ehre. Nach der Beerdigung traf man sich zum Leichenmahl. Viele Verwandte und Bekannte, die sich schon lange nicht mehr gesehen hatten, kamen zum Teil von weit her. Für eine Beerdigung wurde man von jedem Arbeitgeber freigestellt.

Am Grab wurde nochmals der Trauerfamilie persönlich das Beileid ausgesprochen. Der Tote wurde respektvoll und in Würde von der Gemeinschaft verabschiedet. Der Pfarrer hielt die Grabrede. Zur Beerdigung ging man in schwarzer Kleidung. Die Angehörigen trugen mindestens sechs Wochen Trauer, Ehepartner ein ganzes Jahr – manche sogar ein Leben lang.

Im Großen und Ganzen blieb dies bis zur Jahrtausendwende in groben Zügen erhalten.

Als ich ein kleines Mädchen war, ging ich oft mit meiner Oma auf den Friedhof. Obwohl wir zu Hause immer viel Arbeit hatten, wurde sich für den Gang zum Friedhof Zeit genommen. Einmal in der Woche, meistens am Samstag, fuhr meine Oma mit dem Fahrrad dort hin, um „das Grab zu machen", im

Sommer auch allabendlich zum Gießen. Das Grab war der Stolz einer jeden Familie, ihr Aushängeschild sozusagen.

Auf dem Friedhof war es schön. Noch heute gehe ich, wenn ich im Urlaub eine fremde Stadt oder ein fremdes Dorf besuche, immer dort auf den Friedhof. Friedhöfe haben für mich etwas heiliges, sie sind ein Ort der Besinnung und des Innehaltens. Bei den vielen Inschriften der Gräber habe ich mir immer versucht vorzustellen, wer die Menschen, die dort begraben sind, wohl waren oder was sie erlebt haben.

Oma traf dort immer andere Frauen und unterhielt sich mit ihnen. Trauer konnte ich bei meiner Oma nicht erkennen, aber die Art und Weise, wie sie sich um die Blumen kümmerte, hat auf mich damals eine besondere Wirkung ausgeübt. Wenn ich heute an den Friedhof denke, so sehe ich ihn in der Abendsonne glänzen, verbunden mit großen prächtigen Bäumen als einen Ort des Friedens.

Und wie sieht es heute aus?

Familie
Die Welt von heute hat einen rasanten Wandel durchgemacht.

War die Familie bis vor 3 - 4 Jahrzehnten noch ein fester Bestandteil unserer Gesellschaft, so wird heute bereits jede zweite bis dritte Ehe geschieden.

Viele alleinerziehende Mütter und Väter müssen ohne fremde Hilfe über die Runden kommen und sind einer enormen Belastung ausgesetzt. Auch wenn die Ehepartner zusammenbleiben, müssen oft beide arbeiten gehen und das zumeist ganztags.

Auch mein Vater musste Anfang der 80er Jahre noch eine zusätzliche Stelle annehmen, da das Geld nicht mehr reichte. Ab da war auf einmal auch „unser Familienidyll" vorbei.

Heute sind Frauen bereits Mitte/Ende dreißig oder bereits über vierzig, wenn sie ihr erstes Kind gebären. Junge Mütter sind inzwischen die Ausnahme. Will man zusammenziehen, bzw. heiraten, so steht bei den meisten der große Traum vom Eigenheim ganz oben auf der Liste. Gleichzeitig ist unser momentanes Leben so kostspielig geworden, dass kaum mehr etwas zur Seite gelegt werden kann. Kredite müssen aufgenommen werden, wenn man sein Ziel erreichen will.

Das Familienleben findet hauptsächlich nach der Arbeit und am Wochenende statt. Für gemeinsame Mahlzeiten ist oft nicht wirklich Zeit und nach einem anstrengenden Arbeitstag braucht man seine Ruhe und ist vielfach nicht mehr in der Lage, sich für eine entspannte Unterhaltung Zeit zu nehmen.

Auch für gesellschaftliche Kontakte ist immer weniger Zeit vorhanden und Familientreffen, die noch vor einer Generation fest in das Familienleben eingebettet waren, nehmen immer mehr ab. Im Gegensatz zu früher spielt Geld heute eine große Rolle und es gehört zum gesellschaftlichen Status, mit den Anschaffungen der anderen mithalten zu können. Gegenseitiges Helfen, wie es hauptsächlich beim Bau eines Hauses üblich war, findet man kaum noch, denn die meisten Häuser lässt man heute von Firmen schlüsselfertig bauen.

Wenn dann Kinder auf die Welt kommen, steht man oft vor der Entscheidung, sie bereits mit einem Jahr in die Krippe abzugeben; der Alltag in unseren heutigen Familien muss gut geplant sein und ist daher oft durchgetaktet.

Für Kinder bedeutet das eine ständige Anpassung an ihre von Terminen und wechselnden Zeiten bestimmte Welt. Für Eigenbestimmung oder sich Zurückzuziehen, bleibt wenig Raum. Auch die Großeltern stehen heute in der Regel nicht mehr zur Verfügung, da auch sie in den Arbeitsprozess noch eingegliedert sind.

Feste und Bräuche

Weihnachten ist zu einem Fest des Konsums herabgesunken. Es geht nur noch um Kommerz, Deko, Geschenke. Spätestens im September liegen die ersten Schokoladennikoläuse und Lebkuchen bereits in den Regalen, was eigentlich noch mitten im Sommer ist. Werbeangebote flattern uns ins Haus, ob wir sie wollen oder nicht. Die Werbung zeigt uns eine fiktive Welt und im Fernsehen sehen wir, was wir alles noch brauchen können. Früher ging es darum, die Vorweihnachtszeit gemütlich und besinnlich zu gestalten, das Haus gründlich zu putzen und alles gemütlich herzurichten, gemeinsam mit den Kindern Plätzchen zu backen und jeder hatte seine Freude daran, den anderen mit etwas Selbstgemachtem zu überraschen. Und ist es nicht eigentlich die Vorfreude, die den Wert eines Festes erst so richtig ausmacht?

Heute wird das Haus „dekoriert", manche Häuser sind regelrecht in ein Lichtermeer getaucht. Die Eltern müssen in der Regel bis zum letzten Tag arbeiten. Für Plätzchen backen ist oft keine Zeit mehr vorhanden und man kauft sie tatsächlich billiger und schneller im Geschäft. Auch das festliche Essen, das bei vielen nach wie vor so wichtig war, verliert an Bedeutung. Man bekommt ja mittlerweile alle möglichen Gerichte fix und fertig abgepackt zu kaufen.

Geht man in der Adventszeit durch die Straßen der Innenstadt, begegnet man abgehetzten, rennenden Menschen, die dem ganzen „Hype" um Weihnachten nicht entgehen können. Besinnlichkeit kann ich hier nicht mehr erkennen. Und an Weihnachten selbst sind dann viele so ausgepowert und angespannt, dass es oft zu Streitereien kommt und das schöne Fest, auf das sich alle so gefreut haben dann leider anders ausfällt, als es sich jeder gewünscht hat.

Ich bin mittlerweile von diesem ganzen Kommerz und diesem „schenken müssen" so abgestoßen, dass ich mir von meinen Kindern nur noch solche Dinge wünsche, die selbst gemacht sind und zu denen sie einen Bezug haben.

Ähnlich ist es an Ostern. Auch hier bekommen die Kinder mittlerweile Geschenke, wie an Weihnachten. Wer färbt heute noch selbst Eier oder gestaltet mit den Kindern schöne Nester für den Osterhasen?

Geburtstage werden heute vielfach als große Partys gefeiert, bei denen man die Gäste mit immer neuen Highlights überraschen muss. Man geht mit den Kindern in die Spiel & Spaßfabrik oder zu Mc Donalds und lässt sich immer verrücktere Sachen einfallen. Und oft können die Kinder noch nicht einmal ihren Geburtstag zu Hause feiern, weil ja beide Eltern arbeiten und sie selbst in der Betreuung sind. Am Wochenende wird dann alles nachgeholt. Als vermeintlichen Ausgleich gibt es viele Geschenke und gehen am Abend die Gäste nach Hause, weiß das Kind nicht einmal mehr, was es von wem bekommen hat. So war es bei meinen Kindern oftmals auch.

Schauen Sie mal nach, mit welchen Dingen ihr Kind wirklich spielt oder ob nach einer Woche alles in einer Ecke landet. Hier geht die natürliche Wertschätzung verloren und wird eigentlich mutwillig zerstört.

Ähnlich sieht es mit den Festen im Dorf aus.

Seit dem großen Gaststättensterben hat zumindest die Dorf- und die Straußjugend ein großes Problem. Wurde früher in der größten Gaststätte im Ort die Kerwerede gehalten, der Strauß aufgehängt und zum Tanz aufgespielt, so geht es jetzt um die große Frage: Wohin? Durch die beträchtliche Erhöhung der GEMA-Gebühren konnten viele Veranstalter die Kosten nicht mehr tragen. So sah man sich gezwungen keine Tanzmusik mehr anzubieten, sondern stieg auf Konzerte um, bei denen Eintritt verlangt wurde - mit dem dann wiederum die Kosten gedeckt werden konnten.

Heute spielt die Kerwe in den einzelnen Familien nur noch eine untergeordnete Rolle und dass sie einmal das wichtigste Fest neben Weihnachten und Ostern war, kann man sich heute nicht mehr vorstellen. Die Preise auf dem Kerweplatz selber sind ins Astronomische gestiegen und die Kaufangebote sind heute nichts Besonderes mehr. Ist man am Abend noch weggegangen zum Tanzen, so gibt es leider immer weniger Örtlichkeiten, wo dies noch möglich ist.

Konfirmation

„Religion" ist heute mittlerweile nicht mehr Teil unseres Alltags, denn die Zugehörigkeit zu einer Glaubensgemeinschaft und der damit verbundene Glaube will gelebt werden. Wir haben für sie keine Zeit mehr oder nehmen sie uns nicht mehr. Sie ist gerade dabei in die Bedeutungslosigkeit herabzusinken.

Zur Religion gehören festgelegte Handlungen und Rituale und verbindliche Inhalte, über die alle ihre Mitglieder jederzeit verfügen können. Früher lernten die Kinder noch zahlreiche Bibelstellen und Psalmen auswendig, konnten Texte zitieren und vieles wurde ihnen anschaulich vermittelt.

Ich hatte beispielsweise in Religion ein Buch, das hieß „Schild des Glaubens". Darin waren sehr schöne Bilder zu den einzelnen Geschichten, die ich mit aller Sorgfalt ausmalen durfte. Heute wird man davon in der Schule nicht mehr viel finden. Ob das nun besser oder schlechter ist, sei einmal dahin gestellt und ich halte überhaupt nichts von einem „blinden Glauben", der „nur sich gelten lässt" und alles andere ausschließt. Aber wenn wir Menschen nicht mehr zu grundlegenden Fragen antworten können, was denn beispielsweise unseren Glauben von einem anderen unterscheidet und wir in unserem täglichen Leben keine Berührungen mehr zu unserer Religion haben, dann muss man sich fragen, ob wir uns zu dieser Religionsgemeinschaft überhaupt noch zugehörig fühlen. Ich wurde unlängst von einer guten Bekannten gefragt, welche Merkmale unseren christlichen Glauben definieren, aber ich konnte ihr, ehrlich gesagt, keine befriedigende Antwort geben, weil ich es eben selbst nicht weiß.

Heute gibt es natürlich auch noch einen gewissen Unterricht für die Konfirmanden. Er ist aber von damals zwei auf nunmehr ein Jahr verkürzt. Auswendig lernen muss heute keiner mehr. Ganz aktuell sind Konfi-Freizeiten, wobei die jungen Konfirmanden ein paar Tage in ein Ferienlager fahren und alle gemeinsam an einem Projekt arbeiten. Das Ganze wird auf Plakaten festgehalten und dann von der Gruppe im Gottesdienst gemeinsam vorgestellt. Das sind momentan die Anforderungen. Und das ist sicher nicht die Schuld unserer Kinder oder Jugendlichen. Hier hat auch die Kirche ihren Anteil daran.

Als vor Jahren ein guter Bekannter von mir beschloss, aus der Kirche auszutreten und dies dem zuständigen Pfarrer mitteilte, bekam er lediglich die Auskunft, er müsse sich beim Einwohnermeldeamt abmelden. Er bekam ein Formular zugeschickt, das er ausfüllen musste. Kein Anruf, kein persönliches Gespräch.

Wer so gleichgültig mit seinen Mitgliedern umgeht, wer die eigentlichen Inhalte und Werte so vernachlässigt und wem es am Ende egal ist, wenn Mitglieder sich abmelden und noch nicht einmal nach dem Beweggrund gefragt wird, der muss sich nicht wundern, wenn auch schon die jungen Menschen kein Identitätsgefühl mehr aufbauen können und diese dann später reihenweise aus der Kirche austreten.

Die Natur, das Dorf und der Jahreskreislauf
Das Dorfleben, so wie man es früher kannte, gibt es heute nicht mehr.

Fast alle arbeiten - auch die Älteren - und nach Feierabend ist jeder müde und will seine Ruhe. Die Geselligkeit kommt immer mehr zu kurz. Die meisten Kinder werden heute mit dem Bus in die Schule gefahren oder mit dem Auto der Eltern. Der Aktionsradius, sowie Möglichkeiten sich selbst zu bewegen, sind stark eingeschränkt. Bewegten sich früher Kinder die meiste Zeit des Tages, so sitzen sie heutzutage überwiegend oder beschäftigen sich mit ihren Handys. Dass Kinder sich irgendwo austoben und wild miteinander spielen, sieht man kaum noch. Auch Begegnungen auf dem Schul- bzw. Nachhauseweg sind so kaum mehr möglich.

Kinder, die früher das Dorf bevölkerten, nimmt man kaum noch wahr und wenn, dann auf einem Spielplatz. Das Spielen auf den Straßen ist durch den starken Verkehr heute unmöglich und Kinder im Grundschulalter sieht man nach der Schule selten noch draußen und wenn doch, dann meistens unter

Aufsicht eines Elternteils. Kinder alleine im Wald habe ich schon lange nicht mehr gesehen, denn wir bekommen ja beständig Angst gemacht vor dem Fuchsbandwurm, vor Zecken usw. Viele kommen auch erst am späten Nachmittag nach Hause, da die Eltern noch arbeiten.

Das heißt, die Zeit, in der Kinder heute in der Schule sind, hat sich nahezu verdoppelt. Verfügten die Kinder noch vor wenigen Jahrzehnen nachmittags über ihre Zeit, so ist das heute bei den meisten nicht mehr der Fall. Die Möglichkeiten eigene Erfahrungen zu machen und eine gesunde Selbsteinschätzung zu entwickeln, sind heute schwieriger denn je. Auch halten sich die Kinder, nachdem sie von der Schule kommen, hauptsächlich in geschlossenen Räumen auf. Vielen fehlt die frische Luft und die beruhigende Wirkung, die die Natur auf einen ausstrahlt. Die Jahreszeiten spielen keine so große Rolle mehr, wie noch vor einigen Jahren, da sich das Leben der Kinder, wie oben beschrieben, hauptsächlich drinnen abspielt. In den meisten Familien werden keine Kartoffeln oder anderes Gemüse mehr selbst angebaut oder frische Marmelade gekocht, weil gerade in der Stadt hierzu die Möglichkeiten fehlen. So ist es vielen Kindern leider nicht mehr möglich, Erfahrungen in diesen damals vielfältigen Lebensbereichen zu sammeln.

Das Zusammensein in den Familien selbst ist auf ein Minimum herabgesunken und gemeinsames Spielen, wie „Mensch ärgere dich nicht" oder anderes, wurden leider durch Computerspiele ersetzt, die aber nun leider jeder alleine spielt.

Das gemütliche Kaminfeuer ist durch moderne energieeffiziente Heizanlagen ersetzt. Auch haben Kinder heute immer weniger die Möglichkeit, den Gebrauch von Werkzeugen zu erlernen. Werkzeuge sind in vielen Familien kaum noch vorhanden, da Dinge, die kaputt gehen, einfacher entsorgt und durch neue ersetzt werden können.

Insgesamt ist die Möglichkeit für Kinder, sich bei ihren Eltern aufzuhalten und gemeinsam sich einer Arbeit zu widmen, bei der die Kinder früher auch viel gelernt haben, stark zurückgegangen. So wird es immer schwieriger ein Gemeinschafts- und Zusammengehörigkeitsgefühl aufzubauen, das in meinen Augen für den kindlichen Sozialisationsprozess von größter Wichtigkeit wäre.

Die Welt in der wir heute leben hat viel an Schönheit verloren. Vor allem Dörfer und Städte strahlen durch die allgegenwärtige Hypermodernität Kälte und Leere aus. Die Architektur der Häuser ist praktisch und nüchtern. Schöne Fassaden mit Erkern und Verzierungen, Gesimse und Gauben und ähnliche Spielereien sucht man oftmals vergeblich. In den meisten Städten ist die Formschönheit und -vielfalt vollkommen verloren gegangen. Eine Betonwüste blickt uns entgegen: Moderne Architektur, bestehend aus Beton und Stahl und riesigen Glasfronten. In den Dörfern sieht man morgens eine Schlange Autos aus dem Dorf herausfahren und am Abend wieder in den Ort hinein. Obwohl die Häuser alle modern eingerichtet und ausgestattet sind, sind sie meistens nur am Abend und am Wochenende mit Leben erfüllt

Städte mit schönen verträumten Altstädten wie Freiburg, Trier oder Heidelberg, um nur einige zu nennen, sind vielerorts eine Ausnahme. In den großen Städten sind die Fußgängerzonen, wie bereits erwähnt, bevölkert mit hektischen Menschen, die von A nach B rennen und wo jeder in sein Handy vertieft ist. Keiner schaut den anderen mehr an oder grüßt ihn. In vielen kleineren Städten sterben mittlerweile die Innenstädte, bzw. deren Fußgängerzonen mehr und mehr aus, da größere Einkaufszentren am Stadtrand einfacher erreicht werden können. Auch hier spielt der Zeitfaktor eine große Rolle.

In den Dörfern schließen immer mehr kleinere Geschäfte, die sich der Konkurrenz der größeren Discounter beugen müssen. Durch die gestiegene Mobilität hat sich auch der Arbeitsplatzradius erweitert, das allerdings zur Folge hat, dass lange Anfahrtswege in Kauf genommen werden, was wiederum viel

Zeit verschlingt und einen erhöhten Energieaufwand bedeutet, der sich finanziell niederschlägt.

Der Müll wird heute zwar regelmäßig abgeholt und ordentlich getrennt, dennoch sehen wir in unserer Umwelt allen möglichen Unrat herumliegen, für den sich keiner verantwortlich fühlt. Schöne bunte Blumenbeete hat man durch Rasenflächen ersetzt. Streuobstwiesen werden nicht mehr gepflegt und verwildern und der Kastanienbaum im Schulhof ist vielmals einem modernen Spieleparkur gewichen.

Auf den Feldern liegen mittlerweile viele Grundstücke brach und verwildern. Viele Bauern sind heillos überfordert und ihre Höfe haben sich zu kleinen Fabriken entwickelt, wobei die humane, traditionelle Tierhaltung von der Massentierhaltung abgelöst wurde. Tiere werden heute nur noch als gewinnbringende Objekte betrachtet und ist ein Tier erkrankt, rentiert sich oftmals noch nicht einmal der Tierarzt und dann wird es frühzeitig geschlachtet.

In der Landwirtschaft haben Kinder heute kaum noch Möglichkeiten mitzuwirken, da inzwischen alles hochtechnisiert ist. War früher die ganze Familie involviert, so kommen heute Lohnarbeiter mit ihren modernen Geräten und es wird im großen Stil gewirtschaftet.

Durch die Flurbereinigung sind aus vielen kleinen Feldern große Flächen entstanden, die mit riesigen modernen landwirtschaftlichen Geräten kostengünstiger bewirtschaftet werden können. Man fühlt sich an die Zeiten der LPG erinnert. Die Kühe auf der Weide tragen mittlerweile ein Halsband mit integriertem Computerchip und im hochtechnisierten Stall stehen Behälter mit Fertigfutter bereit, die an das Computersystem angeschlossen sind. Jede Kuh bekommt ihr eigenes Futter berechnet, je nach Milchleistung, Alter und Gewicht. Kühe sind heute in ihrer Milchleistung so hochgezüchtet, dass ihre Lebensdauer bereits nach fünf bis sechs Jahren endet. Früher wurden Kühe über 20 Jahre alt.

Die Technik ist mittlerweile so weit, dass ein Traktor genau berechnen kann, wie groß ein Acker ist und wie viel Dünger oder Spritzmittel er bei welchem Unkraut benötigt. Der Anbau von Mais beherrscht unser Landschaftsbild, was ohne den Einsatz von Pestiziden gar nicht möglich wäre. In der Folge sind viele Tierarten, vor allem Insekten, verschwunden. Man denke nur an das große Bienensterben.

Manche Tiere vermehren sich hingegen: Vor allem Wildschweine, die in vielen Landstrichen zu einer regelrechten Plage geworden sind und denen selbst die Jäger nicht mehr Herr werden. Biogasanlagen sind in den letzten Jahren wie Pilze aus dem Boden geschossen, da diese Anlagen von der EU gefördert werden. Selbst Getreide wird angebaut, nur um in diesen Anlagen zu landen. Als ich dies das erste Mal mit eigenen Augen gesehen habe, konnte ich es zuerst gar nicht glauben. Wertvolles Tierfutter wird zur Energiegewinnung angepflanzt. Allerdings wäre es einmal angebracht Energieaufwand und Energiegewinnung gegenzurechnen.

Viele Preise für landwirtschaftliche Produkte sind heute so eng kalkuliert, dass mittlerweile die Nebenkosten für die Produktion, wie beispielsweise Diesel für die Traktoren, Anstieg der Preise für Pacht, Saatgut, Düngemittel usw. den zu erwarteten Gewinn deutlich übersteigen und sich ohne Subventionen der Aufwand nicht einmal mehr lohnen würde, weshalb auch viele Landwirte ihren Betrieb aufgeben müssen. Bei der Wind- und Solarenergie ist es ähnlich. Auch hier rechnet es sich nur, solange staatliche Subventionen nicht wegfallen.

Der Wald ist zu einem reinen Wirtschaftsfaktor geworden und die Förster müssen für immer größere Gebiete die Zuständigkeit und somit die Verantwortung übernehmen und haben für die Pflege des Waldes immer weniger Zeit. Auch wird ihre Arbeit durch zunehmende staatliche Verordnungen und Auflagen von der EU erschwert. Heute sind modernste Holzrückemaschinen im Einsatz, die in kürzester Zeit in einem Schritt die Bäume fällen und auf die gewünschte Länge zurecht sägen. Menschen, die im Wald unterwegs sind, sind heutzutage die Ausnahme. Selbst am Wochenende nicht, wo eigentlich jeder Zeit hätte. Pilze oder Beeren sammeln ist heute nicht mehr üblich, da es immer weniger davon gibt und sich die wenigsten mit deren sicheren Bestimmung auskennen.

Jäger müssen heute weit mehr an Pacht für ihr Revier bezahlen, so dass oftmals im eigenen Ort keiner mehr bereit ist, die hohen Kosten auf sich zu nehmen. Pächter kommen mittlerweile von weit her, was zur Folge hat, dass sie weniger den Überblick über das fremde Gebiet haben, als Einheimische, die dort aufgewachsen sind, so dass der Wildbestand, vor allem bei den Wildschweinen, sich unkontrolliert vermehrt.

Fährt man heute über das Feld, sieht man immer mehr Solarfelder mitten in der Landschaft entstehen, was einer Science-Fiction Landschaft gleicht. Auch der Biber ist wieder da. Aber so schön er auch ist, so hinterlässt er doch einen großen Schaden gerade an Flussläufen, wo reihenweise Bäume, die am Ufer stehen, seinen scharfen Zähnen zum Opfer fallen.

Es gibt aber auch gute Entwicklungen, die in eine ganz andere Richtung gehen. Bereits jetzt gibt es schon viele Menschen, die aus diesem, nur auf Gewinn und Profit ausgerichteten System, aussteigen und neue, intelligente Modelle entwickeln, die auch für die Zukunft tragfähig sind.

Eines davon nennt sich „Solidarische Landwirtschaft (Solawi), eine Verbrauchergemeinschaft, in der sich viele Menschen zusammenschließen, um einen Bauernhof zu finanzieren. Dafür erhalten die Mitglieder alles, was auf dem Hof produziert wird und der Bauer bekommt genug Geld zum Leben und Wirtschaften und muss seine Produkte nicht auf dem Markt verkaufen. Es wird nichts weggeworfen und die Produkte sind lokal und saisonal. In Deutschland gibt es immer mehr „Solawis", da dieses Modell zukunftsweisend ist und dazu beiträgt, die bäuerlichen Strukturen in Deutschland zu erhalten.

Solch einen Bauernhof gibt es auch in meiner unmittelbaren Nachbarschaft, der mit vielen Institutionen und Geschäften im Ort vernetzt ist, u.a. auch mit der Kirchengemeinde. Einmal im Jahr treffen sich alle Beteiligten und neu Interessierten im Gemeindesaal, wo die einzelnen Parzellen wieder neu vergeben werden. Wenn Tiere auf die Welt kommen, sind alle zu einem Gottesdienst unter freiem Himmel eingeladen, wo dann die Tiere und die Ernte gesegnet werden. Ich finde das eine sehr schöne Art und Weise, Tiere und Pflanzen wieder wertzuschätzen und in unser Leben zu integrieren.

Außerdem gibt es zurzeit in vielen Gemeinden gute Ansätze, wie beispielsweise Streuobstwiesen wieder neu anzulegen und diese mit alten, aus der Region stammenden, Kulturbäumen zu bepflanzen.

Weiterhin hat Prof. Ralf Otterpohl[13] mit seinem Zukunftswerk „Das neue Dorf"[14] ein Gesellschaftsprojekt entworfen, das sicherlich auch in unserer nahen Zukunft seinen Platz einnehmen wird.

Diese „Neuen Dörfer" würden ein gutes Auskommen und ein selbstbestimmteres Leben ermöglichen und nach diesem Konzept in Zukunft zur dauerhaften Versorgung der Städte beitragen können.

Solche Konzepte funktionieren, wenn auch erst im Kleinen, aber sie sind es wert, bekannt gemacht zu werden, denn „Not" macht erfinderisch und ich bin überzeugt, dass diesen Modellen noch weitere folgen werden.

---

[13] Prof. Ralf Otterpohl leitet das Institut für Abwasserwirtschaft und Gewässerschutz der TU Hamburg und lehrt u. a. ländliche Entwicklung. Er hat vielfältige dezentrale Abwassersysteme gebaut, ist Pionier der „Terra Preta Sanitation" und hat das Konzept des „Neuen Dorfes" entwickelt.

[14] „Das Neue Dorf" ist ein Konzept für eine andere Art von Bauernhof, der aus vielen Minifarmen besteht. Zusätzlich soll es dort viele weitere Kleinbetriebe, Werkstätten, Gemeinschaftsbüros, Kita und Schule, Laden, Cafe´, Heilpraxis, häusliche Altenpflege und vieles mehr geben. „Das Neue Dorf" kann als Genossenschaft organisiert sein, an der die Eigentümer Anteile erwerben. Bis zu 300 Menschen kennen sich zumindest noch vom Sehen. Größer sollte das Neue Dorf nicht werden. Durch die Gründung weiterer Dörfer in der Umgebung kann ein Gartenring um die Stadt entstehen.
Es gibt viele Möglichkeiten, erste reale Gründungen laufen. Sie sind noch im Aufbau."
Otterpohl, Ralf, „Das Neue Dorf", Vielfalt leben, lokal produzieren, mit Natur und Nachbarn kooperieren.

Arbeit, Beruf, Wohnen, Urlaub und Technik

War die Zeit vor 1990 noch von größtmöglicher Sicherheit geprägt, sieht es heute ganz anders aus. Die Arbeitsmarktzahlen sehen nicht gut aus und durch den demografischen Wandel ist das Verhältnis zwischen älteren Arbeitnehmern und jüngeren nicht mehr ausgeglichen, so dass in manchen Berufssparten bereits schon Mitarbeiter fehlen und die geburtenstarke Jahrgänge kurz vor der Rente stehen, was viele Firmen in ihrer Zukunftsplanung verunsichert. Daher werden auch vorwiegend 450.-Euro-Stellen und immer mehr befristete Arbeitsverträge angeboten.

Das hat zur Folge, dass Familien und Arbeitnehmer in einer ständigen Spannung gehalten werden, wie es in Zukunft weitergehen soll.

Auch führt es dazu, dass viele Jugendliche verunsichert sind, welchen Weg sie für ihre Zukunft einschlagen sollen und da auch die Wehrpflicht abgeschafft ist, fällt somit die Zeit der Umorientierung weg, die viele in dem Alter noch gebraucht hätten.

Da viele Bereiche unserer Wirtschaft privatisiert wurden, sind zahlreiche Betriebe in Schieflage geraten, weil es am Ende hauptsächlich darum geht, den Gewinn an die Aktionäre ausschütten zu können.

Dies trifft vor allem auch den Pflegebereich. Hier spricht man mittlerweile von einem regelrechten Pflegenotstand, sowohl im Krankenhaus, als auch in den Altenheimen. Viele Bereiche hat man rationalisiert und durch die zahlreichen Einsparungen an den Rand des Ruins geführt.

Galt früher ein gelernter Beruf für ein Leben lang, so reicht heute vielfach eine Arbeitsstelle nicht einmal mehr aus und viele müssen noch eine Nebentätigkeit annehmen, damit sie sich über Wasser halten können.

Die Preise, gerade im Energiesektor, explodieren und die Inflationsrate geht steil nach oben. Viele können sich mittlerweile ein eigenes Haus nicht mehr leisten und die Mieten sind in astronomische Höhen gestiegen. Von familiärer Leichtigkeit und Entspannung bleibt nicht mehr viel übrig. Das einzige was geblieben ist, ist der jährliche Urlaub, den sich aber viele heute schon oft nicht mehr leisten können.

Eigentlich sollte Arbeit[15] mehr sein, als Geld verdienen, um sich oder die Familie zu ernähren, denn Arbeit ist ein zutiefst menschliches Bedürfnis, das weit über die sogenannte Pflicht oder Erwartungshaltung des Staates bzw. der Gesellschaft hinausgeht. Arbeit trifft uns im Innersten und wir können einen Menschen nicht schlimmer bestrafen, als wenn wir ihm verbieten einer Arbeit nachzugehen.

---

[15] Wilhelm Schmid „Mit sich selbst befreundet sein" „Was ist Arbeit?" S. 172

In unserer modernen, technisierten Welt haben wir den Begriff „Arbeit" von jeglichem Sinn und Zweck entkoppelt und wir haben ihn auf reines „arbeiten müssen", und „Geld verdienen" reduziert. Wir arbeiten nicht mehr ganzheitlich und sehen oft nicht mehr das Endprodukt unserer Mühe. Arbeit empfinden wir als Belastung und nicht mehr als Bereicherung, im Gegensatz zu früher, wo sie meistens noch in einen ganzheitlichen Prozess eingebunden war.

Arbeit ist heute geprägt von einer Ellbogenmentalität, was jeden Einzelnen viel Kraft kostet und uns auf Dauer krank macht.

Heute machen wir oftmals nur das, was von anderen vorgegeben wird und bei dem wir nicht selbst denken und mitentscheiden können, aber dies wird uns nie erfüllen und unser Bestes von uns fordern können. Wir brauchen wieder Beschäftigungen, die uns ausfüllen, die unsere Phantasie und Kreativität anregen, die uns herausfordern und unser Inneres ansprechen.

Haben früher mehrere Generationen gemeinsam in einem Haus gewohnt, ist das heute die große Ausnahme. Heute wollen die meisten unabhängig von ihren eigenen Eltern leben und das ist auch gut so, denn mehrere Generationen unter einem Dach bergen viel Konfliktpotential.

Ich kann mich nur zu gut an die Zeiten erinnern, wo meine Mutter sich mit meiner Oma gestritten hat. Oftmals wurde der Streit auch nicht wirklich geklärt und schwelte so längere Zeit vor sich hin. Als Kind empfand ich das als einen sehr belastenden Zustand. Früher konnte man es sich kaum leisten, ungestört in seinen vier Wänden zu leben und man war aufeinander angewiesen und abhängig. Aber was viele als Fortschritt und als eine neue Freiheit gewertet haben, ist allerdings mit zahlreichen neuen Problemen behaftet, die durch die neuen Entwicklungen erst entstanden sind. Zudem verbringen wir heute mehr Zeit auf unserer Arbeitsstelle, als zu Hause und unser eigentliches Wohnen hat nicht mehr viel mit Gemeinsamkeit und Familie zu tun. Die Familie ist nur noch abends und am Wochenende zu Hause. Das Haus ist oftmals perfekt eingerichtet und jedes Kind hat heute sein eigenes Zimmer, in dem es allerdings meistens alleine ist. Gemeinsame Mahlzeiten sind die Ausnahme und Fertigmahlzeiten erleichtern das Kochen. Aber hierfür müssen wir wesentlich tiefer in die Tasche greifen als vorher. Die Familie als Rückzugsort brauchen wir nicht nur am Wochenende, damit wir uns erholen können oder uns aufgefangen fühlen, sondern jeden Tag.

Der Wunsch nach einem Eigenheim scheitert momentan leider allzu oft an den enorm gestiegenen Grundstückspreisen. Auch die Mieten sind auf einem Höchststand angekommen, so dass sich viele nur noch eine kleinere Wohnung leisten können, was sich wieder nachteilig auf die Bewegungsfreiheit der heutigen Kinder auswirkt.

Auch die Technik lässt sich heute nicht mehr wegdenken. Das Internet, die sozialen Medien wie Whatsapp, Facebook und Instagram nehmen heute einen sehr großen Raum im Leben eines jeden ein. Gehen wir diese Entwicklung nicht mit, verlieren wir den Anschluss. Allerdings haben gerade die vielen elektronischen Geräte und Kanäle das Zusammensein von uns Menschen nicht nur erleichtert, sondern unser Zusammenleben vielfach gestört und eingeschränkt, was zu zahlreichen Problemen und Verhaltensschwierigkeiten, gerade bei Kindern, geführt hat.

Die gesamte Wirtschaft ist von der Elektronikindustrie durchdrungen, ohne Computer, Laptop oder Handy ist Arbeiten in unserer Zeit nicht mehr möglich. Bankgeschäfte erledigt man mittlerweile von zu Hause aus über online-Banking und das Bargeld ist weitgehend durch die Kreditkarte ersetzt und viele bezahlen inzwischen mit ihrem Handy. Gerade im elektronischen Bereich können wir sehen, wie rasant die technische Entwicklung vorangeschritten ist und alles von Grund auf revolutioniert und verändert hat.

Leider gehen aber viele Arbeitserleichterungen, die uns die Elektronikindustrie gebracht hat, auf Kosten unserer Ruhe und Ausgeglichenheit, da wir gerade, was die Arbeit betrifft, auch zu Hause nonstop erreichbar sind und oftmals die klare Grenze zwischen Arbeit und Familie bzw. Feierabend nicht mehr erkennbar ist.

Schule

Waren Schulen früher in das Dorfgeschehen eingebettet und konnten die Kinder von der ersten bis zur letzten Klasse die Schule in ihrem Dorf besuchen, so gilt dies heute nur noch für die Grundschulen.

Ab der 5. Klasse verlassen spätestens die Kinder ihr Dorf und werden in Bussen schon sehr früh auf oft langen Wegstrecken in große Schulzentren gebracht. Die Fächer wechseln stündlich, wie auch die Lehrer, die fachspezifisch ausgebildet sind und eingesetzt werden. Oftmals weiß der eine nichts vom anderen, was ein relativ gleichgültiges Klassengefüge begünstigt hat. Der Klassenzusammenhalt, der früher sehr ausgeprägt war und die Kinder auch gegenüber dem Lehrer „zusammengeschweißt und abgegrenzt" hat, ist dadurch hauptsächlich verloren gegangen.

Das sieht man übrigens auch an den stark zurückgehenden Klassentreffen. Der Klassenlehrer, der vielleicht ein oder höchstens zwei Fächer in „seiner" Klasse unterrichtet, ist heute der Vertrauensmann

„seiner" Kinder. Viele sind verstört durch das Hin und Her, durch die vielen unterschiedlichen Lehrer, den unzusammenhängenden Lernstoff, der nach 45 Minuten wieder beendet sein muss. Gedanken, die gerade angestoßen wurden, haben in der nächsten Stunde keinen Platz und dort nichts mehr zu suchen. Und so geht es leider die ganze Schulzeit hindurch.

Diese Veränderungen haben massiv in das soziale Gefüge der Schüler eingegriffen, was zur Folge hatte, dass heute das Individuum auf Kosten der Gemeinschaft im Vordergrund steht.

Die Schulgebäude selbst sind modern und funktional eingerichtet und mittlerweile sind viele bereits renovierungsbedürftig. In vielen gibt es Teppichböden und große Fenster. Die Gemütlichkeit und die Schönheit der früheren Schulen sind weitgehend verlorengegangen. Die großflächigen Gebäude müssen von Putzkolonnen sauber gehalten werden und auch die Außenanlagen regen kaum zum Spiel und gemeinsamen Zusammensein an.

Nach Schulende müssen die Kinder warten, bis der Bus endlich fährt. Zu Hause angekommen braucht es erst eine gewisse Zeit, bis wieder umgeschaltet werden kann und die vielen Eindrücke sortiert und verarbeitet sind.

Ausnahmen wie Waldorfschulen und andere verweisen darauf, dass es auch anders geht und die Kinder von diesen Konzepten wesentlich mehr profitieren und zufriedener sind. Aber leider sind diese Schulmodelle nur sehr vereinzelt zu finden und von Fördergeldern abhängig und da Schulgeld erhoben wird, können sich solche Schulen wiederum meistens nur die besser verdienenden Eltern leisten.

Heute stehen Begriffe wie „Bildung von Anfang an" oder „frühkindliche Bildung" auf der Agenda. Es gibt zahlreiche Förderprogramme und unseren Schulen müsste es besser gehen denn je.

Aber wie sieht es tatsächlich aus?

Da auch in unserem Bildungssystem der Rotstift angesetzt wurde, müssen heute zahlreiche Schulen mit erheblichem Lehrermangel kämpfen, was zu großen zusätzlichen Belastungen in diesem Beruf führte. Viele Lehrer müssen Vertretungen übernehmen und kommen daher oft mit ihrem eigenen Lernstoff nicht mehr hinterher, was dazu führt, dass viele überfordert, ausgebrannt und desillusioniert sind. Kein Beruf hat momentan einen höheren Krankenstand. Das wirkt sich natürlich auch auf die Schüler aus, die nicht selten unmotiviert und gelangweilt dem Unterricht beiwohnen. Hinzu kommen die zahlreichen Verhaltensauffälligkeiten von Schülern, die regelmäßig zu einer Störung des Unterrichtes führen und so die angespannte Situation noch verstärken.

Da Kinder heute bereits mehr Zeit in der Schule verbringen, als zu Hause, müssen Lehrer immer mehr erzieherische Aufgaben übernehmen, die die Eltern zu Hause oftmals nicht mehr wahrnehmen können. Auch wird durch die flächendeckende Ganztagesbetreuung die Freizeit der Schüler immer mehr eingegrenzt, was Folgen für die Konzentrationsfähigkeit mit sich bringt und die Lernbereitschaft stark einschränkt. Schule stellt für sie oftmals mehr einen Ort der „Aufbewahrung", als einen Lernort dar. Durch den Autoritätsverlust, den viele Lehrer erleben, erreichen sie ihre Schüler oft nicht mehr. Hinzu kommt, dass durch den Wegfall der Schulempfehlung Lehrer mit Schülern konfrontiert werden, die oft mit dem notwendigen Lernpensum überfordert sind und nicht Schritt halten können und durch die Einführung der Inklusion die Klassen zusätzlich belastet werden, da in der Regel nicht genügend Fachpersonal zur Verfügung steht.

Viele Eltern sind mit zahlreichen Ängsten konfrontiert, was die Zukunft ihrer Kinder betrifft und möchten daher ihren Kindern einen höheren Bildungsabschluss ermöglichen, was viele von den Kindern in eine Überforderung bringt und zu zusätzlichem Leistungsdruck führt.

Daher kommt es immer öfter vor, dass Eltern ihre Rechte über das nötige Maß hinaus bei den Lehrern oder der Schulleitung einfordern.

Außerdem hat Gewalt an Schulen stark zugenommen und der immer größer werdende Migrationsanteil hemmt das Lernpensum.

Ich war beispielsweise ein Jahr lang an einer Kaiserslauterer Grundschule tätig, die ihr Konzept in Richtung Inklusion erweitert hatte. Für das neue Konzept konnte eine zusätzliche Sonderschullehrerin eingestellt werden. Da allerdings damals (2008) bereits ein erhöhtes Krankheitsaufkommen unter den Lehrern zu verzeichnen war, musste diese Lehrerin ständig Vertretung in anderen Klassen übernehmen, so dass ihr für ihre eigentliche Aufgabe fast keine Zeit mehr zur Verfügung stand. Zu mir sagte damals der Rektor, er wäre nur noch dabei, „Löcher zu stopfen". Kaum sind alle zu, geht woanders wieder eins auf.

Die Kinder mit erhöhtem Förderbedarf mussten derweil von der Klassenlehrerin mitgeführt werden und ich habe täglich mitbekommen, wie diese Kinder die Lehrerin oft an ihre Grenzen brachten und sie ihren Lernstoff nicht mehr befriedigend durchführen konnte. Die Eltern der Kinder, die sich auf das Versprechen der Schule verließen, ihre Kinder dort bestmöglich gefördert zu bekommen, bekamen von dieser Misere nur am Rande etwas mit. So hört sich der Begriff „Inklusion" in der Theorie gut an, in der Praxis stehen die Lehrer und auch die Kinder dann alleine da.

So hat sich das Bild von Schule und Lehrern grundlegend gewandelt.

Konnte früher ein einziger Lehrer noch eine Klasse mit bis zu 40 Kindern mühelos führen und den Kindern das Einmaleins, das Schreiben und Lesen und vieles mehr ohne große Probleme beibringen, wäre dies heute nicht mehr möglich. Allein die Disziplin der Schüler, die Fähigkeit längere Zeit still sitzen und zuhören zu können, ist vielen von unseren Kindern heute abhanden gekommen. Früher konnten Kinder, die einen größeren Bewegungsdrang hatten, diesen noch jederzeit ausleben, heute zählen sie zu den auffälligen Kindern und waren es Anfang der 90iger Jahre ein oder zwei Kinder mit Auffälligkeiten, so sind es heute ein oder zwei, die keine Auffälligkeiten zeigen.

Beerdigungskultur

Wie eine Gesellschaft mit ihren Toten umgeht, sagt viel darüber aus, wie sie gegenüber den Lebenden eingestellt ist.

Wenn wir uns vor Augen halten, wie selbstverständlich und wichtig die vielen Zeremonien früher gehandhabt wurden, so erschreckt es uns doch, wie schnell diese kulturellen Bräuche an Wichtigkeit verloren haben.

Damals waren die Familien noch daran angebunden und die Menschen konnten noch zu Hause in vertrauter Umgebung sterben und Abschied nehmen. Alle Familienmitglieder konnten an diesem Prozess teilhaben und all dies mit eigenen Augen sehen, auch die Kinder. Heute sterben Menschen oft im Krankenhaus oder in Pflegeheimen, so dass diese Erfahrungen leider gänzlich fehlen und verloren gehen.

Geht man heute auf den Friedhof, so sieht man, dass Urnengräber und Urnenwände mittlerweile die normalen Gräber überwiegen. Der Zustand unserer Gesellschaft tritt auch hier klar zu Tage. Es geht um Zeit und um Geld. Allein die Beerdigungskosten sind in unvorstellbare Höhen abgedriftet. Die Pflege des Grabes ist zu einer Belastung geworden, weil viele mit der Bewältigung ihres beruflichen und privaten Lebens beschäftigt sind.

Bei Beerdigungen, wo früher das ganze Dorf mitging, findet man heute oftmals gerade noch eine Handvoll Leute. Selbst diejenigen, die gerne mitgehen würden, bekommen von ihrem Arbeitgeber oft nicht frei, was früher selbstverständlich war. Selbst ich, die ich bei einer kirchlichen Einrichtung gearbeitet habe, bekam nur mit größten Schwierigkeiten bei der Beerdigung meiner Tante, an der ich sehr hing, frei.

Immer mehr Leute treten aus der Kirche aus. Der Glaube ist ausgehöhlt, er erreicht uns nicht mehr. Oft kennen wir den Pfarrer nicht einmal, da mittlerweile viele Pfarreien wegen Pfarrermangel und aus Kostengründen zusammengelegt werden müssen. Bei einer Urnenbestattung findet oft die Beerdigung Tage und Wochen später statt, da die Krematorien so stark ausgelastet sind. Der Bezug zu dem Toten und die Trauer werden verschleppt. Heute ist dies alles leider Realität.

Der Rückgang des Handwerks, Studentenüberschuss
Genauso wie die Bauern, die jahrhunderte- und jahrtausendelang unsere Gesellschaft bestimmt, ernährt und geprägt haben am Verschwinden sind, so ergeht es mittlerweile auch dem Handwerk.

Das Handwerk war schon immer eine der tragenden Säulen unserer Gesellschaft und früher standen Handwerker, wie z. B. die Schmiede, in hohem gesellschaftlichem Ansehen. Die Wichtigkeit des Handwerks war dem Staat sehr bewusst und wurde durch das Einführen der Zünfte abgesichert. Das Erheben von Schutzzöllen sicherte den Wert der Waren und die Zünfte bestimmten einheitliche Preise, so dass ein Konkurrenzkampf gar nicht erst aufkam.

Nach deren Abschaffung und vor allem nach Öffnung der Grenzen, ging es mit dem Handwerk bergab. War es noch vor 20 Jahren etwas wert, wenn jemand seinen Meister vorweisen konnte, so spielt das heute für viele keine große Rolle mehr.

In vielen Berufssparten darf man bereits eine Firma führen bzw. Selbständigkeit ausüben ohne Meister zu sein. Das wäre früher undenkbar gewesen. Heute ist es nicht mehr opportun eine Lehre zu beginnen, da man vor allem einen guten Schulabschluss erhalten möchte und daher immer öfter das Studium einer Berufsausbildung vorzieht, was vor allem daher rührt, dass der Handwerksberuf als solcher immer mehr verunglimpft wurde. Immer wieder hörte man Sätze, wie: „Als Handwerker bist du doch nichts." Oder „Da kannst du höchstens deinen Meister machen". Viele haben sich durch solche Aussagen abschrecken lassen und der Beruf wanderte ins gesellschaftliche Abseits.

Handwerksbetriebe haben momentan die größten Schwierigkeiten Nachwuchs zu rekrutieren und müssen oft Schulabgänger nehmen, die sie vorher nie und nimmer eingestellt hätten. Der Aufwand, einen Lehrling auszubilden, ist oft größer, als der Nutzen, der eingebracht wird.

Werden gute Lehrlinge gefunden, so wandern diese oft direkt nach Beendigung ihrer Ausbildung ab, da viele sich noch weiterbilden möchten und die Bezahlung eines Gesellen oft zu gering ist. Zudem ist die Leistungsbereitschaft und -fähigkeit abgesunken und viele brechen ihre Ausbildung vorzeitig ab. Hinzu kommt, dass vor allem Kleinbetriebe auf dem globalisierten Arbeitsmarkt nicht mehr mithalten können und in die Insolvenz getrieben werden. Die Kleinen werden von den Großen geschluckt und wer sich nicht spezialisiert oder eine Marktlücke erwischt, verschwindet von der Bildfläche.

Aber auch viele Studenten, die mittlerweile in Massen die Universitäten und Hochschulen verlassen, finden keine adäquate Arbeit in der Region. Viele müssen wegziehen, gehen in Ballungsgebiete oder ins Ausland. Oft müssen sie auch unterbezahlte oder ihrem Abschluss nicht angemessene Arbeiten annehmen, da der Markt schlichtweg übersättigt ist.

Für den Staat heißt das, dass viele junge Menschen eine wesentlich längere Verweildauer in den Schulen haben und somit erst viel später in die Sozialsysteme einbezahlen. Die ländliche Umgebung verliert viele ihrer jungen Arbeitskräfte und die Ballungsgebiete in den Städten verdichten sich noch mehr.

Durch den Wegfall der Wehrpflicht und zahlreiche Standortschließungen der Bundeswehr ist für viele junge Männer, bzw. Frauen auch hier ein Berufsfeld weggebrochen, bzw. stark eingeschränkt worden.

Die Wehrpflicht, sowie der Zivildienst stellten meines Erachtens einen Puffer dar, der den Übergang von der Schule ins Berufsleben erleichtert hat. Heute kommen Schüler in Betriebe, die ihr bisheriges Leben hauptsächlich Lernstoff konsumiert haben und den überwiegenden Teil des Tages auf der Schulbank sitzen mussten und sollen nun auf einmal handwerkliche Fähigkeiten, lösungsorientiertes Denken und Teamgeist entwickeln und anwenden können.

Dass dies leider verständlicherweise nicht so ist, sehen wir an den Hilferufen zahlreicher Handwerksbetriebe, die händeringend Ausbildungskräfte und zusätzliche Mitarbeiter suchen, aber keine geeigneten mehr finden und aufgrund mangelnden Nachwuchses nun ihre Arbeit entweder stark zurückfahren oder ganz aufgeben müssen.

Das hat Folgen für die Menschen in unserem Land. Wenn demnächst die Heizung nicht mehr geht oder gar ein Wasserrohrbruch die Wohnung unter Wasser setzt, wird man womöglich lange suchen müssen, bis man Hilfe bekommt.

Die Krise, in die das Handwerk geschlittert ist, hat allerdings auch zahlreiche Missstände an die Oberfläche gespült. Die zunehmende Industrialisierung führte dazu, dass viele das Produkt, an dem sie arbeiteten, nicht mehr vom Anfang bis zur Fertigstellung miterleben konnten, was durch den immer mehr um sich greifenden Wettbewerb zu zahlreichen Belastungen führte.

Dennoch erleben wir gerade in letzter Zeit ein Umdenken in der Gesellschaft.

Beispielhaft für dieses Umdenken sollen hier meine Erfahrungen als Gästeführerin auf einer Mittelalter-

Baustelle dienen, wo ich mit den dort arbeitenden Handwerkern regelmäßig in Verbindung komme:
Obwohl diese Handwerker nur sehr wenig verdienen, ziehen viele diese Arbeit einer besser bezahlten Stelle vor. Der Grund liegt vor allem darin, da sie dort in Ruhe und selbstbestimmt und vor allem ohne Zeitdruck arbeiten können. Gerade junge Menschen sehen hier wieder einen Sinn in ihrer Arbeit und bekommen eine Orientierung für ihr Leben.

Es ist schön zu sehen, wie zahlreiche junge Menschen bereit sind, sich auf einen neuen Weg zu machen, bei dem es weniger um Profit und Sicherheit, als vielmehr um Selbstverwirklichung und wirkliche Zufriedenheit geht.

Die Folgen von Krieg und Vertreibung

Ein großer Faktor, der unsere Erziehung bis heute nachhaltig beeinflusst und mitbestimmt, sind die Folgen, die der letzte Krieg in Deutschland hinterlassen hat.

Der Zweite Weltkrieg war in seiner Intensität ein noch nie dagewesenes Inferno und lässt sich mit anderen Kriegen nicht vergleichen (vielleicht nur noch mit dem Dreißigjährigen Krieg). Die Nachwirkungen dieser Katastrophe wirken bis in unsere heutige Zeit hinein. Aus diesem Grunde möchte ich auf dieses Thema näher eingehen, da ich gerade hier den Schlüssel für unsere zahlreichen und oftmals nicht verstandenen Probleme vermute.

Dieser Krieg hat unendlich viele Menschenleben gekostet und Millionen Menschen traumatisiert zurückgelassen. Allein die Zahlen lassen erahnen, wie groß das ganze Ausmaß war, was zum Teil noch unsere Eltern, aber auf jeden Fall alle unsere Großeltern, miterlebt haben. Letztendlich war jede einzelne Familie davon betroffen: Allein fünf Millionen gefallene Soldaten, sechzehn Millionen Vertriebene, die von ihrem gesamten Hab und Gut, einschließlich ihrer Heimat, beraubt wurden. Die Opfer durch den Bombenterror gingen in die Millionen. Hunderttausende von Menschen, hauptsächlich Frauen, Kinder und alte Menschen, sind verhungert und unzählige Kinder verlorengegangen.

In den Rheinwiesen sind hunderttausende deutsche Soldaten nach 1945, als der Krieg bereits vorbei war, verhungert, obwohl genügend Essen vorhanden gewesen wäre. Bei der Besetzung durch die rote Armee sind Tausende und Abertausende Frauen vergewaltigt worden, viele wurden in den Selbstmord getrieben.

Nach dem Krieg standen viele vor dem Nichts. Die Häuser zerbombt, die Männer tot oder in Kriegsgefangenschaft. Die Winter ´45 und ´46 schlugen noch dazu mit einer außergewöhnlich eisigen Kälte zu.

Wie viele Menschen verhungert und erfroren oder schlichtweg an Verzweiflung gestorben sind, wird man wohl nie erfahren.

In meiner Familie ist zwar niemand umgekommen, dennoch hat der Krieg auch hier seine Spuren hinterlassen. Bei der Flucht meiner Großeltern aus Lothringen wurde ihr Treck von Tieffliegern angegriffen. Vor dem Wagen meines Vaters wurde ein ganzes Gespann mit Pferden getroffen und flog in die Luft. Das einzige, was sie tun konnten, war, die Trümmer in aller Eile von der Straße zu räumen, damit die anderen daran vorbeikamen, da die Tiefflieger immer wieder kamen. Ich erinnere mich, wie mein Vater, immer wenn es irgendwo brannte oder ein Feuer ausbrach, in Panik geraten ist, obwohl wir gar nicht davon betroffen waren.

Mein Opa wurde, kurz nachdem sie mit ihrem Flüchtlingstreck angekommen waren, von den Amerikanern aufgegriffen und nach Bretzenheim in ein Lager gebracht, wo allein 80 000 Soldaten verhungert sind. Als er mehrere Monate danach endlich nach Hause kam, war er bis auf die Knochen abgemagert und wog noch 90 Pfund, so dass er von der ältesten Tochter nicht wieder erkannt wurde, der er im Nachbarort, auf seinem Weg nach Hause, begegnete. Keiner hatte geglaubt, dass er überleben würde. Er konnte auch lange Zeit nicht arbeiten, so dass mein Vater mit nur 16 Jahren den Hof übernehmen musste. Aber mein Opa hat es dann doch noch geschafft und war, als ich klein war, immer für mich da.

Der Vater meiner Mutter ist als gebrochener Mann aus norwegischer Kriegsgefangenschaft heimgekehrt und hat danach Dinge gemacht, die er, bevor er Soldat wurde, nie getan hätte. Meine Mutter musste mit ansehen, wie er seine Frau schlug, nicht mehr fähig war die Arbeiten am Hof aufzunehmen und in der Folge der Hof versteigert wurde. Davor war er in ihrem kleinen Dorf im Theater engagiert gewesen, hatte die Bühnenbilder entworfen und Trompete gespielt.

Der Vater meiner Schwiegermutter ist in Stalingrad vermisst und hat eine Frau und vier kleine Kinder zurückgelassen. Seine Frau weigerte sich, ihn für tot erklären zu lassen und hat somit auch keine Witwenrente beziehen können. Die Mutter meines Mannes wuchs in bitterer Armut auf. Sie erzählte, dass sie manchmal einen ganzen Nachmittag bei einer Familie aus dem Dorf Holz hacken musste, um nur einen einzigen Apfel zu bekommen. Auch sie ist, wie zahlreiche andere Kinder dieser Zeit, ohne Vater aufgewachsen.

Papas Freund war als ganz junger Mann in sowjetische Kriegsgefangenschaft geraten und musste mehrere Jahre in sibirischen Lagern im Bergbau Kohle abbauen und tagelang mit den Füßen im eisigen Wasser stehen. Als er endlich wieder nach Hause kam, hat ihn die eigene Mutter nicht mehr erkannt und er erzählte meinem Vater, dass er damals das erste Mal in seinem Leben geweint hätte.

Eines steht jedenfalls fest, das Elend, in das das deutsche Volk nach dem verlorenen Krieg gestürzt wurde, sprengt alles nur Vorstellbare und führte, wie gesagt, zu zahlreichen Traumatisierungen, die uns noch heute beschäftigen.

Die Journalistin Sabine Bode[16], die sich intensiv mit dieser Problematik beschäftigt und mehrere Bücher dazu veröffentlicht hat, war wohl die erste, die überhaupt einen Zusammenhang zwischen diesem Krieg und den heutigen Verhaltensstörungen zahlreicher Menschen hergestellt hat.

Ich kann jedem diese Lektüre nur empfehlen, denn wir alle sind hiervon betroffen. Sie führt aus, dass gerade die Mütter nach dem Krieg hauptsächlich mit dem Überleben beschäftigt waren, dass für zwischenmenschliche Dinge kaum Platz war. Die Kinder wuchsen in einer trostlosen Zeit auf und mussten mit den traumatischen Erlebnissen größtenteils alleine klar kommen. Wie sie berichtet, verschlossen die meisten Menschen das unsägliche Leid tief in ihrem Innersten und vermieden es, daran erinnert zu werden. Am Schlimmsten war dies jedoch für die Kinder, die der ganzen Stimmung in ihren Familien, oder was noch davon übrig war, ausgesetzt waren.

---

[16] Sabine Bode „Die vergessene Generation" 2004

Keiner hatte Worte, über die erlebten Ungeheuerlichkeiten und Grausamkeiten mit ihnen zu reden und so wuchsen sie in einer Welt des Schweigens auf.

Damals dachte man noch, dass Babys und Kleinkinder den damals erlebten Schrecken am besten wegstecken würden, weil sie noch nicht in der Lage wären, das Erlebte zu verstehen und sich überhaupt nicht daran erinnern könnten. Aber genau das Gegenteil ist leider der Fall. Man weiß heute, dass der Organismus des kleinen Kindes alles „Schreckliche" und nicht Begriffene in allen Fasern seines Seins speichert und dieses sich dann irgendwann Bahn brechen und nach außen treten muss. Zeigen wird sich dies dann zumeist in Auffälligkeiten, diffusen Ängsten und Verhaltensstörungen, die später auf Unverständnis treffen, weil keiner die Ursachen und Zusammenhänge mehr herstellen kann.

Daher sollten wir Verständnis aufbringen für auch heute noch traumatisierte Eltern, die ihrerseits in einer unterkühlten Nachkriegsatmosphäre aufgewachsen sind, wo man über Gefühle und Befindlichkeiten nicht reden konnte.

Günter Grass[17] bemerkt in der Novelle „Im Krebsgang": „Niemals hätte man über so viel Leid…schweigen dürfen!"

---

[17] Günther Grass „Im Krebsgang" 2002

Mich haben diese Themen immer schon interessiert, aber wenn ich mit jemand darüber reden wollte, hieß es: „Ach hör doch auf mit dem alten Kram!" Selbst heute ist vielen das Erlebte von damals nicht wirklich bewusst.

Auch Margarete und Alexander Mitscherlich[18] brachten es mit ihrer Feststellung auf den Punkt:

Sie beschreiben in ihrem Buch, dass Kinder, die kein Mitgefühl erlebten, in einer Zeit, da sie schutzlos allem ausgeliefert waren, irgendwann innerlich verstummen und dass diese Kinder auch später niemals irgendjemanden nahe an sich heran lassen werden.

„Die ehemaligen Kriegskinder wurden im eigenen Land fast 60 Jahre schlichtweg übersehen und doch wissen wir heute, dass der Kontakt zur Welt der Jüngeren eingeschränkt ist und ihre Beziehungen wenig emotional sind. Veränderte Lebensumstände setzen sie enorm unter Druck, Schwarz-Weiß-Denken und ein hohes Bedürfnis nach materieller Sicherheit bestimmen ihr Leben. Man weiß heute, dass bei Menschen, die sich nicht von ihren Traumata erholen, der Cortisolspiegel sehr niedrig ist und dies ein Indikator für die Anfälligkeit von Stress darstellt. Ein Drittel jener Menschen, die ihre Kindheit und Jugend im Krieg verbrachten ist heute noch von den Spätfolgen belastet und je kleiner die Kinder

---

[18] Margarete und Alexander Mitscherlich „Die Unfähigkeit zu trauern"

damals waren, als die Katastrophe über sie hereinbrach, desto gravierender die Auswirkungen.

Insgesamt erlebten diese Menschen eine Einschränkung der psychosozialen Lebensqualität.

Psychosomatische Beschwerden, vor allem Depressionen, unerklärliche Schmerzen und Panikattacken brachte jahrelang niemand mit dem Erlebten in Zusammenhang und auch Ärzten blieben die Symptome rätselhaft.

Auch das Festhalten nicht adäquater Gefühle bis hin zur Gefühllosigkeit wird heute noch als „normal" empfunden." [19]

Wenn man sich all die Verwerfungen, Traumatisierungen vor Augen führt und man heute weiß, dass gerade die unausgesprochenen Verletzungen und Erfahrungen ihre Wirkung dennoch voll entfalten, so kann man einen tiefen Einblick in diese Zusammenhänge bekommen und manches herleiten, was uns die ganze Zeit über unverständlich blieb. Sie wirken im Unsichtbaren, im Verborgenen und selbst die Betroffenen haben oftmals keine Ahnung, was da in ihnen schlummert. Und somit wirkt all dies auch noch auf die Kinder, die heute geboren werden.

Meine eigene Mutter zum Beispiel wurde Ende 1944 geboren, als der Krieg fast vorbei war. Ihre Mutter war allein mit vier kleinen Kindern, der Vater zuerst im Krieg, dann in Gefangenschaft. Als er schließlich

---

[19] Sabine Bode „Die vergessene Generation" Seite 12-30

heimkam, war er, wie oben beschrieben, ein veränderter Mann. Ich habe meine Mutter noch kein einziges Mal weinen gesehen. Bis heute ist es ihr nicht möglich, über irgendwelche Gefühle oder Befindlichkeiten zu reden. Sie ist innerlich vollkommen erstarrt und dabei hat sie weder Vertreibung noch Bombenangriffe erlebt, keinen Hunger gelitten und keine direkte Gewalt erlebt. Am Schlimmsten war wohl die Zeit, als ihre Familie nach dem Krieg allem und jedem schutzlos und hilflos ausgeliefert war und so scheinen diese Erlebnisse ausgereicht zu haben sie derart zu traumatisieren.

Meine Mutter hat uns Kinder zwar in allen Bereichen gut versorgt, aber als Kind habe ich mich oft alleine und verlassen gefühlt, obwohl sie immer für uns da war. Ich weiß noch, dass ich mich abends oft noch auf unsere Treppe gesetzt und bitterlich geweint habe, ohne dass ich damals wusste, warum. Mir ist nur noch in Erinnerung, dass ich dabei immer gesagt habe: „Ich bin so traurig, ich bin so traurig!“ Das alles hat bei mir große Verunsicherungen nach sich gezogen und mich bis in die heutige Zeit beschäftigt. Mit meiner Mutter kann ich, selbst wenn ich wollte, nicht darüber reden, da ihr vollkommen der Zugang zu diesen Erlebnissen fehlt. Und so habe ich mich schon recht früh mit dieser Thematik beschäftigt, wahrscheinlich, weil ich instinktiv wusste, dass hier die Erklärung zu allem Unverstandenen liegt.

Ich habe mittlerweile eine ganze Schrankwand mit „Vertriebenen- und Kriegsliteratur". Und mir wurde im Laufe der Zeit klar, dass der Begriff „generationenübergreifendes Trauma" der eigentliche Schlüssel zu meiner Problematik und auch vieler meiner Mitmenschen ist.

Mittlerweile gibt es Kongresse, die sich nur mit diesem Thema beschäftigen. Bei einem „generationsübergreifenden Trauma" wird das Erlebte und nicht verarbeitete Trauma einfach an die Kinder der nächsten Generation übertragen, obwohl diese Kinder nichts davon selbst erlebt haben. Allerdings trifft dies nicht alle Kinder, sondern gerade diejenigen, die sehr empfänglich und sensibel sind. Typisch ist, dass diese dann ihr Leben so einrichten, dass das erlittene Trauma der Eltern oder auch Großeltern stellvertretend wieder erlebt und somit anderen erneut gezeigt wird. Viele dieser Betroffenen zeigen Symptome, für die es scheinbar keine Befunde oder Ursachen gibt. Lange Zeit hat man sich das alles nicht erklären können und diese Menschen erlebten oft jahrelange „Behandlungen", die am Ende nichts brachten. Seit etwa einem Jahrzehnt kann man allerdings endlich einen Bezug herstellen und daher ist man heute in der Lage, diese übernommenen Traumata heilen zu können.

Im Laufe meiner Berufstätigkeit habe ich viele solcher Kinder kennengelernt, die mit unerklärlichen Symptomen und Verhaltensauffälligkeiten leben mussten und ich stand dem oft ratlos gegenüber. Natürlich spielen hier auch andere Faktoren mit hinein, aber meines Erachtens ist das eine der Hauptursachen.

Vor allem hat dies große Auswirkungen auf unser Bildungs- und Schulsystem, denn Blockaden, die im Verborgenen wirken, blockieren auch die Kinder in ihrem Kernpotential.

Vor allem in den Kindertageseinrichtungen wäre es sinnvoll, gerade über diese Dinge zu reden und junge Eltern zu ermuntern sich mit dieser Thematik auseinanderzusetzen. Wir sollten Eltern darüber aufklären, welche Faktoren ihre eigene Kindheit und Jugend beeinflusst haben und gegebenenfalls Elternabende zu diesem Thema, Workshops o.ä. anbieten.

Auf jeden Fall wäre es an der Zeit, diese Themen aus den Tiefen unseres Unterbewusstseins heraufzuholen und sich eingehend damit zu befassen. Denn nur aufgelöste Traumatisierungen werden nicht mehr an die nachfolgende Generation weitergegeben.

Die Auswirkungen des Erziehungsratgebers von Johanna Haarer[20] „Die deutsche Mutter und ihr erstes Kind"

Als ich vor etwa zehn Jahren das oben angesprochene Buch von Sabine Bode „Die vergessene Generation" in die Hand bekam, in dem Erziehungspraktiken einer sogenannten Johanna Haarer näher beschrieben wurden, musste ich das erste Mal aufhorchen. Jede einzelne Zeile kam mir aus meinem eigenen Erleben bekannt und vertraut vor. Beim Lesen wurde mir auf einmal klar, dass auch meine Kindheit von den „Idealen" dieser Johanna Haarer geprägt war, weswegen ich hier näher darauf eingehen möchte.

Johanna Haarer war eine ausgebildete Lungenfachärztin im dritten Reich und bezog ihr sogenanntes „Fachwissen" einzig aus ihrer eigenen Mutterschaft. Speziell für junge Mütter entwickelte sie einen Ratgeber, der damals sämtliche Auflagen sprengte.

Darin empfahl sie jungen Müttern eine liebevolle Beziehung zu ihrem Säugling zu unterbinden, denn sie vermutete dahinter nur die Anfänge einer „verweichlichten Jugend". Auch solle das Kind erst 24 Stunden nach der Geburt erstmals die Brust bekommen und Mutter und Kind seien unmittelbar

---

[20] Sabine Bode „Die vergessene Generation" Seite 149-169

nach der Entbindung in getrennten Zimmern unterzubringen. Letzteres hielt sich in Deutschland noch bis in die 70er Jahre.

Als Anfang der 70er meine Zwillingsbrüder geboren wurden, brachte man sie wegen Untergewichts in eine Kinderklinik und meine Mutter musste damals alleine ohne ihre Kinder nach Hause gehen. Ich erinnere mich noch daran, wie wir die Zwillinge nur von den Säuglingsschwestern gezeigt bekamen, die hinter einer Scheibe die kleinen Babys hochhielten. Selbst meine Mutter wurde nicht zu ihnen hineingelassen. Einer meiner Brüder durfte bereits nach 6 Wochen nach Hause, der andere erst nach circa drei Monaten. Ich habe noch das Schreien in meinen Ohren, da sie sich lange Zeit nicht von meiner Mutter beruhigen ließen, weil sie sie im Grunde ja gar nicht kannten. Dass dies Auswirkungen auf die Bindung zwischen Mutter und Kind hatte, kann ich bestätigen.

Obwohl es bereits in den 20er Jahren des vorigen Jahrhunderts Frauenkliniken mit „Rooming-in" und Dissertationen zur Notwendigkeit „des Stillens gleich nach der Geburt" gab, was heute unbestritten die Bindung zwischen Mutter und Kind stärkt und Stillschwierigkeiten verringert, fanden diese Erkenntnisse keinen Einzug in Johanna Haarers berühmtes Buch.

Dem entgegengesetzt gab sie jungen Eltern den Rat, dass Babys im Wesentlichen sich selbst überlassen bleiben sollten. Gleichzeitig warnte sie vor einem Zuviel an Zärtlichkeit und dass man sich nie ohne Anlass mit dem Kind abgeben solle. Das tägliche Bad, das regelmäßige Wickeln des Kindes und das Stillen böten Gelegenheit genug, sich mit ihm zu befassen, ihm Zärtlichkeit und Liebe zu erweisen und mit ihm zu reden. Vor allzu vielen mütterlichen Gefühlen sollte man sich jedoch hüten, so Haarer. Hält man sich die angesprochenen Traumen im vorhergegangenen Kapitel vor Augen, so kommt hier zusätzlich noch ein grundlegendes kinderfeindliches Verhalten hinzu.

In dem von ihr entwickelten Trainingsprogramm heißt es, dass man mit dem „Abhalten" schon beginnen soll, bevor das Kind sitzen kann. Dem Säugling seien seine Ausscheidungen als etwas Ekelerregendes hinzustellen, damit es sich zunehmend unglücklich und unbehaglich fühle, wenn es nass oder schmutzig sei. Wenn es dann von selbst nach Sauberkeit verlange, wäre der „Kampf" schon halb gewonnen.

Wie solches Belehren Wirkung erzielen soll, ohne dass ein Kind sich abgewertet und abgelehnt fühlt, verriet die Autorin nicht.

Am häufigsten hielt sie sich in ihrem Buch mit dem Thema Reinlichkeit auf, ihm widmete sie 25 Seiten.

Für die Gedanken, die sie sich über die körperliche und geistige Entwicklung machte, reichte eine halbe Seite.[21] Um zu illustrieren, in welchem Umfang dieses Buch in der Bevölkerung Verbreitung fand, hier noch ein paar Zahlen:

Der Ratgeber, dessen Titelblatt die Autorin als „Frau Doktor Johanna Haarer" bezeichnet, war nach seinem ersten Erscheinen 1934 schon nach wenigen Wochen vergriffen. 1937 war die Auflage auf 100 000 gestiegen. Bis Kriegsende wurden von „Die deutsche Mutter und ihr erstes Kind" 700 000 Exemplare verkauft. Die Erfolgsstory ging nach dem Krieg weiter. 1949 war das Buch wieder auf dem Markt, nur hieß es jetzt „Die Mutter und ihr erstes Kind" und galt bis zu seinem letzten Erscheinungsjahr 1987 als Standardwerk. Ein Jahr später starb Johanna Haarer.

Seinen Erfolg verdankt der Haarer-Ratgeber der Tatsache, dass es institutionell gefördert wurde. Vor allem geschah dies in der „Reichsmütterschulung" und so wurden Kurse im Laufe der Jahre von Millionen junger Frauen besucht.

Interessant ist in diesem Zusammenhang auch ein Abschnitt aus der Untersuchung "Deutsche Kriegskinder": Anfang der 50er Jahre wurden Mütter gefragt, wann ihre Kinder trocken waren. Das Ergebnis: 24% mit 1 Jahr, 26% mit 1,5 und 22% mit 2 Jahren. Nach heutigen Erkenntnissen geht man da-

---

[21] Sabine Bode „Die vergessene Generation" Seite 149-169

von aus, dass Kinder frühestens ab dem zweiten Lebensjahr ein Gefühl für die Blasenfüllung entwickeln.

Bezüglich des „Geruches" weiß man heute, dass gerade der Geruchssinn eine wichtige Rolle im wechselseitigen Bindungsprozess zwischen Mutter und Kind spielt. Spätestens vom fünften Lebenstag an erkennt der Säugling den Geruch seiner Mutter und wendet sich der Quelle dieses Geruches spontan zu. Das Baby bevorzugt den Geruch seiner Mutter vor dem Geruch anderer Frauen.

Wie fest diese Erziehungspraktiken und deren Anschauungen in uns allen heute noch verwurzelt sind, wurde mir jetzt erst richtig klar. Unbewusst folgen wir heute noch dem Reinlichkeitswahn, der in diesem Werk propagiert und angepriesen wurde. Die Bindungsunfähigkeit der Generation unserer Mütter und Väter, hat hier hauptsächlich ihre Ursachen.

Wie wir gesehen haben, werden sie von einer Generation auf die nächste blind weitergegeben - mit allen möglichen Folgen und Verletzungen. Ich denke heute an die Generation meiner Großeltern und halte mir vor Augen, was sie erlebt haben und wie sie mit ihren Kindern, also unseren Eltern, umgegangen sind, was sie wiederum von ihren Eltern erfahren und weitergegeben haben. Auf den Fotos dieser Zeit sieht man, wie verhärmt und verstockt die kleinen Kinder in die Kamera blicken. Heute sind wir erst-

mals in der Lage, darüber überhaupt ernsthaft nachzudenken und zu sprechen, was unseren Großeltern
niemals möglich war. Ich habe noch immer den Satz
meines Vaters in Erinnerung, der einmal sagte: „Da
war nichts Schönes!" Ich empfand das als tief traurig, wenn jemand seine gesamte Kindheit nur in
diesem einen Satz beschreiben kann.

Wir haben heute das Glück, in einer Zeit leben zu
können, in der man all diese Dinge aufdeckt und
beim Namen nennen kann und darf, was unseren
Eltern und Großeltern und deren Vorfahren an lieb-
loser Behandlung widerfahren ist.

Doch leider findet das alles noch in einem viel zu
kleinen Umfang statt, wie uns der Blick auf unsere
heutige Zeit zeigt.

Verlorengegangene Bindungen

Schon seit vielen Jahren beschäftigt mich die Frage,
welche Bedingungen dazu geführt haben könnten,
dass eine kulturell hochstehende Gesellschaft eine
solch wichtige Eigenschaft, wie die der Elternschaft,
derart vernachlässigt.

Die Anfänge dieser Veränderung sind sicherlich in
der Zeit zu suchen, in der die Industrialisierung
großflächig um sich gegriffen und unsere Gesellschaft von Grund auf verändert hat.

Bereits beim Adel und beim Bildungsbürgertum war es üblich, die Kinder durch Ammen betreuen zu lassen. Die naturgemäße Betreuung des Kindes durch die eigene Mutter wurde als etwas „Primitives"(!) erachtet und man „wertete sich auf", wenn man es sich leisten konnte, seine eigenen Kinder fremdbetreuen zu lassen.

Das Voranschreiten der Technisierung brauchte Arbeitskräfte, die gewohnten bäuerlichen Strukturen lösten sich allmählich auf und die Landbevölkerung flüchtete in die Städte, um sich den Traum von einem „freien Leben" zu erfüllen.

Waren die Menschen davor zwar weitestgehend von ihren Feudalherren abhängig, so waren sie in ihren Familien doch noch fest verwurzelt. Die Kinder erlebten eine klare gesellschaftliche Struktur und konnten, auch wenn sie arm waren, trotz allem im Kreise ihrer Bezugspersonen heranwachsen.

Im Zuge der Industrialisierung hatten die Menschen dann folglich zwar ihre Freiheit errungen, mussten aber einen großen Preis dafür bezahlen, denn Wohnraum und Nahrung waren nun selbst zu beschaffen und dies erforderte auch eine Erwerbstätigkeit der Frauen bzw. Mütter.

Kinder waren somit gezwungen, sich den gesellschaftlichen Gegebenheiten anzupassen und sich daher überwiegend selbst zu beschäftigen und zu disziplinieren. Viele Kinder bekamen ihre Eltern, vor allem ihre Mütter, die meiste Zeit des Tages nicht zu Gesicht, so dass sich die natürliche Verbindung in dem Maße zurückbildete, wie die räumliche und emotionale Distanz zunahm. Ende des 19./ Anfang des 20. Jahrhunderts war die räumliche Wohnsituation gerade für die Arbeiterfamilien in den Großstädten katastrophal.

Für die Kinder, die geboren wurden, war kein Platz und kein Geld vorhanden und Familien mit zehn Personen und mehr hausten oft in dunklen und schmutzigen Ein-Zimmer-Wohnungen, die untereinander immer wieder vermietet wurden. Viele Kinder fielen einer regelrechten Verwahrlosung anheim, waren krank und unterernährt und lebten im Elend. In diesem Zuge sind damals die ersten Schulen entstanden, hauptsächlich um diese Kinder von der Straße zu holen.

Die später eingeführte Schulpflicht war zwar ein Segen für die gesamte Gesellschaft, hatte aber zur Folge, dass die Kinder nicht mehr in dem Maße an dem alltäglichen Ablauf zuhause teilnehmen konnten, wie es früher selbstverständlich war. Die Kinder wurden für die Hälfte des Tages von ihren Bezugspersonen getrennt und der Fokus verlagerte sich von einer vorwiegend körperlichen Betätigung auf eine selektive geistige Förderung.

Nach dem zweiten Weltkrieg wurden in den ehemaligen östlichen Bundesländern die Krippen flächendeckend eingeführt und die Frauen auf den Arbeitsmarkt gebracht, so dass dort die gesamte Nachkriegsgeneration in Krippen untergebracht war. Wer als Mutter seine Kinder trotz des neuen gesellschaftlichen Ideals der Fremdbetreuung zu Hause betreute, musste mit Restriktionen rechnen und verlor die gesellschaftliche Anerkennung.

Umfangreiche Vergleichsstudien zwischen familiengebundenen Säuglingen und Kleinkindern, Tages- und Wochenkrippenkindern sowie Kindern in Säuglingsheimen konnten für die familiengebundenen Kinder die besten Entwicklungsstände, was Sprache, soziales Verhalten und motorische Entwicklung betraf, belegen und so waren Kinder, die in den ersten 3 Jahren bei der Mutter blieben, ihren Altersgenossen in den Krippen weit voraus.

Hans Joachim Maaz[22] weist in vielen seiner Büchern und Vorträgen darauf hin, wie „Ich-Störungen" beim Erwachsenen auf eine gestörte Mutter-Kind-Beziehung in der Kindheit zurückzuführen sind und macht „zu frühe Krippenerfahrungen" für eine Traumatisierung des Kindes verantwortlich.

Im Westen war diese Entwicklung zwar noch nicht so weit fortgeschritten, änderte sich aber nach dem Fall der Mauer in ganz Deutschland grundlegend.

---

[22] Maaz, Hans Joachim „Der Lilith-Komplex", „Die narzisstische Gesellschaft", „Gefühlsstau"

Der steigende Konsum und die ständig steigenden Lebenshaltungskosten, sowie die elektronische Revolution haben auch im Westen dafür gesorgt, dass die Frauen auf den Arbeitsmarkt drängten und somit für die Kinderbetreuung zu Hause ausfielen.

Die Bindungsforschung hat nun herausgefunden und belegt, dass das Kind zuerst Sicherheit und Vertrauen zu seinen Eltern aufbauen muss, bevor es mit unbekannten Situationen umgehen kann. Diese Entwicklung erstreckt sich über das ganze erste Lebensjahr, um sich im zweiten dann zu verfestigen. Ist diese Entwicklung noch nicht abgeschlossen, wird dies zum Nährboden für frühkindliche Fehlentwicklungen und nachfolgende Verhaltensstörungen.

John Bowlby[23], ein englischer Bindungsforscher, lenkte seine Aufmerksamkeit auf die frühkindliche Forschung. Aufgrund seiner eigenen Kindheitserfahrungen, seiner Lehrtätigkeit mit verhaltensauffälligen Schülern und den klinischen Erfahrungen einer hohen Zahl stark zerrütteter frühen Mutterbindungen auf die Auswirkungen von Trennung, fand er folgendes heraus: Es gibt ein biologisch angelegtes System der Bindung, das für die Entwicklung der emotionalen Beziehung zwischen Mutter und Kind verantwortlich ist.

Nach seiner Forschung gibt es davon vier Arten von Bindungstypen:

---

[23] „Die Bindungstheorie nach John Bowlby und Mary Ainsworth"

1. Die sichere Bindung
2. Die unsicher vermeidende Bindung
3. Die unsicher ambivalente Bindung
4. Die desorganisierte Bindung

Kinder des ersten Typs haben eine emotional offene Strategie und verleihen ihren Gefühlen Ausdruck. Sie weinen und schreien, wenn ihre Bezugsperson den Raum verlässt und lassen sich auch nicht von einer anderen unbekannten Person trösten. Bei der Rückkehr suchen sie den Körperkontakt und beruhigen sich schnell wieder. Bei den anderen drei Bindungstypen ist dies nicht der Fall.

Als Erzieherin in einer Krippe konnte ich daher bereits am ersten Tag erkennen, ob das Kind eine sichere oder unsichere Bindung an seine Mutter oder Vater hatte. Schrie das Kind lautstark, war paradoxerweise alles in Ordnung und diese Kinder gewöhnten sich am besten ein. Aber gerade die Kinder, die sich nicht wehrten und ganz ruhig wirkten, brachten die größten Probleme bei der Eingewöhnungszeit mit sich, was mich und meine Kolleginnen auch in vielen Fällen überforderte.

Wende ich dieses Wissen auf die momentanen Bedingungen unserer Erziehungslandschaft an, sind diese, aus meinen Erfahrungen heraus, unter den beschriebenen Gesichtspunkten alles andere als gut. Wie ich immer wieder erfahren musste, wird sich die

Bindung, die in den ersten beiden Jahren grundlegend entwickelt wird, durch die immer früher einsetzende Trennung nicht wirklich festigen können und dies fördert geradezu eine Bindungsstörung zwischen Kindern und ihren Eltern.

Das Kind allerdings, das sich der Liebe seiner Eltern sicher sein kann, erhält für sein weiteres Leben ein sicheres Fundament, auf dem eine gesunde Entwicklung aufbauen kann.

Sicher gebundene Kinder scheinen also aufgrund von elterlicher Feinfühligkeit eine große Zuversicht in der Verfügbarkeit ihrer Bindungsperson zu entwickeln. Diese Feinfühligkeit ist gekennzeichnet, durch die direkte Wahrnehmung der kindlichen Signale, der richtigen Interpretation und einer angemessenen, sowie prompten Reaktion auf diese. Die Kinder vertrauen darauf, dass ihr Gegenüber sie nicht im Stich lässt oder in irgendeiner Weise falsch reagieren wird. Die Bindungsperson erfüllt die Rolle eines „sicheren Hafens", der immer Schutz bieten wird, wenn das Kind dessen bedarf. Das Kind kann und will aus dieser Sicherheit heraus Neues erkunden.

Veränderungen in der Erziehungslandschaft

Unser neues pädagogisches Ideal

Kinder sind heute mehr denn je in den Fokus der neuen Erziehungsdebatte gerückt.

Noch nie zuvor wurde so viel über den Begriff der Erziehung debattiert, wie in den letzten fünfzig Jahren. Alte Werte und bewährte Methoden sind nach und nach unter den Begriff „autoritär" gefallen und wurden/werden somit verpönt und gesellschaftlich geächtet.

Die Medien und Erziehungswissenschaften haben immer wieder betont, wie schädlich eine autoritäre Erziehung für unsere Gesellschaft sei und so wurden Kinder als „Versuchsfläche" entdeckt, mit der man eine neue Gesellschaft formen wollte.

In der Bildung trat dadurch ein Wandel ein und „die antiautoritäre Erziehung" war von nun an das Schlagwort. Man wollte Kinder nicht mehr in einen vorgefertigten Rahmen pressen, denn man war überzeugt davon, dass dies die Entwicklung behindert, einen unterwürfigen Charakter hervorbringt und die Kinder hörig macht, was dazu führe, dass kreatives Denken eingeschränkt wird und die Kinder unselbständig werden.

Die Ideale der 68er Generation

Mit all diesen Faktoren hat sich die sogenannte „Frankfurter Schule"[24], ein Zusammenschluss aus Philosophen und Sozialforschern, im vorigen Jahrhundert genauestens beschäftigt, was einen wesentlichen Einfluss auf die damalige 68er Generation hatte.

Diese „Frankfurter Schule" wurde bereits in den 20er Jahren des vorigen Jahrhunderts ins Leben gerufen, ihr tatsächlicher Einfluss begann aber erst nach dem zweiten Weltkrieg, als eine große Debatte über die damaligen Erziehungsmethoden entbrannte. Das Ergebnis war, dass das gesamte Erziehungswesen verändert wurde, was ein gravierendes Umdenken in Politik und Gesellschaft nach sich gezogen hat.

Eine ihrer wichtigsten Schriften war „Die autoritäre Persönlichkeit", in der es darum ging, welche Fakto-

---

[24] Die „Frankfurter Schule" war eine Denkschule, deren Zentrum das 1923 in Frankfurt gegründete „Institut für Sozialforschung" darstellt, das das Ziel hatte, eine „Kritische Theorie" hinsichtlich der Widersprüche der kapitalistischen Gesellschaft zu entwickeln. Sie setzt sich zusammen aus einer Gruppe von Philosophen und Wissenschaftlern verschiedener Disziplinen (vor allem Habermaß und Horkheimer), die an die Theorien von Hegel, Marx und Freud, aber auch Max Webers Soziologie, anknüpfen. Diese Gruppe erstellte zahlreiche Studien, vor allem über das Thema „Autorität und Familie".

ren zum Ausbruch des 2. Weltkrieges geführt haben könnten. Die Ursachen schienen sie in einer autoritär ausgerichteten Erziehung gefunden zu haben, welche in ihren Augen für angepasstes Verhalten, Duckmäusertum, Hörigkeit sowie bedingungslose Gehorsamkeit verantwortlich gemacht wurde.

In Folge wurden sämtliche Werte auf den Prüfstand gestellt und neu beleuchtet. Man wollte eine befreite, glückliche Gesellschaft, fernab von jedem Zwang. Den Begriff der „Selbstverwirklichung" sowie die Optimierung des persönlichen Glücks durch maximalen Lustgewinn stellte man dabei an die erste Stelle.

Ebenfalls arbeitete man daran, die bestehenden Werte von Moral in Frage zu stellen und man beschäftigte sich mit der Frage, ob das Leistungsprinzip noch zeitgemäß wäre. Auch Tugenden wie Ordentlichkeit, Pünktlichkeit oder Pflichtbewusstsein wurden in den Fokus genommen.

Die sogenannten 68er schrieben sich, dem folgend, die Abschaffung der traditionellen Gesellschaftsordnung auf ihre Fahnen. Man wollte alle Schranken, die die Gesellschaft „versklavten" und in Fesseln legten, abschaffen und ein Gesellschaftsmodell entwickeln, in dem alle gleichgestellt wären.

Mit dem Begriff: „Emanzipation der Frau" wurde ein komplett neues Bewusstsein geschaffen, indem das natürliche Bestreben der Frauen nach Gleichberechtigung aufgegriffen und ihnen das Gefühl vermittelt wurde, dass Mutterschaft und Sorge um die Familie rückständig sei, während die Berufstätigkeit allein zur Selbstverwirklichung führen könnte. Es wurde als überholt hingestellt, wenn Frauen in nur einer Beziehung lebten und sich nicht das Recht nahmen, die Partner regelmäßig zu wechseln.

Diese emanzipatorische Politik wurde gezielt umgesetzt, was zur Folge hatte, dass das natürliche Vertrauensverhältnis, zwischen Eltern und Kindern, sowie auch zwischen Lehrern und Schülern in Mitleidenschaft gezogen wurde. Da der Autoritätsbegriff als Voraussetzung zur Bildung „Totalitärer Herrschaft" eingestuft wurde, sollte er vollends abgeschafft werden.

Hauptsächlich hat die eingeführte *antiautoritäre Erziehung*, die die für den Bildungsprozess notwendige Achtung vor den Lehrenden ablehnt, zu einem gesellschaftlichen Zersetzungsprozess und einem allgemeinen Bildungsverfall beigetragen, da verlässliche Ordnungsstrukturen wegfielen und den Kindern somit oftmals eine klare Orientierung fehlte.

Da die Familienpolitik immer mehr vernachlässigt wurde, gingen die Eheschließungen und die Geburten weiter zurück. Vor allem die Legalisierung von Schwangerschaftsabbrüchen (jährlich ca. 100 000) führte zu einem heute deutlich spürbaren demografischen Wandel und Vergreisung der Gesellschaft.

Da die 68er Generation die Ziele der Frankfurter Schule komplett übernahm, wurden sie somit zum Schrittmacher der Auflösungserscheinungen, die in Staat und Gesellschaft nun um sich griffen:

Die Bedeutung der Familie nahm nach und nach ab und Kinder wurden zunehmend ihren Familien entfremdet. Dies geschah hauptsächlich durch die, auf breiter Ebene, einsetzende Berufstätigkeit der Mütter, was hier ja schon mehrfach angesprochen wurde. Auch Einrichtungen, wie Krippen und Gesamtschulen, trugen verstärkt dazu bei, die Kinder ihrer elterlichen Fürsorge zu entfremden.

All das hatte vor allem einen großen Einfluss auf die damalige Bildungspolitik und es wurde daher vieles ausprobiert, vor allem durch Einführung neuer Erziehungsmodelle, wobei ganz bewusst auf „Erziehung" verzichtet wurde, um die Kinder nicht zu beeinflussen bzw. sie zu bevormunden. Auch definierte man insbesondere die Rolle des Lehrers bzw. der Lehrerin vollkommen neu, indem sie zu „Begleitern" der Kinder werden und sich rein auf das Vermitteln von Wissen konzentrieren sollten.

Am Ende können wir erkennen, dass zwar viele Zwänge weggefallen sind, aber dadurch auch stabilisierende Grundlagen, sowie verlässliche Bezugs- und Ansprechpersonen. Und wie wir bereits in Teil I gesehen haben, führten diese strukturellen Veränderungen bereits schon nach kurzer Zeit zu einer rapiden Veränderung des kindlichen Verhaltens, was sich dann auf die Leistungsfähigkeit und das persönliche Wohlbefinden des einzelnen Kindes auswirkte.

Zusammenfassend kann man sagen, dass in der Vergangenheit für die Kinder zwar ein fester Rahmen und klare Ordnungsstrukturen vorhanden waren, aber durch allzu viel Strenge ein liebevoller Umgang zu kurz kam. Heute hat man fast alle festen Strukturen aufgelöst und das Kind mit seinen Wünschen und Bedürfnissen in den Vordergrund gestellt. Keiner hat allerdings dabei bedacht, dass die nun fehlenden Grenzen zu einer Orientierungslosigkeit der Kinder führen könnten und so ist man leider von einem Extrem in ein anderes geraten.

Konsum/Werbung/Medien

Heute leben wir alle in einer konsumorientierten Gesellschaft, in der das Materielle, scheinbar über allem anderen steht und auf das sich unser Fokus richtet.

In dem Maße, in dem das Materielle immer mehr Raum bei uns eingenommen hat, oder wir davon vereinnahmt worden sind, hat unsere natürliche Verbindung zur Natur an Wichtigkeit verloren.

War es für Kinder bis in die 90er Jahre hinein noch selbstverständlich sich bei Wind und Wetter draußen an der frischen Luft aufzuhalten, so hat dies mit dem Erscheinen der Handys, Computer u.ä. schlagartig sein Ende gefunden. Natürlich trägt auch in entscheidendem Maße die Berufstätigkeit beider Elternteile dazu bei, da die Kinder in ihrer Abwesenheit institutionell betreut werden müssen und während dieser Zeit nicht spontan entscheiden können, ob sie raus gehen wollen oder nicht. Und schon gar nicht alleine, wie es zu Hause vielen eher möglich wäre.

Allerdings kann man trotzdem nicht leugnen, dass sich die neuen Medien zu einem Hauptbestandteil unseres Lebens entwickelt haben und einen großen Einfluss auf uns, vor allem auf unsere Kinder, ausüben. Durch den Gebrauch von Kopfhörern sind zudem viele Kinder und Jugendliche so gut wie von der Außenwelt abgeschnitten, was auch auf den zwischenmenschlichen Umgang gravierende Auswirkungen hat.

Da wir in einem Wirtschaftssystem leben, in dem es anscheinend nur um kaufen und verkaufen geht, rührt die Werbeindustrie fleißig die Trommel. Wir werden morgens von ihr geweckt und gehen abends mit ihr schlafen und sind ständig mit ihr konfrontiert.

Wünsche, die wir bis dahin noch nicht hatten, werden so ins Leben gerufen und produziert. Zahlreiche Psychologen sind in den Dienst der Werbeindustrie getreten und untersuchen, mit welchen versteckten und subtilen Reizen man unsere Begierden wecken und entfalten kann, denn die Werbung hat ein großes Ziel: Uns permanent zum Kaufen und Konsumieren anzuregen.

Da wir die ganze Bandbreite an Waren, die auf dem Markt sind und die auf Absatz warten, eigentlich gar nicht wirklich benötigen, weil eben der Markt längst gesättigt ist, so schafft die Werbeindustrie in einer raffiniert ausgeklügelten und mit fortwährenden Wiederholungen ständig neue Bedürfnisse und formt so künstlich in uns den Wunsch, dieses oder jenes besitzen zu müssen.

Um die Spannung und die Aufmerksamkeit bei den Menschen aufrechtzuerhalten, werden ständig Sonderangebote auf den Markt gebracht, die nur in begrenzter Anzahl für eine kurze Zeit gültig sind. Das hat auf uns Konsumenten eine große Wirkung, da durch „Verknappung" alte Ängste in uns angesprochen werden, die seit Jahrhunderten gespeichert sind. Wir denken dadurch, schnell zugreifen zu müssen, um es noch rechtzeitig zu bekommen, damit es uns von den anderen nicht „weggeschnappt" wird. Und so werden wir permanent in diesem Kaufmodus gehalten und kaufen Dinge, die wir eigentlich gar nicht benötigen.

Wir sind somit in einer Endlosschleife gefangen und lernen nicht mehr auf etwas zu warten oder für et-

was zu sparen. Werbung trifft insbesondere unge-
schützt und unvorbereitet auf Kinder und Jugendliche und je kleiner die Kinder sind, desto wirksamer
ist sie. Sie ist geschickt in sämtliche Fernsehsendung-
en eingebaut, sogar in Sach- und Tierfilmen, wo man
sie nicht einmal vermuten würde.

Der endlose Konsum scheint uns aber nicht wirklich
zur Zufriedenheit zu führen, sondern macht uns
süchtig, unersättlich und ungehemmt. All dies führt
dazu, dass Kinder von ihrem eigentlichen wahren
Wesenskern abgelenkt und entfremdet werden und
es wäre daher sinnvoll und wichtig, Kinder wieder
mit den natürlichen Prozessen unseres Lebens vertraut zu machen und sie so aus einer fiktiven Endlosschleife herauszuholen.

Gesundheit

Nicht nur „Fehler in der Pädagogik" bzw. fehlgelei-
tete Erziehung können als Ursache für Verhaltensauffälligkeiten und Krankheiten in Frage kommen.
Es ist davon auszugehen, dass u.a. auch Zusatzstof-
fe, die in zahlreichen Nahrungsmitteln enthalten
sind, in zunehmendem Masse die gesunde kindliche
Entwicklung beeinflussen.

Auch die sterile Welt, in der wir uns und insbesondere unsere Kinder sich hauptsächlich aufhalten,

trägt oftmals durch ein Zuviel an Hygiene dazu bei, dass sie nicht mehr ausreichend mit Abwehrkräften ausgestattet sind, die nun mal durch den Kontakt mit Schmutz und Erde ausgebildet werden.

Auch hat der, durch die zunehmende Institutionalisierung der Kinder, entstandene Bewegungsmangel zusätzlich dazu beigetragen, dass viele kindlichen Bedürfnisse, die mit viel Bewegung verbunden sind, unterdrückt werden und zu gesundheitlichen Fehlentwicklungen und einer inneren Unruhe führen können, die sich dann vor allem auf die Aufmerksamkeit und die Bewegungskontrolle auswirkt.

Im Zuge der Globalisierung leben wir heute zudem in einer Überflussgesellschaft, die zumeist nicht mehr weiß, wo ihre Nahrung herkommt, während wir bis vor ein paar Jahrzehnten über die Herkunft unseres Essens Bescheid wussten und auch Kinder die Pflege der Pflanzen und Früchte selbst miterleben und mit verfolgen konnten.

Auch die Zeit, die eigenen Nahrungsmittel anzubauen, steht heute vielfach nicht mehr zur Verfügung und oft sind die gekauften Nahrungsmittel billiger, als die selbst hergestellten. Der Trend geht hin zu Fertiggerichten, gerade auch in Gemeinschaftseinrichtungen, wie Kindergärten, Schulen und Kantinen.

Damit all die Nahrungsmittel nicht so schnell verderben, sind sie mit zahlreichen Haltbarkeits- und vielen unbekannten Zusatzstoffen versehen. Zwar müssen durch die gesetzlich vorgeschriebene „Kennzeichnungspflicht" alle enthaltenen Stoffe aufgelistet werden, aber die ganzen Abkürzungen und lateinischen Bezeichnungen kann selten jemand übersetzen und einordnen und so werden zahlreichen Nahrungsmitteln Stoffe beigemischt, die unserer Gesundheit nicht zuträglich sind.

Auch werden heute gerade in der Landwirtschaft zahlreiche Pestizide eingesetzt, die in unsere Nahrungsmittelkette gelangen. Die Obstbauern können auf Spritzmittel nicht verzichten, da sie ansonsten am globalen Markt nicht mehr mithalten können. Leider sind auch die veganen Nahrungsmittel davon betroffen, da sie fast alle auf Soja-Basis hergestellt werden, welches wiederum großflächig mit dem hochgiftigen Glyphosat behandelt wird.

Weiterhin überschwemmen mittlerweile genmanipulierte Pflanzen, wie Mais und Getreide unseren Markt, bei denen die Auswirkungen auf uns Menschen noch gar nicht abschließend geklärt sind.

Da die Landwirte gezwungen sind, immer mehr bei sinkenden Preisen zu produzieren, werden den Tieren Hormonpräparate über Leistungsfutter zugefüttert, die vor allem die Milchleistung, das Wachstum und deren Gewicht steigern. Schweinemastbetriebe impfen alle Tiere regelmäßig durch, um großflächige

Ansteckungen zu vermeiden, bei denen gleich mehrere Tausend Tiere betroffen wären.

Diesen Konformitätszwang würde keiner freiwillig machen, wenn nicht die Existenz der Betriebe auf dem Spiel stehen würde, aber wir sollten uns auch bewusst sein, dass viele dieser Stoffe in unser Essen gelangen und sich dort zu einem regelrechten „Cocktail" vermischen.

Als bei mir vor einigen Jahren eine schwere Schilddrüsenerkrankung festgestellt wurde und dies auf eine viel zu hohe Aufnahme des Spurenelementes Jod zurückzuführen war, begann ich mich eingehend mit dieser Thematik zu befassen. Ich fand dabei heraus, dass zahlreiche Nahrungsmittel, die wir heute zu uns nehmen, mit Jod[25] angereichert sind, was in der Folge zu einem Übermaß an Versorgung mit diesem Spurenelement geführt hat, auf das gerade aber unsere durch Eiszeiten geprägte Schilddrüse nicht vorbereitet ist. Die vermehrte Zunahme

---

[25] Der Beweggrund für die zusätzliche Verabreichung von Jod fußt darin, dass Deutschland zu einem jodarmen Gebiet gehöre und uns Jod nicht ausreichend zur Verfügung stehe. Aus diesem Grund müssten wir schauen, dass unserem Organismus ausreichend Jod zur Verfügung gestellt wird, weswegen man sich entschlossen hat, dieses künstlich über unsere Nahrung zuzuführen, was hauptsächlich über das Salz geschehe. In sämtlichen Geschäften wird daher heute fast ausschließlich jodiertes Salz angeboten, reines Salz dagegen bekommt man nur noch sehr schwer.

von Schilddrüsenerkrankungen ist damit in Verbindung zu bringen.

Da gerade die Schilddrüse zahlreiche Organe beeinflusst und für unser Wohlbefinden verantwortlich ist, ist unser gesamter Organismus davon betroffen. Man vermutet, dass zu hohe Joddosen eine Aktivierung des Hormonsystems zur Folge haben, was zur Auslösung autoimmunbezogener Erkrankungen wie bspw. Allergien, Diabetes, Übergewicht, führen kann.

Gerade diese Erkrankungen sind bei kleinen Kindern in den letzten Jahren sprunghaft angestiegen und deshalb möchte ich auch gerade dieses Thema näher beleuchten, weil es anscheinend einen größeren Einfluss auf unsere Kinder hat, als wir heute denken.

Da dies aber in den meisten Fällen nicht erkannt wird, werden Kinder oft jahrelang einer falschen Behandlung ausgesetzt. Das Auftreten von Aufmerksamkeitsdefiziten, kurz AD(H)S, steht meiner Meinung nach in engem Zusammenhang mit der Zwangsjodierung unserer gesamten Nahrungsmittel, die durch die EU 1992 flächendeckend eingeführt wurde.

Aber nicht nur Jod ist in unseren Nahrungsmitteln, oft ohne dass wir damit rechnen, enthalten, sondern auch das Spurenelement Fluorid.[26] Beides gelangt hauptsächlich durch angereichertes Salz in unsere Nahrungskette.

Es ist nachgewiesen, dass Fluorid vor allem für den heranwachsenden Menschen nicht lebensnotwendig ist, wogen ein Zuviel davon zu einem Gesundheitsrisiko werden kann. Fluoride sind daher vielmehr mit Medikamenten vergleichbar, die man wirklich nur wohldosiert einnehmen dürfte.[27]

Heute werden immer noch direkt nach der Geburt Kindern Fluoridtabletten über einen längeren Zeitraum verabreicht, und das, obwohl das Bundesamt für Risikobewertung ganz konkret davon abrät. Wissenschaftler bezeichnen es bereits als „Neurobiologisches Nervengift", das großen Schaden am Gehirn junger, sich noch in der Entwicklung befindlicher Menschen verursachen kann[28]

---

[26] Fluorid ist – laut hochoffizieller Definition – KEIN essentielles Spurenelement, das wir von außen zu uns nehmen müssen. Und somit bräuchten wir es auch nicht, um gesund aufwachsen zu können, wie beispielsweise Zink und Eisen.

[27] Man muss zwischen Fluor und Fluorid unterscheiden. Fluor ist ein stark reaktives und sehr giftiges Gas. Seine Toxizität liegt noch oberhalb von Blei und es ist zweimal so giftig wie Arsen. In Zahncreme und fluoridiertem Salz steckt jedoch nicht Fluor, sondern Fluorid. Zwar sind Fluoride nicht derart toxisch wie Fluor, aber giftig sind sie dennoch.

[28] Zentrum für Gesundheit: Bericht über Fluor vom 11.02. 2019

Diese in vielen Lebensmitteln bereits enthaltenen Stoffe bzw. Spurenelemente werden dann zu einem erstzunehmenden Gesundheitsfaktor, wenn noch zusätzlich die Folgen einer ungesunden Ernährung hinzukommen.

Wie bereits angesprochen, steht hauptsächlich das Essen in Gemeinschaftseinrichtungen häufig in der Kritik, das – obwohl es, wie oft betont wird, gesundheitlich ausgewogen zusammengestellt ist. Das kann ja alles sein, aber der Preis drückt sich am Ende in der Qualität aus, und da dieses Essen so billig wie möglich hergestellt werden muss, bleiben gesunde Produkte vielfach auf der Strecke.

Zudem konnte ich bei vielen Kindern, die ich betreute, einen erhöhten Konsum an Fertigprodukten feststellen, die von zu Hause mitgebracht wurden. Oftmals gab es einfaches Toastbrot oder fertige Sandwiches und noch eine Kindermilchschnitte oder etwas anderes Süßes dazu. Kam noch hinzu, dass die Kinder oftmals zuckerhaltige Getränke dabei hatten, was ich vor allem hauptsächlich in der Grundschule beobachtet habe. Natürlich gab es auch zahlreiche Kinder, bei denen auf ein gesundes und ausgewogenes Frühstück geachtet wurde, aber der Trend ging in die andere Richtung.

Wie oben bereits erwähnt, ist das ein oder andere für sich genommen nicht weiterhin schlimm, aber wenn über einen längeren Zeitraum hinweg all diese ungünstigen Stoffe Teil der Nahrung sind, ist das auf Dauer fatal.

Ich erinnere mich noch, dass wir gerade in den letzten Jahren meiner Tätigkeit immer mehr auf einzelne Kinder achten mussten, die bestimmte Nahrungsmittel nicht mehr essen durften, da sie zum Teil Atemnot davon bekamen oder einen anaphylaktischen Schock (hauptsächlich Nüsse, Eiweiße in Kuhmilch und Eiern, Fisch, Weizen und Sojaprodukte).

Auch hatten wir ständig irgendwelche Notfallmedikamente in unserem Kühlschrank, wie bspw. bei Wespenallergie oder Fieberkrampf und auch anderweitige Medikamente, was früher undenkbar gewesen wäre und auch gar nicht vorgekommen ist.

Gerade in meinen letzten Berufsjahren hatte ich immer mehr Kinder mit Aufmerksamkeitsstörungen in meiner Gruppe (siehe Fallbeispiel Tim), deren Verhalten mir oft sehr rätselhaft vorkam. Diese Kinder waren sehr unruhig und konnten sich mit nichts wirklich beschäftigen. Auch konnten sie sich kaum auf eine bestimmte Sache konzentrieren und hatten vor allem einen eigenartigen Blick. Auch hatte ich das Gefühl, in ihrem Gesicht eine gewisse Panik zu erkennen und dass sie ständig im „Fluchtmodus" waren. Dieses Verhalten konnte ich nie wirklich einordnen und es entstand auch nach meiner Beobachtung nicht durch die Umstände im Kindergarten, denn gerade, wie im Fall von Tim, brachten diese Kinder ihr Verhalten bereits mit. Das konnte ich nach meinem Kenntnisstand eindeutig trennen.

Da dieses Verhalten bei sehr vielen Kindern auf einmal auftrat und sowohl die Kinderärzte, wie auch das Fachpersonal in den Einrichtungen hilflos diesen neuartigen Varianten kindlichen Verhaltens gegenüberstanden, waren auf einmal viele erleichtert, als die Pharmaindustrie ein Medikament auf den Markt brachte, das dieses Problem zu lösen schien. Die Rede ist von Ritalin.

Obwohl dieses Medikament nicht ausreichend getestet worden war und eine Menge Nebenwirkungen mit sich brachte, ließen sich zahlreiche Eltern darauf ein und verabreichten in der Folgezeit ihren Schützlingen bedenkenlos dieses neue „Wundermittel".

Da dieses Thema sehr brisant ist und ungeahnte Ausmaße angenommen hat, möchte ich ein paar Zahlen und Hintergrundinformationen nennen: Ritalin[29], auch Methylphenedidat genannt, gehört zur Gruppe der Amphetamine, was eigentlich ein

---

[29] Stangel, Werner, Ritalin Methylphenidat. Arbeitsblätter, stangel-taller.at

Aufputschmittel ist[30] und unterliegt dem Betäubungsmittelgesetz. Es führt zu Reaktionen, die den biochemischen Funktionen des Körpers in Schreck-, Flucht- und Angriffsreaktionen entsprechen: erhöhter Blutdruck, beschleunigter Puls, Entspannen der Bronchialmuskulatur, gesteigerte Aufmerksamkeit, Euphorie, Erregung, Wachheit, Stimmungsaufhellung, verstärkte motorische Aktivität und Rededrang, sowie die kurzfristige Zunahme der Leistungsfähigkeit.

Nebenwirkungen sind Schlaflosigkeit, Appetitlosigkeit, Magenbeschwerden, Übererregbarkeit, Müdigkeit, Traurigkeit, Ängstlichkeit, Schwindel.

Bei 70-80 % der behandelten Kinder treten nach der Einnahme von Ritalin die angestrebten Veränderungen ein. Die Wissenschaftler warnen jedoch vor einer bedenkenlosen Anwendung, denn nicht jedes lebhafte Kind ist hyperaktiv. Sie betonen, dass Ritalin **kein** Heilmittel ist und weisen ausdrücklich darauf hin, dass das erwünschte Verhalten über andere Therapieformen eingeübt und gefestigt werden muss.

Im Jahr 2010 wurden allein in Deutschland 1.3 Millionen Tabletten Ritalin verabreicht, wobei es sich

---

[30] (Flieger im 2. Weltkrieg nahmen es bereits, um länger wach und konzentriert bleiben zu können)

innerhalb von 17 Jahren um einen Anstieg um 5200 % handelt (!). Es ist daher zu fragen, warum es plötzlich so viele angeborene Transmitterstörungen geben sollte und wenn ja, woher diese herrührten?

Eine auffällige Zahl von bewegungsunruhigen Kindern hat man übrigens ab 1947 beobachtet. Damals hat man eine Vielzahl nervöser Störungen, übergroße Schreckhaftigkeit, motorische Unruhe, mangelnde Konzentrationsfähigkeit, Schlaf- und Sprachstörungen bei Kindern diagnostiziert. Vermutlich waren es nach dem Krieg vielfältige Traumatisierungen, wie der Zerfall von Familien, Trennungserfahrungen, ein abwesender oder traumatisierter Vater, das heißt es gab damals kein günstiges Milieu, das zur Kompensation der erlittenen Verletzungen hätte beitragen können.

Auch heute fehlt in vielen Familien oft die Stabilität und die Vaterfigur, vor allem bei alleinerziehenden Müttern, was besonders für Jungen ein Problem darstellt. Manche Kinder sind heute zudem zu früh emotional sich selbst überlassen, das heißt es fehlt an Halt und Begrenzung, während Autonomie oft einseitig gefördert wird. Und wie schon erwähnt, sind viele Kinder heute in ihrer natürlichen Bewegung stark eingeschränkt.

Man kann vermuten, dass es sich bei den Phänomenen, die heutzutage einfach unter der Diagnose AD(H)S zusammengefasst werden, um eine Vielzahl ganz unterschiedlicher Störungsfelder mit unterschiedlichen Ursachen handelt.

Das amerikanische National Institute of Menthal Health kam zum Schluss, dass AD(H)S keine sichere Diagnose sei und es auch keine wissenschaftlichen Resultate gebe, die belegen würden, dass AD(H)S auf eine Fehlfunktion zurückzuführen sei. Außerdem hätten sich bei der Anwendung von Ritalin keine Langzeitwirkungen eingestellt.

In einer Stellungnahme der Nationalen Ethikkommission der Schweiz werden „ernsthafte Bedenken gegen den immer mehr steigenden Einsatz von Psychopharmaka bei der pharmakologisch erzeugten Leistungssteigerung im Gehirn eingeräumt, vor allem weil sie Kinder, also noch nicht urteilsfähige Personen, betreffen.

Diese Tendenz erfährt durch die Motivation der Eltern, nur „das Beste" für ihr Kind zu wollen zusätzlich Auftrieb. Dabei wird oft „das Beste" mit Blick auf das zukünftige Leben in der Gesellschaft definiert: Die Eltern wünschen, dass das Kind im Wettbewerb um Ausbildung und Arbeitsplatz gut bestehe und der Konformitätsdruck, unter dem Kinder von Seiten der Eltern und Bildungseinrichtungen stehen, erzwingt einen Standard an „Normalität", der die Toleranz gegenüber kindhaftem Verhalten abnehmen lässt. Auch könnte sich die Vielfalt von Temperamenten und Lebensweisen reduzieren und damit letztlich das Recht des Kindes auf einen offenen Lebensweg gefährden. Als Gegenmaßnahme wird vorgeschlagen, dass man sich dafür einsetzen sollte, die Lebensverhältnisse den Interessen und Bedürfnissen der Kinder anzupassen und nicht umgekehrt. Denn die Qualitäten der Kindheit, die nicht Aspekte des gesellschaftlichen Wettbewerbs und der Leistungsfähigkeit betreffen, sondern das Spielen, die Freundschaft und die Muße, könnten andernfalls an Wertschätzung verlieren und somit auch die Kindheit selbst".

Die Überforderung und Unterforderung unserer Kinder

Früher waren Kinder eingebettet in ein intaktes, strukturiertes Familienleben und konnten vor allem mit Geschwistern heranwachsen und sich in ihrer natürlichen Umgebung frei bewegen und entfalten. Sie lernten das Leben ihrer Eltern und das der anderen Menschen kennen und zwar nicht erst abends oder am Wochenende, sondern den gesamten Tag hindurch. Ihnen blieb genügend Raum, ihre Fähigkeiten und Vorlieben zu erkennen und auszubilden, indem klare Strukturen und Regeln ihnen das Gerüst gaben, sich zu orientieren und zu gesunden und starken Persönlichkeiten heranzuwachsen.

Natürlich, und das möchte ich auch erwähnen, war nicht alles gut. In vielen Familien gab es noch harte Strafen und die Kinder hatten auch keine besonderen Rechte und waren teilweise ihren Eltern hilflos ausgeliefert.

Heute haben Kinder zwar alles, was man sich in früheren Zeiten nur wünschen konnte, wie ein eigenes Zimmer, angemessene Kleidung und Schuhe, Spielzeug in großer Auswahl, aber das macht die Kinder nicht unbedingt glücklicher.

Die Kinder wachsen heute in den meisten Familien getrennt von unserem täglichen Leben auf. Kinder, die oft auf sich selbst verwiesen werden und die sich mit ständig wechselnden Bezugspersonen auseinandersetzen müssen, sind heillos überfordert und erleben Stress.

Ihre Grundbedürfnisse werden nicht ausreichend befriedigt und können sich somit nicht richtig ausbilden. Und sind die Grundbedürfnisse nicht befriedigt, kann sich auch alles Weitere nicht optimal entwickeln. Es verwundert einen nicht, wenn die Leistungen den Erwartungen dann nicht mehr entsprechen und das Kind es irgendwann nicht mehr „schafft".

Kinder erleben heute eine Überforderung sondergleichen. Man verlangt von ihnen den Verzicht auf die Eltern, insbesondere der Mutter, und das schon in frühester Kindheit. Man setzt sie bereits allzu früh fremden Bezugspersonen und fremden Lebenswelten aus und erwartet aber dennoch von ihnen, sich gesund zu entwickeln.

In den Kindertageseinrichtungen sind Kinder ständigem Lärm ausgesetzt, ihr Bewegungsradius ist stark eingeschränkt und sie können sich gegenseitig nicht ausweichen. All dies widerstrebt der kindlichen Entwicklung zutiefst und dem Kind bleibt am Ende nur die Möglichkeit sich entweder abzuschotten, sich in aggressives oder depressives Verhalten zu flüchten oder Auffälligkeiten zu entwickeln, um zu zeigen, wie es ihm wirklich geht. Auseinandersetzungen mit Gleichaltrigen, mit denen Kinder sich messen können, werden zudem gleich unterbunden und durch die zunehmende Bewegungsarmut bleiben sie ebenfalls in ihren motorischen Fähigkeiten zurück.

Genau genommen resultiert aus einer Überforderung eine Unterforderung oder umgekehrt. Werden die natürlichen Bedingungen zu seiner Entwicklung nicht geschaffen oder blockiert, so kann sich auch all das Potential, das in jedem Kinde steckt, nicht entfalten und die Kinder werden in ihren Entfaltungsmöglichkeiten stark eingeschränkt. Auf der einen Seite heillos überfordert und auf der anderen Seite fehlen zahlreiche Anregungen, Vorbilder und Möglichkeiten, die Kinder für eine ganzheitliche Entwicklung dringend nötig hätten.

Eltern sind hier aber durchaus in der Lage dem entgegenzuwirken und können ihren Kindern zu Hause z.B. bestimmte Aufgaben übertragen, die zu vielen neuen Eindrücken beitragen und auch das Selbstvertrauen der Kinder stärken.

In Anbetracht dieses Wissens sollten wir vor allem versuchen, dem Bewegungsdrang der Kinder Rechnung zu tragen und, auch wenn ich mich hier wiederhole, so oft es geht mit ihnen an die frische Luft gehen, Fahrrad fahren oder sonstige Bewegungsmöglichkeiten schaffen. Ich weiß, dass es Eltern gerade heute sehr schwer haben und ihnen viel abverlangt wird, allerdings stärken diese gemeinsamen Aktivitäten die Beziehung zwischen beiden, was sich auf ein gutes und störungsärmeres Zusammenleben auswirken dürfte und wo sich Vertrauen und gegenseitiger Respekt wieder entfalten können.

Verlorengegangene Anbindung an die Natur und deren Wiederentdeckung

Unseren Vorfahren war die Natur heilig. Sie verehrten die Bäume und Pflanzen und hätten niemals mehr von ihr genommen, als sie zum Leben brauchten. Sie glaubten sogar, sie stammten von den Bäumen ab, was noch heute in dem Wort „Abstammung" zum Ausdruck kommt.

Frauen hatten einen hohen Stellenwert in der Gesellschaft und die damaligen Menschen verrichteten ihre heiligen Handlungen und Tänze auf der Heide unter freiem Himmel, weshalb sie dann auch später abwertend als „Heiden" bezeichnet wurden.

Heute sind viele Bezüge zu unserem natürlichen Umgang mit der Natur verlorengegangen und der Aufenthalt draußen ist für unsere Kinder eher zur Seltenheit geworden. Und doch ist es gerade die Ruhe und auch die Stille, welche wir im Wald oder im Freien finden, die uns entspannen lassen und uns wieder in unser Gleichgewicht bringen.

Aus diesen Gründen, ist es meines Erachtens äußerst wichtig, dass Kinder wieder einen natürlichen Umgang mit den vier Elementen Wasser, Erde, Luft und Feuer bekommen können, denn im Prinzip brauchen sie nicht mehr.

Früher war vieles unkomplizierter, weil die Natur noch ein fester Bestandteil der Kindheit war und diese Dinge jedem Kind frei zugänglich waren. Eltern mussten nicht darauf hinweisen, dass Bewegung wichtig wäre und es war auch für sie einfacher und bequemer, wenn die Kinder sich nicht die ganze Zeit im Haus aufhielten, denn oft gab es im Haus mehr Streit als draußen. Damals war nicht alles besser und es gab auch Unfälle und Kinder verletzten sich, aber das gehörte mit zum Leben dazu.

Im Prinzip wäre vieles heutzutage auch noch möglich, allerdings kommt hinzu, dass gerade in unserer Zeit viele Eltern mit zahlreichen Ängsten behaftet sind, die hauptsächlich über die Medien verbreitet werden und ihre Kinder daher kaum noch ohne Beaufsichtigung spielen lassen. Ein wichtiger Schritt wäre daher, dass wir wieder dahin kommen, vermehrt Vertrauen in die Fähigkeiten unserer Kinder zu erlangen und ihnen vor allem wieder ermöglichen, wenigstens zeitweise unbeaufsichtigt spielen zu können.

Es ist nämlich keineswegs so, dass diese Möglichkeiten (Ort, Umgebung) nicht mehr vorhanden wären oder die Zeit, denn spätestens am Nachmittag oder Abend gibt es noch genügend Raum, die zu kurz gekommene Bewegung nachzuholen.

Ich bin der festen Überzeugung, wenn Eltern wieder regulierend in den Tagesablauf ihrer Kinder eingreifen - und damit meine ich nicht erneute Vorgaben und Termine - sondern klare Ansagen, was z. B. die Nutzung des Handys, des Computers oder des Tablets angeht, so kann die Natur wieder zu einem Teil im Leben unserer Kinder werden.

Ich erinnere mich noch, wie sich meine Kinder oft stundenlang an einem kleinen Bach „verspielten" und dazu kein Spielzeug notwendig war. Mit Wasser und Matsch können sich Kinder intensivst beschäftigen und ihrer Phantasie freien Lauf lassen.

Auch sich nach Lust und Laune schmutzig machen zu können, mögen Kinder sehr, mehr jedenfalls, als teure oder moderne Markenklamotten.

Ich selbst habe mich nach der Schule immer gleich umgezogen und war froh, wenn ich nicht mehr auf meine sauberen Kleider aufpassen musste und ich glaube, so geht es den Kindern heute sicherlich auch.

Ein kleines Feuer anzünden zu können dürfte zu Hause kein Problem sein, da jeder sicher über einen Grill oder eine Feuerschale verfügt. Schön ist es auch für Kinder, wenn die ganze Familie abends, wenn es schon dunkel ist, am Feuer sitzt und ungezwungen erzählt werden kann.

Auch ist es möglich, den Förster für Exkursionen, in denen sich Kinder Wissen über den Wald und den Lebensraum der Tiere aneignen können, mit einzubeziehen, außerdem kann man sich mit ihm absprechen, wo sich die Kinder ungefährdet aufhalten können und dürfen.

Als ich in einem eingruppigen Kindergarten die Leitung hatte, habe ich beispielsweise den Förster in unser Konzept mit eingebunden. Wir bekamen ein eigenes Waldgrundstück zugewiesen, das leicht erreichbar war und zudem regelmäßig wegen Gefahrenquellen, wie morschen Ästen u. a. kontrolliert wurde. Der Platz wurde auch regelmäßig von uns aufgesucht und die Kinder durften den kleinen Wald auch mit ihren Eltern nutzen. Auch wurden wir speziell vom Förster informiert, wenn die riesige Holzrückemaschine im Einsatz war.

Kräuterwanderungen erfreuen sich momentan ebenfalls großer Beliebtheit. Gerade im Frühjahr kann man beispielsweise überall Löwenzahn finden und zu einem schmackhaften Salat verarbeiten. Kinder lernen auf diesem Wege nicht nur die Eigenschaften und Bedeutung von Pflanzen kennen, sondern sie genießen vor allem dabei auch die Nähe ihrer Eltern. Es muss also nicht immer eine angeleitete Wanderung sein.

Ganz leicht ist es auch, aus frischen Weiden ein Weidenhäuschen zu fertigen, das dann im kommenden Frühjahr austreibt und von selbst ein Dach aus grünen Blättern bekommt. Es wächst dann von Jahr zu Jahr mit.

All diese und noch viele anderen Dinge sind heute möglich und sie sind ein wundervoller Ausgleich zu unserer technisierten, terminlich festgetakteten, oftmals unpersönlichen Arbeitswelt.

Dieser Wunsch, sich wieder zurück in die Natur zu begeben, setzt sich nach meiner Beobachtung immer mehr durch, gerade im pädagogischen Bereich. In meiner Umgebung machen immer mehr Waldkindergärten auf, die vor allem durch Elterninitiative zustande kommen. Leider gibt es hier auch zahlreiche Hürden von Seiten des Bildungsministeriums, die erfüllt werden müssen, aber dass das Ziel dennoch erreicht wird, zeigt, dass die Beteiligten über einen langen Atem verfügen und hauptsächlich die jüngere Generation wieder auf einem guten Weg ist. Das sind für mich sehr schöne und gute Entwicklungen.

Wie Tiere das Verhalten von Kindern beeinflussen

Was leider zu einer Seltenheit geworden ist, ist der spontane und regelmäßige Umgang mit Tieren, was für viele von uns Erwachsene, aber auf jeden Fall für unsere Großeltern, noch eine Normalität darstellte. Heute gibt es bereits zahlreiche Therapieansätze, wobei Tiere bei Kindern mit Verhaltensstörungen und Traumatisierungen eingesetzt werden.

In den ersten Jahren meines Lebens hatte ich die Möglichkeit zahlreiche und intensive Kontakte zu Tieren eingehen zu können und viele persönliche Erfahrungen sammeln zu dürfen. Diese Eindrücke gehören zu den schönsten Erinnerungen, die ich an diese Zeit habe.

Tiere zeigen uns, was im Leben wirklich wichtig ist. Sie vermittelten Freude, halten uns in Bewegung und, in nicht wenigen Fällen, nehmen sie die Rolle des Seelentrösters ein. Sie heben die Stimmung, nehmen sogar eine Vermittlertätigkeit ein und sind heute wichtiger denn je. In unserer modernen Lebenswelt ist allerdings leider kaum noch Platz für sie, denn für Eltern bedeutet es einen zusätzlichen Kraft- und Zeitaufwand, ein Tier in der Familie aufzunehmen.

Das kann ich aus eigener Erfahrung bestätigen, denn wir hatten damals, als meine Kinder noch sehr klein waren, einen Hund und sogar eine Katze. Dennoch zahlte sich die zusätzliche Arbeit, die uns die beiden Tiere machten, vielfach aus, denn der Hund wollte ständig spielen und beschäftigt werden und unsere jüngste Tochter liebte es, ihn an der Leine zu halten und über ihn zu bestimmen. Die älteste Tochter fuhr ihren Kater regelmäßig im Puppenwagen spazieren. Beide waren durch das Spielen mit den Tieren ständig in Bewegung.

Als beide in der Schule waren, kamen Meerschweinchen hinzu und ab da waren sie verantwortlich für das Füttern und die Pflege. Im Frühjahr hatten wir stets neue Hühnerküken, und es liefen bei den Hühnern zudem noch drei Gänse mit, wovon eine stets den Kindern fauchend nachrannte und ihnen Angst einjagte.

Am meisten haben sich die Beiden mit den Ziegen beschäftigt, die wir uns irgendwann anschafften, da meine älteste Tochter zeitweise an Neurodermitis litt. Im Fernsehen wurde genau zu der Zeit ein Bericht gezeigt, in dem Ziegenmilch als ein Mittel gegen Neurodermitis angepriesen wurde. Ich schaffte mir dann tatsächlich eine Milchziege an, was gar nicht so leicht war, da es nicht mehr so viele davon gibt. Es war ein großer Aufwand, dennoch haben die Ziegen uns viel gelehrt und leider auch viel kaputt gemacht (an den neu gepflanzten Obstbäumen haben sie die gesamte Rinde abgefressen), aber alles in allem hat sich der Aufwand gelohnt. Die Hauterkrankung verschwand tatsächlich bereits nach kurzer Zeit und ist auch nicht wiedergekommen. Wir haben die Erfahrung gemacht, dass gerade Ziegen, vor allem kleine Zicklein, für Kinder die besten Spielpartner sind. Sie sind gelehrig und lustig und folgen einem überall hin. Mehrmals sind sie uns auch in unser Wohnzimmer nachgelaufen, was die Kinder natürlich begeisterte.

Auch nahmen meine Kinder im Nachbarort Reitunterricht. Die Arbeit mit den Pferden, sowie die dazugehörende Pflege nahm aber viel Zeit in Anspruch, so dass mit dem Fortschreiten der Schulzeit und erhöhtem Lernpensum die Beschäftigung mit den Pferden irgendwann mehr und mehr zur Belastung wurde. Spätestens mit sechzehn verloren beide das Interesse an ihnen und sie wendeten sich anderen Dingen zu.

Trotz dieser Erfahrungen, die auch mit zahlreichen Belastungen verbunden waren, haben die Kontakte, die meine Kinder ihre ganze Kindheit hindurch kontinuierlich zu verschiedenen Tieren immer wieder aufbauen konnten, die Nachteile bei weitem überwogen.

Meine Kinder waren selten krank und hatten, bis auf die zeitweilige Neurodermitis (die ja dann auch verschwand), keine Allergien oder sonstige Unverträglichkeiten.

Klinische Studien belegen, dass der Gesundheitszustand von Kindern, die mit Tieren zusammenleben, wesentlich stabiler ist, da der kindliche Organismus vielfältigen Reizen ausgesetzt ist, was die Abwehrkräfte stärkt.

Das betrifft hauptsächlich das erste Lebensjahr des Kindes, da hier die Entwicklung des Immunsystems maßgeblich beeinflusst wird und das Risiko von Allergien somit deutlich gesenkt werden kann. Kinder haben vor allem ein großes Bedürfnis nach Körperkontakt und diesem Grundbedürfnis kommen gerade Haustiere, vor allem Hund oder Katze, sehr entgegen. Kinder lieben das weiche Fell der Tiere und es animiert sie, das Tier zu berühren und zu streicheln, was wiederum für einen Zustand des Wohlbefindens, sowie der Ruhe und Entspannung sorgt. Durch die Pflege und das Spielen kann der Stresslevel zunehmend gesenkt werden.

In der Literatur[31] wird immer wieder die entwicklungsfördernde Rolle von Tieren betont und sie werden aus diesem Grund, wie schon erwähnt, nicht selten bei der Behandlung von kindlichen Entwicklungsstörungen und Erkrankungen eingesetzt, da sie angstlösend und vertrauensfördernd auf die kindliche Psyche einwirken.[32] An den Tieren nehmen wir oft noch eine unschuldige „Ursprünglichkeit" und Natürlichkeit wahr. Sie leben im Hier und Jetzt und das Gestern und Morgen zählen nicht. In diesem Sinne sind Tiere den Kindern sehr ähnlich. Untersuchungen zeigen, dass sich Kinder gerade bei Tieren leichter öffnen und sie somit verlorengegangenes Vertrauen wieder neu aufbauen helfen. Tiere nehmen das Kind so wie es ist, stellen keine Forderungen und bewerten es nicht nach seiner Leistung. Im Mittelpunkt steht einzig und allein die Freude am Tun und am Sein.

Tiere sind geradezu der perfekte Spielpartner, wie wir oben gesehen haben, da sie immer ansprechbar und aufmerksam sind und alles verzeihen. Das Kind lernt auf dessen Bedürfnisse einzugehen, seine Eigenheiten zu erkennen und durch den täglichen Umgang, Verantwortung zu übernehmen.

---

[31] „Die positive Wirkung von Haustieren auf die kindliche Entwicklung", schule-und-familie.de
[32] Tiergestützte Pädagogik, Reittherapie u.ä.

Der Alltag von Kindern ist heute leider immer mehr mit dem Faktor Stress verbunden, was oft dazu führt, dass Kinder sich überfordert fühlen und keine Möglichkeit finden, sich abzureagieren und zu beruhigen. Die steigenden Anforderungen in der Schule, zahlreiche Freizeitaktivitäten, der immer stärker werdende Einfluss der Medien, sowie die Anspannung der Eltern oder gar deren Abwesenheit sind Dinge, mit denen Kinder sich heute auseinandersetzen müssen. Tiere durchbrechen diesen tristen Alltag und können hier unterstützend zur Seite stehen. Auch bescheren uns Tiere häufig gute Laune, denn oftmals sind sie Auslöser für ein herzhaftes Lachen und auch Lachen unterstützt den Abbau von Stress.

Tiere besitzen außerdem die Fähigkeit auf der feinstofflichen Ebene unterschwellige Signale wahrzunehmen, welches ermöglicht, die Kommunikation und Interaktion zwischen Familienmitgliedern zu erleichtern, indem sie dabei helfen, eine Brücke zwischen Personen zu schlagen, die über und durch das Tier leichter miteinander kommunizieren können.

Der Verlust eines Tieres stellt allerdings eine große Herausforderung für jedes einzelne Familienmitglied dar. Dennoch ist Trauer eine natürliche Reaktion auf Verlust, aber gleichzeitig auch eine komplexe und wichtige emotionale Erfahrung. In unserer heutigen Welt haben wir immer weniger Möglichkeiten uns mit dem Thema Tod und der damit einhergehenden Trauer zu beschäftigen und uns gedanklich und emotional darauf vorzubereiten.

So schwer der Tod eines Tieres für Kinder und Eltern auch ist, so wichtig sind aber gerade diese Erfahrungen für Kinder, da sie alles noch sehr natürlich empfinden und verarbeiten.

Aufgrund dieser zahlreichen Argumente und Untersuchungsergebnisse liegt es auf der Hand, welch großen Verlust wir, aber hauptsächlich die Kinder, in unserer heutigen Welt erleiden, wenn der größte Teil unserer Kinder ohne den Kontakt mit einem Tier aufwachsen muss. In unserer Zeit, in der Kinder immer mehr mit dem Wegfall von Nähe und Vertrauen konfrontiert sind, wäre dies gerade für die kindliche Gefühlsentwicklung von zentraler Bedeutung. Bisher konnten Tiere die Lücke, die eine technisierte und sterile Welt mit sich bringt, schließen, aber heute hat sich das drastisch verändert.

Ich erinnere mich noch (als ich das letzte Jahr in der Kinderkrippe arbeitete), dass kein einziges Kind meiner Gruppe eine Katze, geschweige denn einen Hund hatte. Die Eltern hatten schlichtweg keine Zeit dazu und auch oftmals selbst keinen Zugang mehr. Auf unseren Spaziergängen erlebte ich immer wieder, wie elektrisiert die Kinder waren, wenn wir an einem Hund oder einer Katze vorbeiliefen. Einmal kamen wir an einem kleinen Bach vorbei, an dem ein Rabe spazierte, der nicht mehr fliegen konnte und ein damals zweijähriger Junge beschäftigte sich auf dem ganzen Nachhauseweg mit dem kranken Tier. Er sagte immer und immer wieder: „Der Vofel, der arme Vofel". Dieses Erlebnis erzählte er zu Hause und es ging noch mehrere Wochen, in denen er sich immer wieder Bilderbücher vorlesen ließ, die von Vögeln oder kranken Tieren handelten.

An diesem Beispiel sehen wir, wie eindrücklich sich bereits solch kurze Begegnungen auf ein Kind auswirken können und wenn wir uns all die aufgezählten positiven Impulse, die die Beschäftigung mit einem Tier mit sich bringt, vergegenwärtigen, so wäre es nur naheliegend diese Kontakte in der Zukunft wieder zu ermöglichen und machbar zu machen.

Das große Trauma

Ein Trauma ohne Ende?

Mir ist erst jetzt bewusst geworden, dass ich zu der ersten Generation gehöre, die keinen Krieg erlebt hat. Das ist fast unglaublich und ich bin unendlich dankbar dafür.

In meinen Augen setzte das „große Trauma" vor allem mit der Einführung des Christentums durch die brutalen Eroberungsfeldzüge Karls des Großen ein. Dem Naturvolk, das wir einmal waren, welches tief mit der Erde, den Tieren und den kosmischen Zyklen verbunden war, wurde der Kampf angesagt und somit versucht, die damalige Lebensweise, samt der herrschenden Weltanschauung auszurotten.

Allein der fremde Glaube, der uns aufgezwungen wurde, hat Millionen Menschenleben gekostet, hat die einst freien, mit der Natur lebenden Menschen in eine bis dahin unbekannte Armut getrieben und zahlreiche Familien in die Hörigkeit gebracht. (Es ward beispielsweise bei Todesstrafe verboten an Bäumen und Quellen zu beten und die alten Rituale zu verrichten).

Diese allseitige Unterdrückung hat nachweislich dazu geführt, dass die damalige Körpergröße der Menschen zwischen den Jahren 850-1500 n.Chr. um etwa 10-20 cm gesunken ist.

Was muss man unseren Vorfahren angetan haben, dass sich das auf das Wachstum ausgewirkt hat? Man scheint sie im wahrsten Sinne „klein" gemacht und klein gehalten zu haben.

Mit Beginn der Neuzeit verschwindet diese Anomalie eigenartigerweise wieder und die frühere Körpergröße wird wieder erreicht.

Aber ab dieser Zeit ging es fast nahtlos weiter mit Krieg und Zerstörung. 1618 begann der Dreißigjährige Krieg, der ganze Landstriche völlig menschenleer gemacht hat, darunter auch die Pfalz, wo ich herkomme. Die Leute, die danach die verwüsteten Gebiete wieder besiedelt und aufgebaut hatten, konnten sich kaum erholen, als schon der nächste Krieg kam. Es kamen die Franzosen und Napoleon brauchte fast alle Männer für seine Kriegszüge, von denen aber die wenigsten wieder zurückkamen. Dann gab es eine kleine Pause von ca. 50 Jahren, bis es 1870 erneut losging. Und nach einer kurzen Erholung brach dann die Katastrophe des ersten und zweiten Weltkriegs über uns herein.

Als ich mir all das vor Augen hielt, überkam mich ein endloses Mitleid mit all den Menschen, die vor mir da waren und die das alles miterleben und vor allem überleben mussten.

Heute sprechen zahlreiche Forscher von einem „transgenerationalen Trauma", das sich so tief in unser Bewusstsein gegraben hat, dass es bis heute über unsere Gene weitergegeben wird.

Das heißt, dass wir alle bereits mit diesen „Informationen und Belastungen" geboren werden, welche in unserem Unterbewussten gespeichert sind. Wir können uns daher gar nicht frei und unbeschwert entwickeln, weil all diese Erfahrungen immer noch in uns arbeiten und viel Energie verbrauchen.

Das Einzige, was wir tun können, ist all das aufzuarbeiten und an die Oberfläche zu holen, damit man es anschauen und heilen kann.

All dies ist auch jetzt erst möglich, wo endlich, nach so langer Zeit, einmal Ruhe eingekehrt ist, wo Energie wieder frei wird, die die ganze Zeit dafür gebraucht wurde, all diese schlimmen Erfahrungen unter „der Decke" zu halten.

Diese Heilung wird noch viel Zeit brauchen, aber sie bringt uns auch endlich wieder dahin zurück, wo wir eigentlich hingehören. Sie bringt uns wieder in die Ver-Bindung und die An-Bindung mit unserer Mutter Erde, denn sie ist genauso misshandelt worden, wie wir Menschen und es ist an der Zeit zu erkennen, dass wir uns nicht getrennt von der Schöpfung entwickeln können, sondern Teil des großen Ganzen sind.

Abschluss

Eines ist mir bei der Recherche zu diesem Buch und der damit einhergegangenen Auseinandersetzung mit mir selbst und den gesellschaftlichen Strukturen klar geworden:

Vielleicht müssen wir zuerst durch diesen ganzen Prozess hindurch, damit wir wieder spüren, was wir wirklich brauchen, was uns wirklich glücklich macht und was den eigentlichen Sinn in unserem Leben ausmacht.

Rückblickend sah ich mich als eine engagierte Bürgerin, die gesellschaftlich mithalten wollte und stets ihre Pflichten erfüllt hat. Meine Arbeit hat mir lange Zeit Spaß gemacht und ich hatte meine Freude daran, viel Leistung zu erbringen und verfügte auch über genügend Kraft, bis ich 2014 durch eine schwere Thrombose einen regelrechten „Schuss vor den Bug" bekam.

Ehe ich mich versah, fuhr ich nur noch auf Reserve. Ich brauchte immer öfter eine Pause, ich vergaß Termine und alles wurde schwer und ging nicht mehr von alleine. Ich sehnte mich immer mehr nach Ruhe, konnte es oft nicht mehr erwarten endlich nach Hause zu können und saß meine Zeit auf der Arbeit regelrecht ab.

Zu Hause wollte ich noch so viel machen, aber dort fehlte mir dann auf einmal der Antrieb. Dinge, die mir früher Spaß gemacht hatten, die mir viel bedeuteten, bereiteten mir auf einmal nur noch Mühe und Anstrengung. Ich hatte auf nichts mehr richtig Lust und morgens saß ich um halb sechs am Küchentisch vor meiner Tasse Kaffee und fragte mich, wie ich den Tag nur herumbringen würde.

Ich bin mir sicher, dass es so, oder so ähnlich, vielen gehen mag, denn diejenigen, die ich kenne, geben auch ihr Bestes, gehen an ihre Grenzen und bringen Höchstleistung.

Am Schlimmsten war es, als die Anerkennung für meine Leistung ausblieb. Ich fühlte mich tief verletzt und am Ende konnte ich einfach nicht mehr.

Ich musste erkennen, dass mein Leben nur noch von außen bestimmt wurde, aber es nie genug war. So sehr ich mich auch für unseren Betrieb einsetzte, so machte ich dann doch die bittere Erfahrung, dass jeder ganz einfach und leicht zu ersetzen ist und die Anstrengung und der persönliche Einsatz keine Rolle spielte.

Ich begriff langsam, dass die Betreuungseinrichtungen weder den Kindern, noch den Eltern dienen und ich fragte mich, ob der Staat geradezu ein Interesse daran hat, eine Bindung zwischen Kindern und Eltern bewusst zu unterdrücken, damit die Kinder später leichter zu „angepassten Arbeitern" werden.

Mir blieb nichts anderes übrig als einen Gang zurückzuschalten, um aus dem Hamsterrad, in dem ich mich die ganze Zeit abgestrampelt hatte, aussteigen zu können.

Und das habe ich dann auch getan.

Ich habe meine eigenen Mittel und Wege gefunden, einen neuen Weg einzuschlagen und kann andere nur ermutigen, dies auch zu tun.

Wenn es im Moment auch so scheinen mag, als ob es keine andere Möglichkeit gäbe und die Schwierigkeiten nicht überwunden werden könnten, so weiß ich doch, dass es tatsächlich gehen kann.

Wäre es nicht vielleicht sinnvoll über neue Konzepte nachzudenken, die es einem ermöglichen, bei Sicherung der Arbeitsstelle, immer mal für eine gewisse Zeit aussetzen zu können?

Wir könnten uns mit anderen Müttern zusammenschließen, die gegenseitig und unentgeltlich auf ihre Kinder aufpassen und uns für ein flexibles Arbeitszeitmodell einsetzen, welches diese Möglichkeit unterstützen und tragfähig machen würde. Momentan ist eine Auszeit für Mütter nur durch eine vierwöchige Rehamaßnahme oder eine Mutter-Kind-Kur möglich, aber in dieser kurzen Zeit kann man sich unmöglich erholen.

Bei einem flexiblen Modell läge sicherlich Potential, sowohl für den Arbeitnehmer, als auch für den Arbeitgeber, denn motivierte, ausgeruhte und zufriedene Mitarbeiter können einen weitaus größeren Beitrag für das Unternehmen leisten, als Mitarbeiter, die am Ende entkräftet und ständig krank sind. In solch einem System wäre auch die Möglichkeit vorhanden, seine Kinder mit zu integrieren, so dass beide - Kinder und Eltern - viel mehr gemeinsame Zeit verbringen könnten. Auch würden die Kinder schon früh einen Einblick in die Bedingungen und Zusammenhänge des Erwerbslebens bekommen, was sie auf ihr späteres Leben vorbereiten würde.

Es gibt mittlerweile schon alternative Schulmodelle, die bereits etabliert sind und die, meiner Meinung nach, in Zukunft unser verkrustetes dreigliedriges Schulmodell obsolet machen könnten, in dem Kinder jahrelang gezwungen sind, ihre Kindheit und Jugend sitzend auf dem Stuhl zu verbringen und ihre natürlichen Bedürfnisse ständig zu unterdrücken.

Die neue Zeit, in die wir jetzt gehen, wird viele Erneuerungen mit sich bringen und es ist an uns, solche Modelle entwickeln zu helfen. Modelle, die wieder vermehrt zwischenmenschliche Werte in den Mittelpunkt stellen und helfen, Familie, Beruf und am Ende auch die gesamte Gesellschaft miteinander zu verbinden und wieder als Einheit zu betrachten.

Ausblick

Wir holen uns das Paradies wieder zurück - aber wie machen wir das?

Noch nie habe ich das Lachen so vermisst, wie in den letzten Jahren. Viele wirken auf mich bedrückt, traurig und leider auch verbittert. Und das, obwohl wir materiell eigentlich nicht klagen dürften, denn zahlreichen Menschen in der übrigen Welt geht es wesentlich schlechter als uns.

Woran das liegt, darüber kann man wohl nur spekulieren, aber sicherlich tragen all die angesprochenen Verwerfungen und Probleme dazu bei. Vielleicht sollten wir gerade deshalb versuchen, aus den alten Strukturen heraus zu kommen und uns von Dingen trennen, die uns nicht gut tun.

Seit ich beruflich einen anderen Weg eingeschlagen habe, bin ich wie ausgewechselt und kann wieder lachen. Nach meinen Führungen auf der mittelalterlichen Baustelle[33], die von sehr vielen Menschen besucht wird, ertappe ich mich, wie ich jedes Mal ein Strahlen im Gesicht habe, wenn ich nach Hause fahre. Auf einmal kommen wildfremde Menschen auf mich zu und sprechen mit mir und Leute lächeln mich an, denen ich in der Stadt begegne. Das war vorher nie der Fall.

Seitdem ich wieder lachen kann, weiß ich auch, dass es im Prinzip ganz einfach sein kann, wenn man die belastenden Umstände hinter sich lässt.

Gerade durch unser Lachen[34] bekommen wir wieder Sympathie von unseren Mitmenschen entgegengebracht, was zu mehr Verständnis und Vertrauen beiträgt. Durch die Ausschüttung von Glückshormonen wird unser gesamter Organismus beeinflusst und dadurch unser Wohlbefinden gesteigert. Auch weiß man heute, dass nach Lachanfällen mehr Abwehrstoffe in unserem Blut festzustellen sind, der

---

[33] Campus Galli , Meßkirch, eine Mittelalter-Baustelle, bei der ein Kloster nach den Plänen des Sankt Galler Klosterplanes gebaut wird

[34] Kesselring, Jörg, Unteregger Fabian, „ Wie und warum lacht der Mensch?"

Stresshormonspiegel sinkt, der Stoffwechsel angeregt wird und sich die Schmerzempfindung verringert. Schon seit jeher weiß man, dass Humor und Lachen als die großen Heiler gelten.

Und wir kommen auch nicht umhin, in unserer „getriebenen Welt", einen Gang zurückzuschalten und sich für die eigentlich wichtigen Dinge wieder mehr Zeit zu nehmen.

In unserem Sprachgebrauch haben wir z.B. den Begriff, der „Gemütlichkeit", welcher sich in keine andere Sprache sinngemäß übersetzen lässt.

Wir sind von unserem Gemüt, so veranlagt, dass wir unsere Arbeit viel langsamer, genauer, ruhiger und bedächtiger ausführen würden, wenn uns der ständige Zeitdruck nicht fortwährend daran hindern würde.

Diese Gemütlichkeit war früher noch vielfach spürbar und ist in jedem von uns auch heute noch angelegt, nur ist sie verschüttet und wir haben nur noch wenig Zugang zu ihr.

Wir sollten dafür sorgen, ihr wieder einen Platz in unserem Leben zuzugestehen. Wenn wir das schaffen, werden wir auch die Kraft bekommen, die dafür notwendigen Veränderungen anzuschieben und einzuleiten.

Auch eine Wiederanbindung an die Natur würde helfen, unsere Welt neu zu gestalten.

Um nochmal auf den Anfang des Buches zurückzukommen, ist es mir an dieser Stelle besonders wichtig, wie für mich diese „Wieder-Verbindung" aussieht und was sich mit der damals empfundenen „Zerstörung meines kleinen Paradieses" seither ereignet hat:

Vorletztes Jahr habe ich die in meiner Kindheit verloren gegangenen Obstbäume wieder alle neu um mein jetziges Haus gepflanzt und kann heute wieder deren Früchte genießen, was eine tiefe Befriedigung in mir auslöst.

Ganz kurios fand ich die Tatsache, dass einer meiner Brüder, ohne dass wir voneinander wussten, genau zur selben Zeit mit den gleichen Bäumen wieder die alte Obstwiese hergestellt hat, da der Stall mittlerweile abgerissen wurde.

Das alte Trauma wurde also geheilt und es ist schön, nach so langer Zeit zu erfahren, dass es mir damals nicht alleine so ergangen ist.

Und zu guter Letzt, als Abschluss sozusagen, möchte ich die bekannte Erzählung „Heidi"[35] anführen, die in ihrer Klarheit, meiner Meinung nach, das ganze Dilemma unserer heutigen Welt darstellt und die

---

[35] Im Jahre 1880 veröffentlichte die Schweizer Schriftstellerin Johanna Spyri eine Erzählung, die sich in Windeseile verbreitete und zum Kassenschlager wurde; zuerst im deutschsprachigen Raum, dann auf der ganzen Welt. Das berühmte Buch „Heidi" kennt heute so gut wie jeder, da es mehrmals erfolgreich verfilmt und in Japan sogar als Zeichentrickserie produziert wurde.

uns am Ende zeigt, was nicht nur unsere Kinder, sondern auch wir im Leben wirklich brauchen.

Hier eine kurze Zusammenfassung:

Heidi wächst als Vollwaise bei ihrem Großvater in der einsamen Bergwelt der Schweiz, fernab von den sogenannten „zivilisierten" Menschen auf. Dort erlebt sie eine sehr glückliche Zeit inmitten der kargen Natur und unter der Fürsorge des alten Mannes. Das Kind steckt mit seiner Lebendigkeit die Menschen um sich herum an und man kann miterleben, wie sehr sich das Kind in dieser Umgebung entfalten kann. Da Heidi Vollwaise ist und auch der Großvater (Alm-Öhi) keine Möglichkeit hat bzw. auch nicht bereit ist, das Kind in die Schule zu schicken, kommt eines Tages ihre Tante und nimmt sie kurzerhand mit in die Großstadt, wo eine ihr bekannte, sehr wohlhabende Familie, eine „Gefährtin" als Begleiterin für ihre kranke Tochter Klara sucht, die im Rollstuhl sitzt.

Die Geschichte ist aus der Perspektive des Kindes geschrieben und es ist geradezu erfrischend mitzuerleben, wie dieses kleine quirlige Mädchen bereits nach kurzer Zeit alles um sich herum mit Leben erfüllt. Allerdings muss sie erfahren, wie ihre Lebendigkeit durch die strenge Erziehung von Klaras Gouvernante, Fräulein Rottenmaier, immer mehr gebremst wird und sie ihre wahren Bedürfnisse verleugnen muss, so dass am Ende von ihrer Natürlichkeit und Lebensfreude kaum mehr etwas übrig bleibt und sie darüber krank wird. Einzig der Doktor erkennt die Zusammenhänge und lässt Heidi wieder nach Hause bringen.

Was macht nun diese Heidi-Geschichte gerade für mich so interessant und warum bringe ich sie hier am Ende des Buches?

Meines Erachtens liegt ein wichtiger Faktor darin, dass die Erzählung in einer Zeit auf den Markt kam, in der die Industrialisierung nahezu jeden Bereich unserer westlichen Welt erfasst und besonders bis tief in die Familien hinein gewirkt hatte.

Die Gesellschaft war im Umbruch und durch die neuen Erfindungen wurden kaum noch Arbeitskräfte in der Landwirtschaft gebraucht. Alles drängte in die Städte, wo viele sich ein besseres und, vor allem, freieres Leben erhofften.

Die Realität sah indessen anders aus. Die Welt, in der Kinder nun heranwuchsen, hatte mit der natürlich-ländlichen Lebensweise nichts mehr gemein und sie mussten in einer zunehmend technisierten und komplizierten Umgebung aufwachsen, in der für ihre eigentlichen Bedürfnisse kein Platz mehr war.

Genau zu dieser Zeit trifft nun die Heidi-Geschichte den „Nerv der Zeit" und hat bis heute an Aktualität nichts verloren. Die Figur der Heidi führt uns zurück in unsere frühen Kinderjahre und erinnert uns daran, wie unverfälscht wir einmal waren, mit ganz einfachen, natürlichen Bedürfnissen, die aber heute verloren gegangen oder zumindest verschüttet zu sein scheinen.

Ich glaube, die große Wirkung, die von dieser Erzählung ausgeht, liegt darin, dass wir das Mädchen in zwei voneinander abweichenden Lebenswelten heranwachsen sehen können und durch diese großen Gegensätze erst richtig vor Augen geführt bekommen, welchen Verlust dieses Kind – und am Ende auch wir selbst – erleiden musste.

Es wird uns anschaulich dargestellt, wie wenig Kinder eigentlich brauchen, wenn nur die äußeren Umstände stimmen, wie liebevolle, fürsorgende Erwachsene, sowie genügend Platz und Raum sich zu entfalten.

Selbst die Großmutter im Roman, obwohl sie blind und völlig hilflos ist, übt auf Heidi einen großen Einfluss aus, einfach, weil sie da ist und zuhört.

Für mich ist die gesamte Erzählung sehr symbolträchtig und persifliert in vielen Teilen unsere momentane Lebenswelt vortrefflich:

Da ist einmal der Gegensatz zwischen arm und reich: Heidi ist beim Großvater zwar arm an materiellen Dingen, aber reich an persönlicher Zuwendung. In der Stadt ist sie zwar reich an Komfort und genießt Privatunterricht, ist am Ende aber so arm, dass sie ihren Lebensmut und ihre Freude verliert.

Der Großvater lebt nur von den kargen Einkünften seiner Alm, ist aber immer für sein Enkelkind da und ansprechbar. Klaras Vater ist ein reicher Mann, aber die meiste Zeit auf Reisen und daher im Leben seiner Tochter kaum existent. In der Stadt lernt Heidi gute Sitten kennen und sich „zu benehmen", auf der Alm gibt es andere Sitten, die aber nicht entstellt und förmlich, sondern ganz natürlich und verständlich sind.

Und letzten Endes kann sie sich in der Stadt nur sehr eingeschränkt bewegen und vieles ist verboten und versperrt, was in der freien Natur in den Bergen nicht der Fall ist.

Diese Bewegungsarmut kommt ganz deutlich durch den Rollstuhl zum Tragen, an den die zwölfjährige Klara gefesselt ist. Er stellt für mich überhaupt ein hauptsächliches Symbol im Buch dar. Er ist Sinnbild für eine ausgebremste Kinder-Welt und für die Unmöglichkeit, sich selbständig, frei und ungezwungen zu bewegen.

Auch die Heilung Klaras, die in der „gesunden Luft" der Berge neue Kraft schöpfen kann und durch all die Eindrücke um sie herum wieder in die Lage gebracht wird, ihre ganze Bewegung zurückzugewinnen, steht für sich, gerade wie zuvor die Lähmung viel über unsere eingeengte Lebenswelt aussagt.

Und so wie Heidi wieder zurück in die natürliche Umgebung muss, um gesund zu werden, so bleibt am Ende für uns auch nur dieser eine, einzige Weg:

Zurück zur Einfachheit, zurück zur Natürlichkeit, zurück dahin, wo materielle Güter keinen „Wert" mehr haben und der höchste Wert wieder der Mensch selbst ist!

Für unsere Zukunft brauchen wir daher wieder feste und stabile Werte, auf die wir bauen können und wir brauchen wieder eine Gesellschaftsordnung, die unsere Mutter Erde als etwas Beschützenswertes und Heiliges ansieht. Dass wir sie nicht bis aufs Letzte ausrauben und plündern dürfen, sondern die wir uns, unseren Kindern und Kindeskindern erhalten und bewahren sollten.

Wir können nicht warten bis andere eingreifen und etwas ändern, das haben wir ja schon viel zu lange getan und deshalb sollten wir uns jetzt überlegen, was wir selbst tun können und welche Dinge in unserem heutigen Leben wirklich wichtig sind.

Hierher gehört sicherlich an allererster Stelle, dass wir wieder bereit sind, vermehrt Kinder in die Welt zu setzen und diese Frage nicht an ökonomischen Gesichtspunkten festmachen.

Es gehört ferner hinzu, dass wir uns wieder mehr Zeit nehmen und diese nicht von fremden Menschen verplanen lassen. Zeit für uns und für unsere Mitmenschen.

Weiterhin werden wir nicht umhin kommen, uns von Vorstellungen zu trennen, die uns am Ende nicht glücklich machen, wie beispielsweise Konsumdenken und Gewinnstreben, denn es ist eben nicht nur etwas wert, was auch etwas kostet.

Die Bedingungen zu einer Veränderung sind heute besser denn je, denn wir haben die Möglichkeit uns zu vernetzen und ins selbsttätige Tun zu gelangen. So werden wir wieder erfahren, welche anderen Möglichkeiten es noch gibt.

Vor allem sollten wir die Kreativität, Schönheit und Muße wieder fördern und in unseren Lebensmittelpunkt stellen. Es ist an der Zeit, ein Gesellschaftsmodell zu entwickeln, das es so noch nie gab und welches wir unserer neuen Zeit anpassen werden, welche von Würde und Menschlichkeit getragen sein wird.

Das Wichtigste aber sollte sein, dass wir alle drei Generationen: Kinder, Erwachsene und alte Menschen wieder zusammenbringen.

Ich bin überzeugt, dass wir wieder dahin zurückkehren werden, dass Kinder wieder Kinder sein können und uns auch von dem allgegenwärtigen Leistungsdruck verabschieden können.

Und ich glaube fest daran, dass wir Möglichkeiten schaffen werden, Kinder wieder in unser „Erwachsenenleben" zu integrieren, damit sie in einer vertrauten und glücklichen Atmosphäre vielfältige Anreize erhalten, um sich allumfassend auszuprobieren und gesund zu entwickeln.

Oberstes Ziel sollte es sein, das Familienglück wieder an die erste Stelle zu heben und das Recht auf Arbeit als ein Anrecht anzusehen und nicht - so wie es heute der Fall ist - als eine Pflicht, der sich keiner mehr entziehen kann.

Helfen wir unseren Kindern eine neue Welt aufzubauen, in der man sich wieder für alles Zeit lassen kann, wo Freude und Schönheit vermehrt einen festen Platz erhalten und in der es sich wieder lohnt zu leben.

ENDE

Dank

Bedanken möchte ich mich vor allem bei meiner Familie, die mich bei meinem Projekt immer wieder unterstützt und mir Mut gemacht hat, das Manuskript wieder aufzunehmen, nachdem es längere Zeit nicht weitergegangen ist.

Ich danke auch Herrn P. Kappel, der den ersten Entwurf mit zahlreichen konstruktiven Anmerkungen versehen hat, auch wenn er die Veröffentlichung leider nicht mehr persönlich miterleben kann. Durch ihn habe ich die Zuversicht bekommen an mein Werk zu glauben und es letzten Endes auch zu veröffentlichen.

Ganz spezieller Dank geht an Patricia für die kritische Lektüre des Manuskriptes, ihre unendliche Geduld, wenn meine Wut und mein Zorn den Text mal wieder beherrscht haben. Behutsam hat sie mich mitgenommen und Verständnis für alle Seiten, vor allem die der Eltern, in mir geweckt und mich somit dahin geführt, all das Erlebte so zu verarbeiten, dass ich am Ende den ganzen angesammelten Groll endlich loslassen und Verständnis und Mitgefühl für alle Beteiligten entwickeln konnte. Auch war sie an dem bezaubernden Titel maßgeblich beteiligt, der letztlich alle Teile auf wundervolle Weise miteinander verband.

Anhang

Spiegel Artikel vom 24.03 22 „Erzieherstreik"

„Ich weiß nicht, ob ich meine Kinder heute nochmal in eine Kita schicken würde!

Habe mir den Beruf früh ausgesucht und freute mich darauf.

Aber: Die Umstände haben meinen Beruf für mich so belastend gemacht, dass ich ihn nicht mehr ausüben möchte.

Unsere Arbeit zu dokumentieren hat in den vergangenen Jahren immer mehr Raum eingenommen. Wir müssen jedes Detail aus dem Alltag notieren. Früher konnte man sich viel mehr den Kindern widmen. Auch die ständige Lautstärke belastet mich. Die Eltern sind sehr bestimmend geworden, viele Kinder werden heute bedürfnisorientiert erzogen. Das heißt, dass ihnen möglichst wenige Vorschriften gemacht werden und sie -salopp gesagt- tun können was sie wollen. Das macht das Zusammensein in einer Gruppe schwer. Auch Kinder müssen lernen, dass es Grenzen gibt.

Generell erfahren wir Erzieher zu wenig Wertschätzung. Wenn ich privat über meinen Beruf spreche, dann sagen andere oft: „Den Job könnte ich nicht machen!" Meistens klingt das aber nicht nach Anerkennung meines Berufs, sondern nach Mitleid. Was helfen könnte den Beruf aufzuwerten, wäre ein besseres Gehalt. Fast noch wichtiger wäre aber, dass es mehr Personal gibt.

Corona hat das alles nicht leichter gemacht und war nur der Tropfen, der das Fass zum Überlaufen brachte.

In der Einrichtung, in der ich arbeite, sind wir voll besetzt. Und trotzdem gibt es einen gefühlten Personalmangel, weil wir so viel zusätzliche Arbeit haben. Während der Schließung 2020, als wir kurzzeitig auch von zu Hause arbeiteten, ist mir plötzlich aufgefallen: Ich vermisse die Kinder nicht.

Deshalb werde ich kündigen…

Von Kitas als „Bildungseinrichtungen" zu sprechen ist eine absolute Schönrederei!"

Quellenverzeichnis

Literatur

Maaz, Hans Joachim „Der Lilith-Komplex" 2003, Die narzisstische Gesellschaft" 1991

Schmid , Wilhelm „Mit sich selbst befreundet sein" 2016

Otterpohl, Ralf „Das Neue Dorf", Vielfalt leben, lokal produzieren, mit Natur und Nachbarn kooperieren" 2017

Bowlby, John, Ainsworth, Mary „Die „Bindungstheorie nach John Bowlby und Mary Ainsworth"

Hermann, Eva, „Das Eva-Prinzip" 2007

Grass, Günther, "Im Krebsgang" 2011

Bode, Sabine „ Die Vergessene Generation" 2011

Links

BLIkk-Studie „Mediensucht": Was steckt dahinter? – Schau hin, 2023 www.schau-hin.info

Katholische Universität Eichstatt-Ingolstadt, Lehrstuhl für Sozialpädagogik, (Prof. DDr. Janusz Surzykiewicz)

Forschungsbericht Projekt Risiken der Betreuung in Kinderkrippen – neue empirische Studien
„Die positive Wirkung von Haustieren auf die kindliche Entwicklung", schule-und-familie.de

Zentrum für Gesundheit: Fluorid - Spurenelement oder Gift? www.zentrum-der-gesundheit.de 16.08.2024

Stangel, Werner, Ritalin Methylphenidat. Arbeitsblätter, stangel-taller.at

Bildungsempfehlungen der Länder Rheinland-Pfalz und Baden-Württemberg

Kesselring, Jörg, Unteregger Fabian „Wie und warum lacht der Mensch?" 2011 www.seepark.ch